Das Buch

Unter der Leitung von Douglas Mawson brach 1911 die erste australisch-neuseeländische Expedition in die Antarktis auf, um den Teil des weißen Kontinents zu erforschen, der südlich von Australien liegt. Der erste Teil der Mannschaft wurde auf Adélie-Land abgesetzt, während der zweite Teil auf dem Schiff blieb, um weiter westlich ein zweites Lager einzurichten. Charles Laseron, der Autor dieses Berichts, zählte zusammen mit dem Expeditionsfotografen Frank Hurley (von ihm stammen auch die Fotos der berühmten Shackleton-Expedition) zur ersten Mannschaft. Sehr anschaulich und lebendig beschreibt Laseron, wie sich die Männer im ewigen Eis wohnlich einrichteten: Zunächst bauten sie aus mitgebrachten Materialien zwei Hütten, in denen sie die nächsten Monate verbringen mussten. Wenn die Hütten im antarktischen Winter im Schnee versanken, lebten die Männer fast 24 Stunden am Tag in diesen engen Räumen zusammen, während draußen heftige Stürme tobten. Erst nach einem halben Jahr konnten mit Hundeschlitten die geplanten Expeditionen beginnen. Doch als im Januar 1913, über ein Jahr nach der Ankunft, das Schiff zurückkehrte, um die Mannschaft wieder abzuholen, fehlte eine der Schlittenexpeditionen, Mawson und seine Begleiter waren nicht zurückgekehrt. Suchmannschaften machten sich auf in die weiße Wüste …

Der Autor

Als Zoologe nahm Charles F. Laseron an Sir Douglas Mawsons australischer Antarktis-Expedition von 1911–1914 teil. Sein persönlicher Bericht über die Expedition wurde im Jahr 1947 zum ersten Mal veröffentlicht.

CHARLES F. LASERON

EISIGER STURM

Mawsons abenteuerliche Antarktisexpedition

Ein Augenzeugenbericht

Aus dem Englischen
von Ruth Sander

WILHELM HEYNE VERLAG
MÜNCHEN

HEYNE ALLGEMEINE REIHE
Band-Nr. 01/13243

Die Originalausgabe
SOUTH WITH MAWSON
erschien 1947 in Australien by
Angus & Robertson Publishers

Umwelthinweis:
Dieses Buch wurde auf
chlor- und säurefreiem Papier gedruckt.

Deutsche Erstausgabe 2/2001
Copyright © 1999 by Judith Richter
Copyright © der deutschsprachigen Ausgabe 2001 by
Wilhelm Heyne Verlag GmbH & Co. KG, München
This German edition published by arrangement
with HarperCollins Publishers Pty Ltd
Printed in Germany 2001
Umschlagillustration: Frank Hurley
Umschlaggestaltung: Nele Schütz Design, München
Satz: Buch-Werkstatt GmbH, Bad Aibling
Druck und Bindung: Pressedruck, Augsburg

ISBN-3-453-17785-1

http://www.heyne.de

INHALT

1	Auf nach Süden	9
2	Die Insel Macquarie	21
3	Polarmeere	32
4	Erste Tage in Adélie-Land	51
5	Der Winter naht	69
6	24 Stunden in der Hütte	86
7	Winterzeit	100
8	Vorbereitungen für die Schlittenreisen	114
9	Vier ruhige Tage	123
10	Die Pinguine kommen	130
11	Schlittenreisen auf dem Plateau	143
12	Zum Magnetpol	162
13	Schlittenreisen an der Küste	175
14	Letzte Tage in Adélie-Land	197
15	Auf der Heimreise	211
16	Das Plateau fordert seinen Tribut	223
	Ende	236

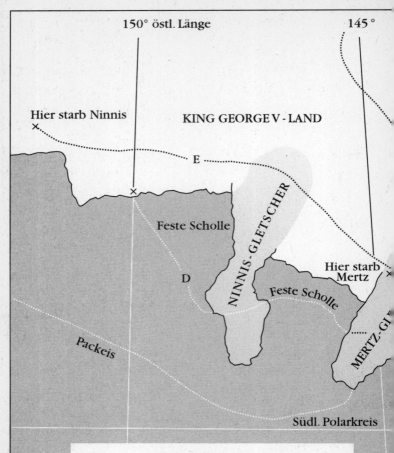

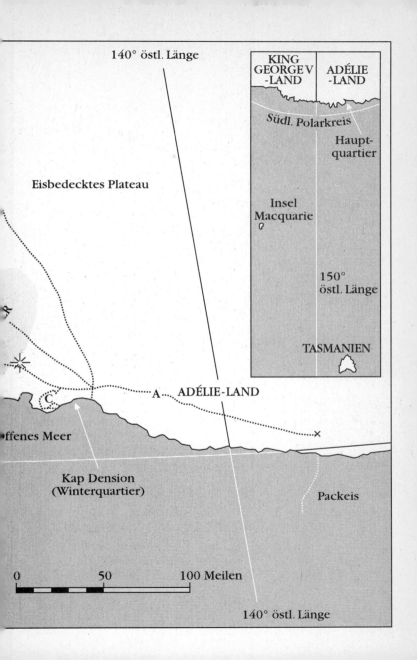

1. Kapitel

Auf nach Süden

Anfang 1911 waren die Vorbereitungen für die australisch-neuseeländische Antarktisexpedition in vollem Gang. Im Rahmen dieses Buches wird nicht näher auf all die Ereignisse eingegangen, die den Plan zu einer rein australischen Expedition reifen ließen. Sir Douglas Mawson, damals noch einfach Dr. Mawson, hatte 1909 an Shackletons Expedition teilgenommen und zu der Schlittenmannschaft gehört, die als erste zum magnetischen Pol vordrang. Man wird sich noch erinnern, dass Sir Ernest Shackleton bei dieser Expedition mit der Hauptabteilung über einen riesigen Gletscher die Hochebene erklomm und an einen Punkt gelangte, der nur 140 Kilometer vom geographischen Pol entfernt lag, damals die südlichste Stelle, die je von einer Expedition erreicht worden war. Im Jahre 1910 plante er eine weitere Expedition, bei der er endlich den Pol selbst erobern wollte. Es gab allerdings gewisse Umstände, die Sir Ernest zwangen, seine Pläne zurückzustellen. So machte sich Kapitän Scotts Expedition mit diesem Ziel auf den Weg und die Männer erreichten den Pol auch, mussten aber feststellen, dass Amundsen ihnen zuvorgekommen war. Scott kam auf dem Rückmarsch ums Leben; das ist ja mittlerweile bereits Geschichte.

In der Zwischenzeit war Dr. Mawson eifrig damit beschäftigt, seine eigene Expedition vorzubereiten, die im Wesentlichen aus Australiern bestehen sollte – oder genauer gesagt aus Australiern und Neuseeländern, da unser Nachbarstaat Neuseeland sich ebenfalls an dem

Unternehmen beteiligte, so wie wir auch später im Krieg Seite an Seite kämpfen sollten. Das allgemeine Ziel der Expedition bestand darin, den Teil des antarktischen Kontinents zu erkunden, der dem Süden Australiens direkt gegenüberliegt. Seit 1842 war in diese Gewässer kein Schiff mehr vorgedrungen. Kurz davor hatte Kommandant Wilkes von der amerikanischen Forschungsexpedition fast gleichzeitig mit dem Franzosen Dumont d'Urville in dieser Gegend geforscht, beide waren aber wegen des stürmischen Wetters nicht lang geblieben. Wilkes berichtete von mehreren Landsichtungen, doch die meisten gelten heute eher als zweifelhaft. Das tut dem Ruf des großen Seemanns keinen Abbruch, denn die Bedingungen waren außergewöhnlich schwierig, die Nähe des Magnetpols machte den Kompass praktisch nutzlos, die Sicht blieb aufgrund der ständigen Schneestürme meist begrenzt und, was noch wichtiger ist, riesige Eisberge mit hohen Schneekappen sehen oftmals ganz genauso aus wie eisbedecktes Land. In der guten alten Zeit der Segelschifffahrt bewies allein schon das Erreichen dieser Breitengrade – ohne geeignete Kleidung oder Ausrüstung und ständig bedroht von Packeis und Eisbergen, unaufhörlichen Stürmen und widrigen Winden – außergewöhnliches Können und Mut, daher gebührt den wenigen, die den besser ausgerüsteten Expeditionen späterer Jahre den Weg wiesen, alle Achtung.

Vor der Südspitze Tasmaniens sichtete d'Urville tatsächlich Land, und an einer kleinen Felsinsel vor der Küste legte er an. Das Festland, das im Süden zu sehen war, taufte er Adélie-Land, zu Ehren seiner Frau.

Nach diesen Expeditionen dauerte es sehr lange, bevor wieder jemand in diese Gegend vorstieß, erst 1902 ließ eine deutsche Expedition einige Männer auf einem erloschenen Vulkan zurück, dem Gaußberg, 2400 Kilometer weiter westlich. Das Land südlich davon wurde

Kaiser Wilhelm II.-Land genannt. Von diesen Ausnahmen einmal abgesehen war praktisch das gesamte Gebiet bis zum Kap Adare im Osten, also dort wo das Festland nach Süden zurückweicht, um die westliche Küste des Ross-Meeres zu formen, eine *terra incognita*.

Nordwestlich des Kap Adare liegen die eisstarrenden Balleny-Inseln und südlich davon wollte Mawson die erste Winterstation auf dem Festland selbst errichten. Sie sollte mit zwölf Männern besetzt werden. Weiter westlich waren noch zwei Lager vorgesehen – das zweite für sechs, das dritte für zwölf Männer –, die man durch Schlittenfahrten so zu verbinden hoffte, dass die gesamte Küstenlinie vollständig kartografiert werden konnte. Diese Pläne erfuhren aufgrund späterer Ereignisse erhebliche Veränderungen, und am Ende wurden außer dem Zwischenlager auf Macquarie, das unter anderem hauptsächlich als Funk- und Wetterstation diente, in der Antarktis selbst nur zwei Stationen eingerichtet.

Zu Beginn der Expeditionsvorbereitungen gab es viele Probleme, insbesondere das der Finanzierung. Nach einigen Rückschlägen bot die Australasiatische Gesellschaft zur Förderung der Wissenschaften ihre Hilfe an, und daraufhin gab es von allen australasiatischen Regierungen finanzielle Unterstützung, sodass die ersten Hürden endlich genommen waren und die Expedition losgehen konnte. Eine genaue Beschreibung dieser Anfangsschwierigkeiten ist im offiziellen Expeditionsbericht nachzulesen.

Schließlich stach die *Aurora* unter dem Kommando von Kapitän J. K. Davis von England aus in See und kam nach einer langwierigen Reise in Hobart an, wo letzte Vorbereitungen getroffen wurden. An Bord befanden sich mehrere Mitglieder der Landabteilungen, die von Dr. Mawson schon in England ausgewählt worden waren. Unter ihnen auch Frank Wild, der bereits an den früheren Expeditionen von Scott und Shackleton teilgenommen hatte, sowie die anderen Engländer: Bickerton, ein Ingenieur, und Leutnant Ninnis. Der einzige Nicht-Engländer war Dr. Xavier Mertz, ein Schweizer, der zusammen mit Ninnis für einen Teil der Schlittenhunde verantwortlich war. Ebenfalls mit an Bord war ein Flugzeug für Werbeflüge in Australien, dessen Motor später im Süden als Zugmaschine dienen sollte. Leider stürzte die Maschine aber bei einem Übungsflug in Adelaide ab, der Motor wurde allerdings gerettet und später so eingesetzt wie ursprünglich geplant.

In der Zwischenzeit war Dr. Mawson nach Australien zurückgekehrt und beschäftigte sich mit der Vervollständigung des Personals für die Landabteilungen und anderen Einzelheiten der letzten Planungsphase. Bis zu jenem Zeitpunkt hätte ich es mir nie träumen lassen, jemals Mitglied einer solchen Expedition zu werden, trotzdem reichte ich eine zaghafte Bewerbung ein und bettelte bei allen befreundeten Wissenschaftlern um eine Empfehlung. Damals arbeitete ich als Sammlungsverwalter im Technologischen Museum, wobei ich mich immer besonders für die Sammlung mariner Lebensformen interessiert hatte, was mir jetzt zugute kam. Unter den zahlreichen Bewerbern gab es nur wenige mit der nötigen Erfahrung auf diesem Gebiet, und als ich zu einem Gespräch mit Dr. Mawson persönlich eingeladen wurde, schöpfte ich ein bisschen Hoffnung. An dieses Gespräch kann ich mich noch gut erinnern. Ich war ziemlich nervös und seine recht abrupte Art machte es mir nicht gerade leicht. Seine erste Frage zielte nicht auf meine wissenschaftlichen Fähigkeiten, sondern auf meine Kochkenntnisse. Ich erzählte, dass ich bei diversen Campingausflügen Brot gebacken hatte, gab aber auch zu, dass meine ersten Versuche bestimmt noch irgendwo halb versteinert im Busch lagen. Aus unerklärlichen Gründen schien ihm dieses Geständnis zu gefallen, trotzdem wurde ich nach einer sehr kurzen Unterhaltung ohne definitive Zusage entlassen.

Eigentlich bekam ich nie eine offizielle Bestätigung meiner Teilnahme. Als nächsten Hinweis darauf erhielt ich einen Brief von Dr. Mawson aus Melbourne, in dem er mich aufforderte, mich mit John Hunter in Verbindung zu setzen, der damals das Zoologische Institut der Universität Sydney leitete. Beigefügt war eine lange Liste von Vorräten und Ausrüstungsgegenständen, die in Sydney zusammengestellt und nach Hobart verschifft werden mussten. Unter anderem bekam ich die Order, mich mit Herrn Grant zu treffen, dem Präparator am Australischen Museum, der mich in die Kunst der Vogelhäutung einweihen sollte.

So wurden meine Träume also wahr und in den nächsten paar Wochen ging ich wie auf Wolken. Für einen jungen Mann, der ein eher langweiliges Leben führte, war die Aussicht, plötzlich auf eine große Expeditionsreise zu gehen, der ersten in der Geschichte seines Landes, die Vorstellung, fremde Länder zu sehen und ungeahnte, wundervolle Abenteuer zu bestehen, geradezu überwältigend. Die letzten paar Wochen verflogen in einem Wirbel von Aufregung; ich bekam den notwendigen Urlaub, unbezahlt übrigens, aber schon vorher war mein Chef R. T. Baker, der Kurator des Technologischen Museums, außerordentlich großzügig, indem er mir während der Öffnungszeiten des Museums jede Freiheit gestattete. Daher konnte ich meine Zeit den Belangen der Expedition widmen.

Tag für Tag fuhren Johnnie Hunter und ich mit einer zweirädrigen Droschke durch die Stadt, von einem Büro zum anderen, von einem Warenhaus zum nächsten und von der Schifffahrtsgesellschaft zum Kai. In der Zeit begriffen wir, was für ein außergewöhnliches Maß an Organisation notwendig ist, um eine Polarexpedition auszurüsten, und später, als wir tatsächlich im Süden und von jeglicher Zivilisation abgeschnitten waren, wurde uns bewusst, wie umfassend die Planung gewesen war. Ob wir einen Zahnstocher oder eine Nähmaschine benötigten, jedes Bedürfnis hatte man offenbar vorausgesehen.

Viele australische Firmen hatten großzügig Vorräte und Ausrüstung zur Verfügung gestellt, und unsere Aufgabe war es, diese Spenden abzuholen und für ihre Verschiffung zu sorgen. Eine der Hütten, aus denen unser Winterlager in der Antarktis bestehen sollte, war in Sydney gebaut, nummeriert und in Einzelteile zerlegt worden, die an sich schon einen ansehnlichen kleinen Stapel bildeten. Da lagen Schlitten und Skier, die vor Ort aus Eukalyptusholz gefertigt worden waren. Da stapelten sich Kisten mit Speck, Tabak, Zwieback, Schinken und hundert anderen Sorten von Vorräten. Außerdem mussten Johnnie und ich die Listen überprüfen und vervollständigen, die all das aufzählten, was für das Sammeln und Konservieren zoologischer Präparate in vier Lagern gebraucht wurde. Dazu zählten Netze und Siebe, Messer zum Häuten, Zangen, Sammelbehälter und Kisten, Vorräte an Alkohol, Formalin, arsenhaltige Seife und andere Konservierungsmittel – eigentlich alles, was wir für nötig hielten. Zwischendurch lernten wir im Australischen Museum stundenlang, wie man Häute von Vögeln und Tieren für Museumszwecke präpariert. Es war sehr schwer, tote Vögel zum Üben zu bekommen, und die Besitzer der Zoohandlungen waren sicher sehr erstaunt über die plötzliche Nachfrage nach toten Tauben und Kanarienvögeln, ließen es sich aber nicht entgehen, uns Geld für etwas abzuknöpfen, was sie sonst wohl auf den Müll geworfen hätten.

In der letzten Woche überstürzte sich alles und nur das außergewöhnliche Zuvorkommen der Schifffahrtsgesellschaft machte es möglich, dass wir mit dem Beladen rechtzeitig fertig wurden. Lagerplatz am Kai ist na-

türlich wertvoll, trotzdem bekamen wir eine Sammel-
stelle, und in den letzten beiden Tagen waren wir ständig im Einsatz, wobei wir unzählige Kisten überprüften
oder hinter anderen herliefen, die sich verspätet hatten.
Endlich befand sich unsere Ladung, so um die 50 Tonnen, sicher an Bord, und alle Dokumente waren in Ordnung; erst im letzten Moment hatten wir Zeit für den
endgültigen Abschied und bestiegen die *Paloona* – das
Abenteuer konnte beginnen.

Über die Reise der *Paloona* nach Hobart ist eigentlich
nur zu sagen, dass wir zum ersten Mal einige andere
Mitglieder der Expedition trafen. Und außerdem, dass
wir gegenüber den Offizieren der *Paloona*, insbesondere
den niederen Rängen, einen erheblichen Vorteil genossen. Es gab ein paar hübsche Mädchen an Bord und ein
normaler Schiffsoffizier hatte einfach keine Chance gegen einen Polarforscher, selbst wenn der erst noch einer
werden wollte. Das Wetter war vergleichsweise ruhig,
aber meine gesellschaftlichen Erfolge litten unter den
Anfällen von Seekrankheit, die später noch schlimmer
werden sollten. Ich wurde allerdings etwas getröstet,
als ich nach einigen elenden Stunden an Deck kroch
und Platz neben einer hübschen kleinen Brünetten fand,
die das gleiche Leiden quälte. Ich weiß nicht, wie sie
heißt und wo sie wohnt, aber ich frage mich, ob sie sich
noch daran erinnert, wie wir unsere vertraulichen Ge-
spräche unterbrachen, um zur Reling zu wanken und
uns gemeinsam zu übergeben.

In Hobart trafen wir erstmals die *Aurora*, die uns in
den Süden bringen sollte, und auch die Expeditionsmitglieder aus den anderen Ländern, sowie die beiden
Neuseeländer Webb und Dr. Whetter. Auch die, die mit
der *Aurora* aus London gekommen waren, Wild und
Bickerton, Ninnis und Mertz erwarteten uns dort. Ninnis, der Leutnant bei den Königlichen Füsilieren, bekam
auf der Stelle den Spitznamen ›Cherub‹, was zum Teil

15

seiner Gesichtsfarbe zuzuschreiben war, die so zart rosa schimmerte wie die eines Mädchens. Er war groß und ziemlich ungelenk und hatte mehr Koffer voll schöner Garderobe als ein Mann allein tragen konnte. Unsere Neckereien ließ er gutmütig über sich ergehen, und später lernten wir, ihn für seine Kultiviertheit zu schätzen. Er und Mertz versahen eine der schmutzigsten Arbeiten der Expedition, sie mussten für die Hunde sorgen, aber er beklagte sich nie; eigentlich war er sogar ein Muster an Arbeitseifer und versah seine Aufgaben während der ganzen Reise stets mit großem Vergnügen.

Xavier Mertz verdient hier einen eigenen Abschnitt. Er war Schweizer, ein Doktor der Jurisprudenz und ein glänzender Sportler, der direkt vor seiner Abfahrt in der Schweiz Weltmeister im Skilaufen geworden war. Wir schlossen ihn sofort ins Herz. Sein Vorname ist für Australier sehr schwer auszusprechen, deshalb war er bald nur noch unter dem Kürzel ›X‹ bekannt. Als wir ihn kennen lernten, war sein Englisch ein bisschen unbeholfen, und man erzählte sich, dass eine junge Dame in einem Schreibwarenladen in Cardiff ziemlich schockiert war, als sie ihn nach ›bloody paper‹ (›Scheiss-Papier‹) anstatt blotting-paper (Löschpapier) fragen hörte. Einer seiner Sprüche sorgte im Laufe der Expedition immer wieder für große Erheiterung. Irgendjemand hatte ihm einen harmlosen Streich gespielt, der ihn aufbrausen ließ. Auf der Suche nach einer passenden englischen Erwiderung raufte er sich fast die Haare aus.

»Sapristi«, schrie er schließlich mit seinem starken Akzent, »sapristi! Genug ist wirklich genug.«

Die Tage in Hobart verbrachten wir damit, die tausenderlei Kisten, die auf dem Kai herumstanden, zu sortieren, zu kontrollieren und zum Schiff zu karren, wo sie an Bord genommen wurden. Dort verstauten Dockarbeiter sie im Laderaum. Vieles musste ausgepackt, durch vier geteilt und wieder neu verpackt werden, damit die vier verschiedenen Stationen alles Notwendige vorrätig hatten. Dann malten wir bunte Streifen auf die Kisten und verstauten sie in der richtigen Reihenfolge: die für die letzte Station auf dem Boden des Laderaums und so weiter. Einmal wurde uns sogar ein Streik angedroht, weil einige der Expeditionsteilnehmer angeblich gegen die Gewerkschaftsregeln verstießen. Daraufhin sagten wir den Nörglern, wir seien durchaus in der Lage, die ganze Arbeit allein zu tun, worauf von eventuellen Unruhen keine Rede mehr war.

Dann endlich, am 2. Dezember 1911, standen wir mit einer riesigen Menschenmenge am Kai und winkten der *Aurora* zum einstweiligen Abschied zu – einstweilig deshalb, weil zwanzig von uns sich erst eine Woche später auf einem Hilfsdampfer, der *Taroa*, einschiffen sollten, um die *Aurora* vor der Insel Macquarie wieder zu treffen. Die letzten sechs Tage erholten wir uns bei einer endlosen Runde von Festen und am 8. nahmen auch wir für lange sechzehn Monate Abschied von der Zivilisation. Aber es ging immer noch nicht richtig los. Als wir in die Bucht glitten, fiel das Barometer drastisch und eine steife Brise kündigte sich an. Daher ließ die *Taroa* den Anker fallen und blieb zwei Tage liegen, um auf besseres Wetter zu warten.

Am 10. Dezember nahmen wir schließlich Kurs nach Süden; endlich waren wir wahrhaftig auf dem Weg in die Antarktis. Ich kann nicht behaupten, dass ich diesen Teil der Reise genossen hätte. Es gibt Leute wie Frank Hurley, denen es nichts ausmacht, bei 40 Grad Schlagseite bis zum Ende der Rahnock zu krabbeln, und deren Appetit unter solchen Umständen auch noch zunimmt. Mir dagegen schien beim plötzlichen Abtauchen in ein Wellental immer ein lebenswichtiges Organ sozusagen in der Luft hängen zu bleiben. Doch finde ich es schön, dass selbst unter solch extremen Bedingungen noch ein

Funke Humor aufflackert. Um mit Johnnie Hunter zu sprechen, der die Koje neben mir hatte: »Ich werde nie vergessen, wie der arme Joe sich bei einem besonders schweren Anfall plötzlich umdrehte und stöhnte: ›So, jetzt bin ich endlich meine Galle los.‹«

Joe war, nebenbei bemerkt, der Spitzname, den ich wenig später bekam. Weil ich einmal in einem Gesangsverein gewesen war, hielt ich mich für einen begnadeten Sänger, obwohl mir seither längst klar geworden ist, dass ich wirklich kein Caruso bin. Alte Spirituals mochte ich am liebsten und die anderen fanden meine Interpretation von ›Old Black Joe‹ am ergreifendsten. Obwohl man mir schnell die Illusion raubte, ein musikalisches Genie zu sein, blieb der Name haften, und bis zum heutigen Tage nennen meine alten Kameraden mich nie anders als Joe. Seltsamerweise mag ich den Namen, obwohl er mich an meine zerstörten Hoffnungen erinnert.

Um zur Seekrankheit zurückzukehren, den größten Teil meiner Zeit auf der *Taroa* verbrachte ich in meiner Koje und erst als wir uns der Insel Macquarie näherten, wurde ich seefest und fing wieder an, das Leben für lebenswert zu halten.

Durch mein Leiden verpasste ich leider viel von dem, was an Bord geschah. Die *Taroa* hätte nämlich direkt aus einer Gruselgeschichte von W. W. Jacobs stammen können. Sie war ein kleiner eiserner Dampfer, der früher dazu gedient hatte, Fracht und Passagiere an die Westküste von Tasmanien zu befördern. Wenn der Kapitän einen richtigen Namen hatte, so war er uns jedenfalls nie zu Ohren gekommen, denn sowohl an Bord als auch unter Seeleuten im Allgemeinen war er nur als der ›Brüllende Tom‹ bekannt. Das Benehmen dieses recht stämmigen Mannes mit dem schwarzen Bart und der Angewohnheit, beim geringsten Anlass loszuschreien, war – milde ausgedrückt – unberechenbar. Als in Hobart die letzten Kisten verladen wurden, war die Höchstlademarke am Schiffsrumpf nicht mehr zu sehen, also ließ sich der Brüllende Tom, der wetterte, jemand habe sich einen Scherz erlaubt, auf einem Sitzbrett an der Außenbordwand herabfieren und pinselte persönlich eine neue auf. Später auf Macquarie, als die *Taora* beim Abladen der Vorräte immer weiter aus dem Wasser stieg, kam die alte Marke wieder zum Vorschein; sie hatte mehr als einen halben Meter unter der Wasseroberfläche gelegen.

Der Maat war taub und Mitglied der Religionsgemeinschaft ›Christliche Wissenschaft‹. Sein Hobby war es, über jedes nur denkbare Thema zu debattieren, selbst wenn er vorher noch nie davon gehört hatte, und da er sein Gegenüber gar nicht verstand, hielt er sich bei allen Diskussionen gern für den Sieger. Die Jungen von der Crew riefen ihm ständig abfällige Bemerkungen hinterher, aber er hat nie ein Wort mitbekommen.

Wie wir Macquarie fanden, ist nach wie vor schleierhaft. Der Maat konnte zwar navigieren, doch der Kapitän schenkte seinen Berechnungen keinen Glauben, sondern vergass selbst andauernd, nach welcher Richtung hin sein Kompass abwich. So schwankte der Kurs, den er anordnete, natürlich ein bisschen. Eines Tages zog er Hoadley und Dover ins Vertrauen. Er hatte soeben unsere Position bestimmt, wunderte sich aber über die Ergebnisse. Seinen Berechnungen nach befand sich die *Taroa* mitten in Indien. Unglaublich, aber wahr.

Seine letzte Tat stand den früheren in nichts nach. Direkt nachdem er mit dem Sextanten unsere Position bestimmt hatte, erklärte er stolz, dass wir Macquarie beim nächsten Sonnenuntergang erreichen würden; aber kaum hatte er das gesagt, ertönte der Ruf: »Land an Backbord!« Und tatsächlich, weit in der Ferne waren verschwommen die Umrisse von Bergen zu erkennen, von denen wir uns fortbewegten. Dieses eine Mal war der Kapitän ehrlich beschämt und sprach lange Zeit kein Wort mehr.

Wir drehten bei und hielten auf unseren Treffpunkt zu, das Nordende der Insel. Beim Näherkommen hob sich ein großer Hügel, der fast 100 Meter hoch war und wie eine Insel aussah, vom Festland ab. Tatsächlich aber handelte es sich um eine Halbinsel, die mit dem Hochland im Süden nur durch einen niedrigen, schmalen Landstreifen verbunden war, der kaum mehr als einen Meter aus dem Wasser ragte. In der so entstandenen Bucht lag die *Aurora* ungefähr 2,5 Kilometer vor der Küste vor Anker. Diese Gewässer waren natürlich kaum erforscht und voller verborgener Riffe, aber unser Kapitän ließ sich nicht aufhalten und schien ganz versessen darauf, seinen angeschlagenen Ruf wiederherzustellen. »Was die können, können wir schon lange«, sagte er und fuhr – Maschinen auf voller Kraft – direkt hinein, wobei wir glücklicherweise alles verfehlten, was im Weg hätte sein können. Fast einen Kilometer näher am Land als die *Aurora* gingen wir vor Anker.

2. Kapitel

Die Insel Macquarie

Die Insel Macquarie ist nur ein winziger Punkt im riesigen Südmeer, der einzige Flecken Land zwischen Tasmanien und Neuseeland weit im Norden und dem antarktischen Kontinent weit im Süden. Östlich und westlich davon wogt das endlose Meer einmal rund um die Welt, sicheres Land nur da, wo ein paar andere subantarktische Inseln wie etwa die Kerguelen und die Crozets, ihre schroffen Gipfel aus dem Wasser recken. Ungastlichere und abgelegenere Küsten gibt es kaum. Die Insel selbst ist ungefähr 32 Kilometer lang und 6,5 Kilometer breit. Sie ist zerklüftet und gebirgig, ihr Rückgrat besteht aus schwarzem Vulkangestein, das sich bis zu 430 Meter hoch auftürmt. Es gibt weder Baum noch Strauch, stattdessen sind die Abhänge und Niederungen mit großen Grasbüscheln bedeckt, zwischen denen sich tückische schlüpfrige Sumpfflächen befinden. Die einzige Möglichkeit vorwärts zu kommen besteht darin, von einem Grasbüschel zum anderen zu springen, ein falscher Schritt, und schon steckt man bis zu den Achseln in schwarzem Schlamm.

Es gibt keine Häfen, aber je nach Windrichtung bieten sich auf allen Seiten der Insel mehrere Ankermöglichkeiten. Während unseres Aufenthaltes, der fast vierzehn Tage dauerte, kam der Wind vornehmlich aus Nordosten, was ungewöhnlich war, es uns aber ermöglichte, an der relativ geschützten westlichen Seite der Halbinsel zu ankern, die das Nordende der Insel bildet. Das Klima ist die meiste Zeit des Jahres kalt und rau.

Westwinde wehen ununterbrochen einmal rund um die Welt und laden ihre Last an Regen, Graupeln, Schnee und Nebel an den öden Küsten ab.

Als die *Taroa* sich noch ein paar Kilometer vor der Küste befand, erregte ein Boot, das auf uns zuruderte, unsere Aufmerksamkeit. Beim Näherkommen stellte sich heraus, dass es voller hart gesottener Seemänner war, die aussahen, als kämen sie direkt aus einer Geschichte von Kapitän Kidd und seinen Piraten. Sie riefen uns zu, dass sie von dem Segler *Clyde* stammten, der vor einiger Zeit an der Ostseite der Insel Schiffbruch erlitten hatte. Als die *Aurora* auftauchte, hatten sie kaum noch Vorräte. Sie waren sehr erleichtert zu erfahren, dass die *Taroa* nach Hobart zurückkehren und sie mitnehmen würde. Ihre Dankbarkeit bewiesen sie später dadurch, dass sie einen Großteil unserer zurückgeschickten Freizeitkleidung mitgehen ließen – aber das ist eine andere Geschichte.

Die Halbinsel am Nordende der Insel ist sehr steil und abschüssig, besonders an den Meerseiten. Vom Rest der Insel wird sie durch eine ziemlich sumpfige, etwa 800 Meter lange Grasebene getrennt, die von rauen Stränden aus schwarzen, vom Wasser abgeschliffenen Steinen flankiert ist. Diese Halbinsel wurde als Standort für die Funkstation ausgewählt, in der fünf unserer Kameraden den kommenden Winter verbringen sollten. Ihre Aufgabe war es, die Insel vollständig zu vermessen, geologisch zu erkunden und Sammlungen aus der Vogel- und Tierwelt sowie der Meeresbewohner aus den umliegenden Gewässern zusammenzutragen. Geleitet wurde das Team von Ainsworth, einem Meteorologen; Blake war Geologe und Vermessungstechniker, Hamilton Zoologe und Sandell und Sawyer trugen die Verantwortung für das Funkgerät.

Sofort nachdem die *Taroa* Anker geworfen hatte, kam das Walboot der *Aurora* längsseits und das Abladen der

Vorräte für die Station auf Macquarie begann. Der Abschied von den überfüllten und unerfreulichen Quartieren der *Taroa* fiel uns nicht schwer. Auch der letzte Auftritt des Brüllenden Tom war typisch für ihn. Er war eifrig damit beschäftigt, Mehlkisten und –säcke aus dem Bad zu wuchten, das offenbar seit vielen Jahren nicht mehr benutzt worden war. Sein ungewöhnlicher Arbeitseifer war nicht etwa einem plötzlichen Sauberkeitswahn zuzuschreiben, sondern der Tatsache, dass das Walboot von der ersten Fahrt zur Küste ein paar lebendige Pinguine mitgebracht hatte, die er dem Zoo von Hobart verkaufen wollte. So weit ich weiß, klappte es mit diesem Geschäft nicht.

Jetzt waren wir an der Reihe, an Land zu gehen. Mitsamt unserem Gepäck suchten wir uns im Beiboot einen Weg durch ein Labyrinth aus halb unter Wasser liegenden Felsen und tückischen Riffen. Riesige Mengen Seetang schaukelten in der leichten Dünung, sie tanzten und wanden sich wie Myriaden brauner Schlangen. Diese endlose Bewegung hatte etwas seltsam Faszinierendes –, aber auch Unheimliches an sich. Die wabernden Tentakel schienen eher Tieren als Pflanzen zu gehören und ständig nach irgendeiner unsichtbaren Beute zu greifen. Es war leicht zu erkennen, wie gefährlich diese Küste selbst bei geringem Seegang war und welch ein Glück wir hatten, dass gutes Wetter herrschte. Wir landeten an einem Strand aus schwarzen, runden Basaltkieseln und überquerten die Landenge auf einem Pfad, den die Robbenjäger getrampelt hatten, die regelmäßig auf die Insel kamen.

An der Ostseite befand sich eine kleine Holzhütte, in der wir während unseres gesamten Aufenthalts wohnten.

Kaum hatten wir den Fuß an Land gesetzt, da regte sich schon das Tierleben. Unsere erste Begegnung mit den Seeelefanten war ziemlich erschreckend. Gerade hatten wir die Grasbüschel am Rande des Strandes betreten, als ein fürchterliches Gebrüll, das offenbar von unten kam, uns alle dazu brachte, eiligst zurückzuspringen. Diese riesigen Kreaturen, die manchmal sechs Meter lang und über zwei Tonnen schwer werden können, sind ständige Bewohner der subantarktischen Inseln, auf denen sie sich vermehren und ausruhen. Sie liegen im Schlamm zwischen den Grasbüscheln und suhlen sich, sodass sie kaum zu sehen sind, bis man fast auf sie tritt. Glücklicherweise bewegen sie sich an Land sehr schwerfällig, denn die alten Bullen sind außergewöhnlich schlecht gelaunt und haben ein fürchterliches Maul. Im Ruhezustand sehen sie wie riesige Schnecken aus; ihren Namen verdanken sie der rüsselähnlichen Schnauze der alten Männchen. Die Kühe sind sehr viel kleiner, kaum länger als zwei Meter, und dazu sehr schüchtern und lieb. Wenn die Bullen gestört werden, richten sie sich mit überwältigendem Gebrüll auf ihren Vorderflossen auf und quälen sich mühsam vorwärts bei dem ungeschickten Versuch, den Eindringling zu erwischen. Bald hatten wir uns an ihre Anwesenheit gewöhnt, und da man ihnen leicht aus dem Weg gehen konnte, beachteten wir sie schließlich gar nicht mehr. Wie bei den Walrossen im Norden sind alle Männchen mit Narben übersät, denn in der Paarungszeit kämpfen sie erbittert und fügen einander schreckliche Wunden zu.

Der Seeelefant ist das Wild des modernen Robbenfängers. Die Zeiten, in denen noch Bärenrobben gejagt wurden, sind längst vorbei. Vor hundert Jahren brachten die Inseln im fernen Süden den unerschrockenen Seeleuten, die sich in diese stürmischen Gewässer wagten, ein Vermögen ein. Allein in einem Jahr wurden auf Macquarie 30 000 Häute erbeutet, mit dem Ergebnis, dass die Bärenrobbe heute fast ausgestorben ist. Ein paar leben, glaube ich, noch etwa 11 Kilometer nördlich der Insel auf einem unzugänglichen Riff, das diesen Davongekommenen eine natürliche Zufluchtsstätte bietet. Heutzutage wird der Seeelefant wegen der dicken Speckschicht unter seiner Haut getötet, die in Kesseln ausgelassen und als Öl in Fässern verschifft wird.

Auf der Insel befinden sich für gewöhnlich mehrere Robbenfänger, die ein einsames und gefährliches Leben führen. Bei mehr als einer Gelegenheit wurde bei einem plötzlichen Umspringen des Windes an einer Leeküste eins ihrer Boote erwischt und ging unter – manchmal samt den Männern. Überall an der Ostküste liegen die Überreste dieser alten Wracks. An einer Stelle befindet sich eine Höhle, in der vor Zeiten 19 Schiffbrüchige, darunter eine Frau, zwei Jahre lang von Pinguinen, Robben und einer Pflanze lebten, die als Seekohl bekannt ist. Am Tag der Rettung starb die Frau an Unterernährung und Unterkühlung. Das Wrack der *Clyde*, deren Crew schon erwähnt worden ist, lag direkt vor der Hütte, in der wir hausten. Es war von der schweren See schon fast in Stücke gehauen worden und nur das Gerippe bleichte noch auf den tückischen Felsen. Ein Stückchen weiter südlich ruhte all das, was von einem anderen Robbenfängerschiff, der *Gratitude* übrig geblieben war; ein Teil des Bugs trocknete hoch oben am Strand. Darum herum wuselten hunderte von Pinguinen, die auf dem Weg von ihren Brutstätten zum Meer und wieder zurück über die zerbrochenen Spanten watschelten.

In den nächsten paar Tagen hatten wir reichlich zu tun. Der Platz, den wir für die Hütte der Macquarie-Abteilung ausgewählt hatten, befand sich direkt am Fuße des Funkhügels. Doch zunächst einmal standen wir vor dem Problem, die Funkmasten, den Dynamo und die ganze Funkausrüstung auf die Spitze des Hügels schaffen zu müssen, der außergewöhnlich steil war.

Glücklicherweise hielt sich das Wetter und wir konnten einen kleinen Bootshafen an der westlichen Seite benutzen. Hier hatten Robbenfänger an einem langen

Drahtseil eine Art Förderkorb angebracht, der mittlerweile ziemlich ramponiert war und erst richtig in Stand gesetzt werden musste, bevor er wieder benutzt werden konnte. Die Felsen weiter unten waren von der Küste aus unzugänglich, deshalb hatten die Robbenfänger sich diese Methode ausgedacht, um den Speck hochziehen und dann an der anderen Seite wieder herunterlassen zu können. Nach der Reparatur erwies sich der Förderkorb als recht nützlich, und schließlich zogen wir im Takt zahlreicher Seemannslieder die ganzen schweren Rundhölzer für die Funkmasten und all die andere Ausrüstung schwankend, aber sicher nach oben.

Jetzt begannen wir, einander richtig kennen zu lernen, denn Abends, wenn das Tagewerk getan war, redeten und sangen wir nach Herzenslust. Zwei von uns blieben immer in der Hütte, um aufzuräumen und für die Rückkehr der hungrigen Meute das Abendessen vorzubereiten. Es gab keine professionellen Köche bei der Expedition, aber unsere ehrgeizigen Amateure brachten so allerhand zustande – was uns zu Archie Hoadleys großem Experiment bringt. Einige Tage lang wunderten wir uns über das geheimnisvolle Verschwinden unseres Lammbratens, und erst als die *Aurora* wieder auf dem Weg nach Süden war kam heraus, warum es an dem fraglichen Abend stattdessen Pinguinsteaks gegeben hatte. Die Geschichte sprach sich schließlich herum. Auf der Suche nach Fett, in dem er die Keule eines frisch geschlachteten Lamms braten konnte, fragte Archie einen der auf der Insel lebenden Robbenfänger und erfuhr, dass es in einer Dose in der Hütte genug davon gebe. Unglücklicherweise schnappte er sich eine Büchse flüssige Seife und bemerkte seinen Fehler erst, als die Keule schon in der Pfanne schmorte. Das traurige Ergebnis vergrub er heimlich, bevor die anderen zurückkehrten.

Unsere Tage verliefen nach einem festen Schema. In jenen Breiten gibt es mitten im Sommer nur wenige

Nachtstunden und bis nach 22 Uhr hatten wir Tageslicht. Nach einem frühen Frühstück brachen wir auf, kletterten auf den Funkhügel und verbrachten den Tag damit, Löcher für die Funkmasten und die Verankerung der Stützen zu graben, Ausrüstung hochzuhieven und so weiter.

Jeden Morgen lieferten wir uns am Fuße des Hügels ein Gefecht mit einer Kolonie von Skua-Möwen. Diese Vögel sind die Aasfresser der südlichen Meere und außerdem große Feinde der Eier und Küken anderer Vögel. Wenn sie brüten, sind sie sehr angriffslustig und wirken manchmal ziemlich erschreckend. Befand man sich in der Nähe eines Skua-Möwennestes, so merkte man das sofort, denn der erwachsene Vogel flatterte über ihm herum, stieß dabei laute, heisere Schreie aus und stürzte sich dann ohne Vorwarnung direkt auf den Kopf des Eindringlings. Instinktiv hob man einen Arm, um das Gesicht zu schützen, dann wichen sie gerade so weit aus, dass sie dem Störenfried knapp über den Kopf flogen. Sie kamen so nah, dass man sie mitten im Flug mit einem Stock treffen konnte.

Die Insel Macquarie ist der angestammte Brutplatz zahlloser Seevögel. Da sie das einzige Stück Land inmitten einer riesigen Wasserfläche darstellt, kommen dort natürlich von nah und fern viele zusammen. Überall auf der Insel leben Albatrosse, Seeschwalben, Kormorane, Sturmvögel und Seemöwen aller Art. Normalerweise bleibt jede Spezies für sich, daher liegen die Nester in klar abgegrenzten Kolonien, die aus einem halben Dutzend Familien bestehen können, aber auch, wie bei den Pinguinen, aus vielen Millionen. Pinguine sind so charakteristisch für die Südmeere, dass sie in jedem Reisebericht erwähnt werden. Ausgenommen die Wintermonate auf dem antarktischen Kontinent selbst gab es während der ganzen Expedition keine Zeit, in der wir nicht mit ihnen in Berührung gekommen wären. Selbst wenn wir Hunderte von Kilometern vom nächsten Land entfernt waren, trafen wir Schulen oder Schwärme (›Herden‹ kann man ja wohl nicht sagen), die sich im Wasser tummelten; manchmal, als wären sie erstaunt, hielten sie einen Moment inne, um dieses große schwimmende Ungeheuer zu betrachten, das sich in ihre Gewässer vorwagte.

Sämtliche Arten, die wir auf Macquarie antrafen, unterschieden sich von denen weiter südlich. In der Nähe der Hütte gab es mehrere Kolonien mit Kronenpinguinen, hübschen kleinen Kerlen von etwa 40 Zentimeter Größe, die an jeder Kopfseite ein gelbes Federbüschel vorwiesen. Im Allgemeinen sind sie viel scheuer als die anderen Arten, aber damals saßen sie gerade auf ihren Nestern und wurden sehr böse, wenn man sie störte. Dann machten sie einen furchtbaren Lärm, plusterten sich auf und stellten ihre gelben Federbüschel hoch, bis sie aussahen wie der Schnurrbart eines pensionierten Oberst aus der Kolonialzeit.

Doch die mit Abstand häufigste Art auf der Insel ist der Haubenpinguin, ein Vogel, der etwas größer ist als der Kronenpinguin und keine Federbüschel am Kopf hat. Einige Brutkolonien der Haubenpinguine sind unglaublich groß. Man stelle sich ein flaches Tal von etwa 1,5 Quadratkilometern vor, in dem sich auf jedem Quadratmeter ein Nest befindet. Das Nest besteht, wenn der Eigentümer Glück hat, aus einem Kreis kleiner Steine. Es gibt viele solcher Kolonien auf der Insel und jede einzelne muss aus mehreren Millionen Individuen bestehen. Der Lärm ist furchtbar, denn jeder Vogel scheint sich unablässig mit seinem Nachbar zu streiten. Außer denen, die auf den Nestern hocken, laufen Tausende andere hin und her, und ihr Vorbeigehen gibt ständig Anlass zu Auseinandersetzungen, Gemecker und Schnabelhieben. Am Familienleben nehmen bei den Pinguinen beide Eltern teil. Männchen und Weibchen wechseln sich zunächst beim Brüten ab, und nachdem das Junge geschlüpft ist, gehen sie abwechselnd zum Meer, um Nahrung zu suchen.

Wir haben uns oft gefragt, wie die Vögel unter all den vielen Nestern ihr eigenes wieder finden – vorausgesetzt, dass sie tatsächlich zur richtigen Stelle zurückkehren. Doch selbst wenn nicht, die filmreifen häuslichen Auseinandersetzungen machen sicher einen Teil des Krachs aus. Pinguine haben zweifellos einen wunderbaren Orientierungssinn. Das beweist die Zielsicherheit, mit der sie immer zur gleichen Zeit des Jahres über das ganze weite Meer hinweg ihren Weg zu einem so entlegenen Punkt wie der Insel Macquarie finden. Wenn sie auf ihren Nestern hocken, reagieren sie bei Störungen sehr verärgert, sie schlagen wild mit den Flügeln oder hacken mit dem Schnabel nach dem Eindringling; aber am Strand schienen sie nur wenig Interesse an uns zu haben. Offenbar sahen sie in uns schlichtweg größere Pinguine. Auf jedem einzelnen Strandstück waren stets einige tausend Haubenpinguine anzutreffen, denn dort legten sie wohl auf ihrem Weg von und zu den Brutstätten eine Pause ein. Es war sehr lustig, diesem Gedränge zuzuschauen, das Ganze erinnerte auffällig an das Gewimmel, das an einem Sonntagnachmittag im Sommer am Strand von Manly herrscht. Mit ihrem weißen Brustgefieder, das ihnen das Aussehen von Herren im Frack verlieh, gingen manche ihres Weges; andere versammelten sich in Gruppen, in denen sie die neuesten Skandale aus den Kolonien zu diskutieren schienen. Die einen dösten in der Sonne, während wieder andere ständig in der Brandung herumhüpften. Sie wirkten allesamt sehr menschlich.

Einige der Brutstätten lagen nahe am Strand; weitere befanden sich hoch oben auf den Hügeln oder sogar tief im Landesinneren. Die Betten der meisten Bäche wurden zu regelrechten Rennstrecken für den unablässigen

Strom von Fußgängern, als die man die Vögel durchaus bezeichnen könnte. Angesichts ihrer kurzen, stämmigen Beine kamen sie erstaunlich gut voran, indem sie überaus behände von Stein zu Stein hüpften.

Die größte Pinguinart auf Macquarie ist der Königspinguin, ein enger Verwandter des Kaiserpinguins, der alle überragt, aber nur im äußersten Süden vorkommt. Der Königspinguin ist etwa einen Meter groß, hat einen langen Schnabel und einen goldgelben Fleck auf jeder Wange. An der Karolinenbucht am Südende der Insel sahen wir einmal ein paar, doch sie waren seltener als die anderen Spezies.

Wir hatten länger als eine Woche auf Macquarie zu tun und die ganze Zeit Glück mit dem Wetter, was höchst ungewöhnlich war. Beim Betrieb des Förderkorbs passierten ein oder zwei kleinere Unfälle. Einmal stürzte ein schweres Maschinenteil kurz vor dem Gipfel ab und rollte unkontrolliert bergab, wobei es Frank Wild am Oberschenkel erwischte und ihm eine ziemliche Prellung zufügte. Er konnte einige Tage nur noch humpeln, beaufsichtigte aber weiterhin das Ab- und Umladen der Ausrüstung.

In der Zwischenzeit stießen Frank Hurley und Harrison wieder zu uns, die eine ziemlich abenteuerliche Reise quer über die Insel unternommen hatten. Offenbar war die *Aurora*, als sie Macquarie erreichte, zunächst am äußersten südlichen Ende vor Anker gegangen; nachdem sie dann einen neuen Liegeplatz gefunden hatte, stellte Hurley fest, dass er ein wertvolles Filmkameraobjektiv auf den Felsen vergessen hatte. Also gab Dr. Mawson ihm die Erlaubnis, über die Insel zu wandern, um die Linse zurückzuholen, und so kämpfte er sich mit Harrison und einem der Robbenfänger, der sich als Führer angeboten hatte, 32 Kilometer über unwegsames Gelände nach Süden und wieder zurück. Es war eine sehr anstrengende Reise, denn der

Weg führte über Felsen, Berge und Sümpfe, und als sie wieder am nördlichen Ende ankamen, waren alle total erschöpft. Hurley hatte sich den Fuß verstaucht, wollte aber unbedingt oben vom Funkhügel aus Fotos schießen, also ließ er sich mit seiner Kamera im Förderkorb hochziehen, ein Schwindel erregendes und Nerven aufreibendes Unternehmen, das niemand ihm nachzumachen versuchte.

Unser Aufenthalt neigte sich rasch dem Ende zu. Die Funkmasten standen, und die Inselmannschaft verfügte über ihre gesamte Ausrüstung, die hauptsächlich in der *Taroa* herangeschafft worden war. Die Hütte stand zwar noch nicht, aber alles lag griffbereit. Die Zeit verging und wir mussten weiter nach Süden vordringen, bevor der kurze Sommer zu Ende war. An Land lag noch vieles, was auf die *Aurora* geschafft werden musste, und am 23. Dezember begannen wir mit dem Verladen. Es gab Anzeichen für einen Wetterumschwung, das Barometer fiel und das Meer wurde immer unruhiger. Die letzte Fahrt mit dem Walboot war alles andere als angenehm, da es randvoll mit Passagieren und jeder nur möglichen Ladung war. Mehrere Schafe, die zum Fressen und Ausruhen an Land gebracht worden waren, und ein paar Schlittenhunde, die wir ebenfalls auf die Insel mitgenommen hatten, gehörten auch dazu. Bei unserer Überlast, der kabbeligen See und der Schwierigkeit, die Hunde von den Schafen fern zu halten, sah unsere Lage eine Zeit lang gar nicht gut aus und wir waren sehr erleichtert, als wir schließlich den Windschatten der *Aurora* erreichten. Es war recht schwierig, längsseits zu kommen und die verschiedenen Lasten zu entladen. Wild stand am Steuerruder und nur dank seines Könnens blieb uns ein Unfall erspart. An Bord angekommen, winkten wir der kaum noch sichtbaren kleinen Gruppe am Strand Lebewohl und wandten uns dann umgehend nach Süden, dem nächsten Abschnitt unserer Reise zu.

3. Kapitel

Polarmeere

Nach der Überfahrt im Walboot war es eine Erleichterung, ein einigermaßen ruhiges Deck unter den Füßen zu spüren, doch gab es für meinen Geschmack immer noch ein wenig zu viel Auf und Ab. Es ist an der Zeit, ein paar Worte über die *Aurora* selbst zu sagen. Obwohl wir in Hobart geholfen hatten, sie zu beladen, bezogen die meisten von uns zum ersten Mal Quartier auf ihr. Zunächst schien es unmöglich, uns alle unterzubringen. Achtern gab es nicht viel Platz, und zusätzlich zu den Schiffsoffizieren mussten noch die 26 Männer der Landabteilungen Schlafstellen finden. Eine steile Kajütstreppe führte zu dem kleinen Salon, in dem wegen des Platzmangels die Mahlzeiten in drei Schichten eingenommen werden mussten. Neben dem Salon gab es eine Reihe winziger Zellen, die kaum Kabinen genannt werden konnten, und in jede davon wurden drei bis fünf Männer gestopft. Glücklicherweise befanden wir uns bereits in recht kalten Regionen, und der Überfüllung wegen wurde es überall schön warm.

Sich zu waschen war eigentlich schon aufgegeben worden. Wir hatten kaum genug Wasser zum Kochen und Trinken, und bei den Mahlzeiten war pro Kopf nur eine Tasse Tee erlaubt. Für alles andere gab es nur einen Weg: sich bei Gillies, dem Ingenieur, beliebt zu machen und ihn um ein bisschen warmes, schmieriges Kühlwasser von den Maschinen zu bitten. Es ist seltsam mit dem Waschen – wenn man keine Möglichkeit dazu hat, verspürt man bald gar kein Bedürfnis mehr danach. Bei einem Abendessen, das die Royal Society direkt vor unserer Abfahrt aus Sydney gab, erzählte einer der Redner, der das Landesinnere Australiens erforscht hatte, die geringste aller Schwierigkeiten sei es gewesen, das regelmäßige Waschen und Baden aufzugeben. Diese Bemerkung erregte große Heiterkeit, aber jetzt stellten wir fest, dass er völlig Recht gehabt hatte.

Die *Aurora* war ein Hilfsdampfer von etwa 600 Tonnen mit Schonerbark-Takelung und hatte früher als Walfänger auf den Nordmeeren gedient. Auch bei der Suche nach der unglückseligen Greely-Expedition war sie mit von der Partie gewesen. Sie war ein gutes, stämmiges Schiff, massiv gebaut und gegen Eisdruck verstärkt, was allen an Bord durchgehend ein beruhigendes Gefühl der Sicherheit vermittelte.

Diejenigen, die von Hobart aus auf ihr mitgefahren waren, hatten sich von ihrer Seetüchtigkeit bereits überzeugen können. Der Sturm, der die *Taroa* aufgehalten hatte, hatte auch die *Aurora* mit voller Kraft erwischt. Riesige Wellenberge waren von vorn bis achtern über sie hinweggerollt und hatten sogar einen Teil der Brücke fortgerissen. Das Schiff war nicht nur voll beladen, sondern hatte auch viel Fracht auf Deck gestapelt, einschließlich der Holzlatten für die Hütten, und eine Zeit lang befürchtete man, ein Teil davon, wenn nicht gar alles, würde verloren gehen. Doch da alle mit anpackten, konnte die Fracht gesichert und komplett gerettet werden. Das Schiff selbst überstand das Ganze bestens, nur seine Passagiere hatten einige bange Minuten durchlebt. Noch ein weiteres Ereignis stellte das Schiff auf eine ernste Probe. Als es vor der Südspitze der Insel Macquarie kreuzte, lief es auf ein Unterwasser-Riff, schaukelte ein paar Minuten darauf herum und glitt dann wieder in tieferes Wasser. Einem Dampfer aus Eisen wäre dabei wahrscheinlich der Rumpf aufgerissen worden, aber das stämmige alte Walfangschiff blieb völlig unbeschädigt.

An Deck gab es nur sehr wenig Freiraum. Überall lag Fracht herum. Darunter auch die große Kiste mit dem Flugzeugmotor, das Holz für die Hütten, unzählige Kanister mit Benzin und denaturiertem Spiritus sowie andere Dinge, für die in den Laderäumen kein Platz mehr blieb. Dazwischen waren an die vierzig Hunde angebunden, von denen mehrere starben, bevor wir Land erreichten, und auch eine Anzahl Schafe, die später geschlachtet wurden. Der Dreck, den die Hunde machten, war unbeschreiblich, und obwohl man das Deck gelegentlich mit Salzwasser schrubbte, fanden sich an den unmöglichsten Orten Exkremente, was zu einer ständigen Quelle des Ärgers oder der Heiterkeit wurde, je nachdem, ob man Opfer oder Zuschauer war.

Die Hunde waren eine bunt gemischte Meute, recht unterschiedlich in Größe und Kraft, aber meist ausgesprochen freundlich. Ein wildes Biest, mit dem nichts anzufangen war, ließen wir auf Macquarie zurück, wo es reichlich zu fressen hatte und niemanden störte. Keiner dieser Hunde konnte bellen, was sicher auf ihre nahe Verwandtschaft mit dem Wolf zurückzuführen war. Manchmal heulten sie, und wenn einer anfing, fielen die anderen meist mit ein. Vierzig Hunde, die im Chor, aber keineswegs harmonisch heulen, machen auf einem kleinen Schiff mit beschränktem Platz einen fürchterlichen Krach, und die Freiwache unten verfluchte sie bei so mancher Gelegenheit.

Es war spät am 23. Dezember 1911, als die *Aurora* endlich ihren alten Ankerplatz verließ, den Bug gen Süden richtete und den ganzen Abend an der Küste entlang dampfte. Das Barometer war wieder gestiegen und der angekündigte Sturm blieb aus. Es war wunderbar ruhig. Am Weihnachtsmorgen ankerten wir in der Karolinenbucht, direkt vor der Südspitze der Insel. Dort befand sich ein kleines Wasserbecken mit hohen, steilen Felsen ringsherum, das bis zur Küste tiefes Wasser führte. Ein großer Felsen erschwerte die Einfahrt, daher musste die *Aurora* sich sehr vorsichtig hineintasten, bevor sie den Hauptanker werfen konnte. Der ihm folgende Wurfanker sollte unnötiges Schlingern verhindern. Sogleich machten sich alle daran, Wasser für das Schiff zu besorgen. Eine schmale Wasserrinne führte zum Ende der Bucht, wo ein Bach mündete, der von den Pinguinenscharen verschmutzt war, die ihn als Weg von und zu ihren Brutstätten weiter landeinwärts benutzten. Aber als wir in einem kleinen Seitenarm nahe der Küste gruben, fanden wir sauberes Wasser und bildeten eine Eimerkette. Auf diese Weise wurden die Fässer, die wir an Land geschleppt hatten, gefüllt und wieder zurück zum Schiff transportiert. Das war eine langweilige Arbeit, aber bis zum Abend hatten wir die Hälfte des benötigten Vorrats sicher an Bord. Wir machten Schluss und nahmen uns vor, den Rest am nächsten Tag zu erledigen; wobei die Vorstellung, den Weihnachtstag an Land verbringen zu können, uns allen gefiel.

Doch es sollte nicht sein. Als nächstes erinnere ich mich an einen heftigen Stoß von unten, der mich fast aus meiner Koje geworfen hätte. Schlaftrunken nahm ich an, ich befände mich noch an Land und erlebte eines der Erdbeben, für die Macquarie bekannt ist. Meine geologischen Instinkte waren geweckt und ich rief Stillwell, dem Geologen, mit dem ich meine Kabine teilte, zu: »Wach auf, Frank! Das ist äußerst interessant – ein Erdbeben.«

Natürlich wurde ich später immer wieder damit aufgezogen.

Als ich vollständig wach war, wurde mir klar, dass etwas passiert sein musste. Das Stoßen von unten ging immer noch weiter, oben an Deck rannten alle durcheinander, und eine Stimme brüllte Kommandos.

Dann kam der knappe Befehl: »Alle Mann an Deck!«

Also warfen wir uns ein paar Kleidungsstücke über

und eilten nach oben. Es war gar nichts Besonderes passiert, doch es hätte böse ausgehen können. Der Wachoffizier hatte die Brücke nur für ein paar Minuten verlassen, und in der Zeit war Wind aufgekommen. Bei der ersten Böe riss sich der Anker los, und bevor noch irgendetwas unternommen werden konnte, hatte das Schiff sich bereits gedreht und stieß mit der Breitseite an die Felsen. Glücklicherweise hielt der leichte Wurfanker das Heck von der Küste fern, sodass Ruder und Schraube unbeschädigt blieben. Eilig befestigten wir ein gerade greifbares Boot am Ankerseil und mit vereinten Kräften bekamen wir das Schiff von den Felsen frei. Dann sprangen die Maschinen an, und die *Aurora* glitt zur allgemeinen Erleichterung langsam in tieferes Wasser zurück. Sie hatte nicht einmal eine Schramme abbekommen, was wieder einmal ihre Robustheit demonstrierte, denn ein normales Schiff wäre bei einer ähnlichen Havarie sicher leckgeschlagen.

Leider aber bestand jetzt keine Aussicht mehr auf einen schönen Weihnachtsspaziergang an Land. Kapitän Davies hatte genug von den Tücken der Küste und beschloss auf der Stelle, direkt weiter nach Süden zu fahren. Daher schaukelte das Schiff, als wir aus unserem gestörten Schlaf erwachten, schon wieder ungestüm auf dem offenen Meer.

An diesen Weihnachtstag habe ich nur noch verschwommene Erinnerungen. Ich weiß, dass man sich Mühe gab, ein besonderes Mahl zuzubereiten, aber ich hatte wenig Interesse am Essen. Aus einer Art Pflichtgefühl heraus probierte ich es – und spuckte es gleich wieder aus, was eine reine Verschwendung leckerer Speisen war. Die Küche auf dem Schiff ließ sowieso zu wünschen übrig, selbst als ich wieder Hunger bekam. Das ging so weit, dass unser Kamerad Walter Hannam mehrmals freiwillig das Kochen übernahm. Der dicke, fröhliche Walter passte schon rein äußerlich gut in die

Smutje-Rolle und hatte damit auch viel Erfolg. Da war zum Beispiel die Sache mit den Lachspastetchen – bei denen das einzige Problem darin zu bestehen schien, dass wir davon nicht genug bekommen konnten. Die alten Seebären benahmen sich allerdings merkwürdig. Sie schickten eine Abordnung nach achtern zum Kapitän, die sich – angeführt vom Bootsmann, der seine Arbeit zwar gut machte, aber auch gerne herumnörgelte – darüber beschwerte, dass Lachspastetchen ja wohl nicht das richtige Essen für Seeleute seien.

Jetzt erlebten wir zum ersten Mal, wie der Kapitän mit seinen Leuten umging. Bis zu dem Zeitpunkt hatten wir ihn nur vom Sehen gekannt. Er war groß und einer der dünnsten Männer, die mir je über den Weg gelaufen sind, mit rotem Haar und Bart. Wir hielten ihn für alt, und er sah tatsächlich älter aus als er war, denn damals zählte er kaum mehr als dreißig Jahre. Seine Schweigsamkeit und sein Ernst hatten ihm den Spitznamen ›Miesepeter‹ eingebracht, der allerdings nur hinter seinem Rücken benutzt wurde. Später ging uns auf, was für eine große Verantwortung er trug; er hatte in unerforschten Gewässern für die Sicherheit des Schiffes und seiner Besatzung zu sorgen. Wer wollte es ihm verdenken, wenn diese Last ihn drückte? Wir vertrauten ihm, das war die Hauptsache, und als wir 1913 heimkehrten, stellten wir fest, dass man an Land viel Spaß mit ihm haben konnte.

Um auf die Abordnung zurückzukommen: Miesepeter hörte zu, ohne ein Wort zu sagen, aber sein kurzes rotes Haar schien sich, wie immer bei solchen Gelegenheiten, zu sträuben. Eine eindrucksvolle Pause entstand, in der die Mitglieder der Abordnung anfingen, unter seinem eiskalten Blick unruhig zu werden und mit den Füßen zu scharren. Dann ergriff er das Wort, und wenn er wollte, war seine Stimme selbst in einem Sturm noch zu hören.

»Was zum Teufel wollt ihr denn haben, Engelsflügel vielleicht? Verschwindet, verdammt noch mal!«

Das ließ die Abordnung sich nicht zweitm sagen.

Im Januar 1915, als der Gouverneur von Ceylon dem vor Colombo ankernden Truppentransporter *Ulysses* einen Besuch abstattete, war ich Kommandant der Wache. Alle Kapitäne der Transporterflotte begleiteten ihn, darunter doch tatsächlich auch Miesepeter Davis. Es war eine überraschende Begegnung, und wir konnten uns nur kurz die Hand schütteln, doch dabei erschien vor meinem geistigen Auge wieder der große dünne Mann mit der Wollmütze, der offenbar nie die Brücke verließ, auf der er Tag und Nacht auf und ab ging. Und derselbe Mann 1913 in Hobart beim Abschiedsessen, nach dem wir wieder auseinander gingen, wie er mit einer Stimmkraft, die nichts zu wünschen übrig ließ, pausenlos ›Rolling Home‹ schmetterte.

Der Weihnachtstag war vorüber und jeder Kilometer brachte die *Aurora* näher an das eisbedeckte Land, das vor uns lag. Die helle Sonne und das ruhige Meer machten die Reise in diesem Stadium fast zu einem Vergnügen, dazu kam noch das Wissen, dass wir uns jetzt in unbekannten Gewässern befanden und jeder Augenblick eine unvorhergesehene Entdeckung bringen konnte – die erste Sichtung einer bislang unentdeckten Insel vielleicht!

Tag für Tag wurden die dunklen Stunden weniger; die Sonne ging jetzt statt im Osten fast im Süden auf und bewegte sich in einem großen Kreis am Horizont, bis sie schließlich ungefähr an derselben Stelle versank, an der sie nur ein paar Minuten später wieder auftauchte.

Am 29. Dezember sahen wir die ersten Eisberge, unregelmäßige, hügelige Gebilde, Überbleibsel einstmals größerer Berge, die sich bei ihrer Drift nach Norden in den wärmeren Gewässern langsam auflösten. Dann hüllte ein leichter Nebel uns ein, und wir dampften langsam durch eine enge weiße Welt, die unsagbar unheimlich wirkte. Hin und wieder zeigte ein hohles, dumpfes Brummen auf einer Seite die Nähe eines Eisbergs an, und einmal tauchte vor uns im Nebel plötzlich eine hohe weiße Wand auf, sodass wir das Ruder nur noch gerade rechtzeitig herumwerfen konnten. Die Luft war normalerweise voller Geräusche und es war unmöglich zu sagen, aus welcher Richtung die Gefahr kam.

Endlich teilte sich der Nebel und gab einen wunderbaren Blick frei. Knapp einen Kilometer entfernt an der Backbordseite trieb ein großer, mehr als tausend Meter langer und sicher 50 Meter hoher Tafeleisberg. Eingehüllt in wabernde Nebelwolken, die seine Konturen weicher machten, schien er in einem geheimnisvollen, ganz eigenen Element zu schweben. Als der Nebel verflog, wurden die Umrisse deutlicher, und wir konnten die von den Wellen geschlagenen großen Vertiefungen sehen, in die mit endlosem dumpfem Gebrüll die Brandung rauschte. Jeder Riss, jede Spalte trat in reinstem Saphirblau hervor.

Eine Weile schauten wir wie gebannt zu, dann wurde die Stille gebrochen, weil jemand den alten Segelmacher fragte, was er davon hielte. ›Segel‹ war, wie alle echten alten Seebären, nicht zu beeindrucken.

»Wie?« meinte er. »Das bisschen Berg da? Mensch, das ist der kleinste Eisberg, den ich je gesehen habe.«

In jener Nacht ging die Sonne eigentlich gar nicht mehr unter, und um Mitternacht war es noch hell genug, um lesen zu können. Nun befanden wir uns wahrhaftig in antarktischen Gewässern.

Um uns herum war jetzt überall Eis – Berge oder lose Stücke Packeis aus den Eisfeldern weiter südlich. Dann begann der Horizont ganz weit vorn weiß zu schimmern, was die alten Matrosen sofort als echten Eisblink erkannten.

Dieses Phänomen ist für Seefahrer auf den Polarmeeren ein nützlicher Hinweis, denn es zeigt, auf was man sich gefasst machen muss. Selbst wenn ein Schiff, so weit das Auge reicht, von schwerem Packeis umgeben ist, verrät ein dunkles Band am Horizont, das als ›Wasserhimmel‹ bekannt ist, in welcher Richtung sich offenes Wasser befindet. Andersherum deutet ein schimmernder Horizont oder Eisblink darauf hin, dass voraus nur mit Eis zu rechnen ist.

Bald erreichten wir das erste Packeis, einzelne Stücke des Wintereises, 20 bis 40 Meter breit, die 30 bis 60 Zentimeter aus dem Wasser ragten. Obenauf lagen gelegentlich Robben, die sich behaglich in der Sonne räkelten, entweder die weiße, als Krabbenfresser bekannte Art oder der wilde und gefräßige Seeleopard. Auch die Adélie-Pinguine mit ihrem strahlend weißen Brustkleid standen in kleinen Gruppen beisammen und schauten uns neugierig nach.

Mit der Zeit wurde das Packeis dicker, die Eisschollen größer und die Rinnen dazwischen schmaler. Nun zeigte die *Aurora*, was sie konnte. Wenn sie eine große Eisscholle mit voller Kraft gerammt hatte, zog sie sich nach dem Aufprall ein wenig zurück, um erneuten Anlauf zu nehmen. Oft zerbrach die Scholle beim zweiten oder dritten Zusammenstoß, oder aber sie wurde zur Seite gedrängt und trieb knirschend und kreisend am Schiff vorbei.

Dort, mitten im Packeis, auf dem Eis neben dem Schiff erlegten wir einen Seeleoparden. Dann ließen wir schnell das Fallreep herab und holten den Kadaver mit einem Flaschenzug an Bord. Mir fiel die Aufgabe des Häutens zu – eigentlich keine schwierige Arbeit, aber langwierig und mühsam, weil die fast 8 Zentimeter dicke Speckschicht unter der Haut entfernt werden musste. Das Fleisch wurde an die Hunde verfüttert, damit sie zur Abwechslung mal etwas anderes bekamen als ihre tägliche Ration Hundekuchen.

Doch die Eisblöcke wurden größer und größer und waren schließlich so eng aneinander gedrängt, dass sie praktisch eine feste Masse bildeten. Ein leuchtender Eisblink füllte den Horizont vor uns und es war offenbar sinnlos zu versuchen, weiter vorzudringen. Widerstrebend drehten wir mit der *Aurora* bei und gelangten nach einigen Schwierigkeiten wieder in offenes Wasser.

Da unser Plan, direkt nach Süden zu fahren, vereitelt worden war, änderten wir den Kurs und fuhren mehrere Tage westwärts am Packeisrand entlang, stets vergeblich Ausschau haltend nach einer Durchfahrt zum Land auf der anderen Seite. Allmählich wurde klar, dass der fortgeschrittene Sommer uns nicht erlauben würde, mehr als zwei Stationen zu errichten, also teilten wir die Mannschaften noch einmal neu ein: zur ersten Landabteilung sollten 18 Männer gehören, zur zweiten acht. Frank Stillwell und ich hatten uns besonders angefreundet. Ursprünglich sollte er in der dritten Station für die Geologie zuständig sein und ich für die Zoologie; jetzt wurden wir beide der ersten Station zugeteilt.

Mittlerweile fingen wir alle langsam an zu zweifeln, ob wir überhaupt jemals Land erreichen würden, bis sich am 3. Januar 1912 um fünf Uhr morgens unser Schicksal wendete. Ganz plötzlich wurde das Packeis dünner, und weiter hinten tauchte eine lange, steile Eiswand auf, die sich beiderseits so weit erstreckte, wie das Auge reichte. Im Wasser vor ihr gab es so gut wie gar kein Packeis.

Was war das? Ein Rieseneisberg? Die Meerseite eisbedeckten Landes? Oder ein Stück von einer der großen schwimmenden Eisbarrieren des Südens?

Mehrere Stunden dampften wir an der Eiswand entlang, die ost-westlich ausgerichtet war, dann bogen wir ganz plötzlich um eine Ecke und sahen direkt südlich offenes Wasser vor uns liegen. Natürlich brach bei allen an Bord großer Jubel aus, denn jetzt bestand die Aussicht, Land zu sehen, dass vor uns noch niemand erblickt hatte. Zu unserer Linken verlief die Eiswand nun, so weit man schauen konnte, von Nord nach Süd, offenbar handelte es sich also um eine Eisbarriere oder Eiszunge, die irgendwo im Süden mit dem Land verbunden war.

Um das Entstehen dieser Barrieren zu verstehen, muss man ein wenig über die allgemeine Physiographie der antarktischen Region wissen. Der antarktische Kontinent ist größer als Australien, hat aber etwa dieselbe Form. Ungefähr in der Mitte liegt der geographische Südpol, auf einer Hochebene, die sich mehr als 3000 Meter über den Meeresspiegel erhebt. Auf dem gesamten Kontinent ist es außerordentlich kalt – so kalt, dass die Temperatur weder winters noch sommers über den Gefrierpunkt steigt. Daher gibt es keinen Regen und der Schnee, der fällt, häuft sich im Laufe der Jahre an und hat sich zu einer riesigen Eisdecke verdichtet, die das gesamte Land bis zu einer Höhe von 300 Metern bedeckt. Diese Eisdecke ist so mächtig, dass nur die höchsten Berge aus ihr herausragen.

Das Gewicht der Eiskappe ist enorm, und da sich in der Mitte am meisten anhäuft, drängt das Eis in einem beständigen Fluss zum Rand hin. Die Bewegung ist langsam, ein paar Zentimeter – ein paar Meter im Jahr. Da wo die Küste steil ist, schlägt das verhältnismäßig warme Wasser unten an die Eisdecke, und sie schmilzt, oder die Flut trägt kleine, unregelmäßige Eisberge mit sich fort. Aber da wo sie nur allmählich abfällt, wie etwa in den Talmündungen, wird die Eisdecke manchmal hunderte von Kilometern weit ins Meer geschoben, sodass sie schwimmt, aber immer noch mit dem Küsteneis verbunden ist. Das sind die großen Barrieren des Südens. Auf ihnen sammelt sich ständig frischer Schnee, der die Korrosion durch das nagende Meerwasser wieder ausgleicht, die Mächtigkeit bleibt also in etwa gleich. Daher bestehen die Barrieren an der Meerseite meist aus kürzlich gefallenen Schneeschichten, weiter landeinwärts aber aus hartem Gletschereis.

Durch die Bewegung der Meeresströmungen oder die Gewalt eines Sturmes brechen gelegentlich riesige Teile ab, die Durchmesser von mehreren Kilometern haben können, und diese bilden wiederum die Tafeleisberge, die für die Antarktis so charakteristisch sind.

Wir dampften mehrere Stunden lang südwärts. Die Eiswand verlief ununterbrochen zu unserer Linken, wich gelegentlich in Buchten zurück oder streckte Eiszungen hervor, behielt aber insgesamt eine nord-südliche Richtung bei. Dann änderte sie plötzlich erneut den Verlauf und bog nach Südosten ab, sodass wir an der Backbordseite offenes Wasser hatten, so weit das Auge reichte. Zu unserer Rechten erschien jetzt eine hohe, kuppelförmige Eisinsel – wahrscheinlich ein Eisberg –, die aber Land so ähnlich sah, dass man sie leicht für solches hätte halten können. Zweifellos waren einige der Landsichtungen, von denen frühere Forscher berichteten, dieser Natur und wurden von späteren Expedition dann als solche erkannt, weil sie über die auf der Karte angegebene Position hinweg segelten.

Nun machten wir unsere erste Bekanntschaft mit einem antarktischen Schneesturm. Obwohl die Sonne noch schien, steigerte ein plötzlicher Windstoß aus dem Süden sich schnell zur Stärke eines Sturmes, gegen den die *Aurora* nur mit Mühe vorankam. Die Eiswand bildete eine gefährliche Leeküste, deshalb änderte die *Aurora* ihren Kurs und versteckte sich im Windschatten der Eisinsel, in dessen Bereich sie in den nächsten 24 Stunden langsam hin- und herfuhr. Damals hielten wir das für ein rechtes Abenteuer, wir ahnten ja nicht, dass der Wind, so stark er auch war, nur einen kleinen Eindruck von den mächtigen Orkanen vermittelte, die wir im kommenden Jahr erleben sollten. Abgesehen von der oftmals beklagten Verzögerung ging es den Landabteilungen recht gut, denn an Deck konnten wir nichts helfen, also blieben wir unten in der gemütlichen Kabine, spielten Bridge, sangen und vergnügten uns anderweitig.

Am Nachmittag des 5. Januar legte der Wind sich langsam, und dann dauerte es gar nicht mehr lange, bis wir auf dem ruhigen blauen Meer weiter südwärts dampfen konnten, während die Sonne hell vom wolkenlosen Himmel schien. Bald kamen wir wieder an die Eisbarriere, die uns jetzt in südwestlicher Ausrichtung im Weg lag. Daraus schlossen wir, dass wir eine große Bucht überquert hatten, und erst ein Jahr später erfuhren wir, dass wir uns getäuscht hatten. Denn als die *Aurora* kam, um uns abzuholen, fuhr sie an genau der Stelle, an der wir die Barriere gesichtet hatten, durch offenes Wasser, nur um dem Eis anschließend, mit der Landmannschaft an Bord, etwa 160 Kilometer weiter westlich wieder zu begegnen. Also handelte es sich in Wahrheit um einen gigantischen Eisberg mit einem Durchmesser von mehr als 60 Kilometern, der von der Eisdecke des Kontinents losgebrochen war und langsam nach Westen trieb – sicher der größte Eisberg, den je ein Mensch erblickt hat.

Das Loten ergab nun kaum mehr als 200 Faden, ein Beweis dafür, dass wir uns auf einem Kontinentalschelf befanden und Land nicht mehr weit sein konnte. Weitere Hinweise darauf lieferten die gelegentlichen Sichtungen von schlafenden Weddell-Robben, die auf Eisschollen an uns vorbeitrieben. Sie sind die Strandrobben der Antarktis und kommen nur in Küstennähe vor.

Es war neblig und wir suchten uns vorsichtig einen Weg durch die zahlreichen Eisberge, mit denen das Meer übersät war. Alle hielten Ausschau nach dem ersten Anzeichen von Land. Spät am Abend des 6. Januar wurde weit vor uns verschwommen eine hohe weiße

Silhouette sichtbar, die zunächst kaum vom Himmel zu unterscheiden war, mit dem sie zu verschmelzen schien, die aber beim Näherkommen immer deutlicher hervortrat. Als wir noch dichter herangekommen waren, tauchten direkt vor uns hohe Eisklippen auf. Wir befanden uns in einer breiten Bucht, die rundherum von unzugänglichen weißen Wänden umgeben war. Weiter hinten stieg die Oberfläche allmählich an bis zu einer entfernten und undeutlichen Horizontlinie, die an einer Stelle, fast 500 Meter über dem Meeresspiegel, von einem großen Hügel unterbrochen wurde.

Es ist etwas Wunderbares, zum ersten Mal unbekanntes Land zu sehen, das noch nie ein Mensch betreten hat. Unsere Gefühle schwankten wohl hauptsächlich zwischen Begeisterung und staunender Ehrfurcht. Mir persönlich schien das große Plateau anfangs wie eine feindselige Schönheit. Es wirkte so öde, so vollkommen verlassen, so leblos. Später, als ich mit dem Schlitten darüber hinwegfuhr, kam es mir so vor, als verbänden sich diese Eigenschaften zu einer ganz eigenen unbarmherzigen und übel wollenden Persönlichkeit, die ständig unerbittlich auf den einen falschen Schritt lauerte, der den Eindringling in ihre Gewalt brachte. Man meinte, stets gegen eine schreckliche, unsichtbare Macht ankämpfen zu müssen.

Es war 23 Uhr 30 und passenderweise schien bei unserem ersten Blick auf Adélie-Land die Mitternachtssonne.

Nun mussten wir nur noch einen Landeplatz finden. Hier und da traten am Fuße der Eisklippen schwarze Felsen zutage, aber nirgendwo gab es eine Stelle, von der aus die Klippen weiter oben zu erreichen waren. Daher wechselten wir erneut den Kurs und dampften langsam an der neuen Küstenlinie entlang nach Westen. Im Laufe des 7. Januar besserten sich die Aussichten ein wenig. Als wir um eine Landspitze bogen, zeigte sich eine gebrochenere Küstenlinie mit mehreren Felsvorsprüngen, die aussahen, als sei dort eine Landung möglich. Das Meer rundherum war mit Eisbergen und kleinen Felsinseln übersät, der Kontrast zwischen dem leuchtend blauen Wasser und dem reinen Weiß war unbeschreiblich schön.

An dem Tag gab es einen kleinen Schneesturm, der das Schiff mit einem weißen Mantel überzog. Er ging sehr schnell vorüber und die Sonne schien bald wieder. Alle waren in bester Stimmung und zum Scherzen aufgelegt, und einige lieferten sich eine kleine Schneeballschlacht. Hodgeman stand auf der Brücke und skizzierte den Verlauf der neuen Küstenlinie, während Cecil Madigan die Gelegenheit nutzte, unsere Position zu bestimmen. In dem Moment schaute Miesepeter um die Ecke des Ruderhauses und bekam einen Schneeball direkt aufs Auge. Damit änderte die Szene sich schlagartig. Gerade noch bebte das Deck vor Lebendigkeit, und im nächsten Augenblick lag es vollkommen verlassen. Eine Stunde später wurde ein Zettel in den Salon gereicht, in dem die Herren der Landmannschaften gebeten wurden, von solch frivolen Vergnügungen Abstand zu nehmen, da sie der Crew ein schlechtes Beispiel lieferten.

Jetzt wurden einige Schafe geschlachtet und ihre Kadaver außer Reichweite der Hunde in der Takelage aufgehängt. In der klaren kalten Luft der Antarktis gibt es praktisch keine Verwesung, und noch gegen Ende des Winters hatten wir Lammbraten, der recht gut war.

So verging ein weiterer Tag. Am 8. dampften wir in eine weite mondförmige Bucht, die später als Commonwealth-Bucht bezeichnet wurde. Weit hinten im Westen endete sie an einem Kap, das übereinstimmte mit dem Land, das d'Urville 1840 gesehen und Kap Decouverte getauft hatte. Dort also lag das Adélie-Land, das nach seiner Frau benannt war. Etwa in der

Mitte der Commonwealth-Bucht, am Fuße der steilen Abhänge, die ins Innere führten, gab es einen schwarzen Fleck, auf den die *Aurora* zuhielt. Beim Näherkommen löste der schwarze Fleck sich in Felsen auf, und als wir nur noch etwa anderthalb Kilometer entfernt waren, drehte die *Aurora* bei und schickte das Walboot zum Nachschauen. Ungefähr eine Stunde später kehrte die Vorhut zurück und berichtete, dass die Felsen, die wir sahen, in Wirklichkeit Inseln vor der Küste waren, dass aber weiter hinten eine felsige Halbinsel liege, die sich ausgezeichnet zur Errichtung einer Station eigne.

Also tastete die *Aurora* sich um die Spitzen dieser Inseln herum und warf auf halbem Weg zur Küste Anker. Das Wetter war wunderbar ruhig und wir vergeudeten keine Zeit, setzten auch die Barkasse aus, beluden beide Boote mit Vorräten und fuhren mit dem Walboot im Schlepp zur Küste. Die Sonne schien hell und es gab nicht einmal einen Hauch von Wind, daher hatte keiner von denen, die bei dieser Fahrt an Land gingen, zusätzliche Kleidung oder auch nur Handschuhe dabei, eine Unachtsamkeit, die recht gut zeigte, wie wenig wir das tückische Klima kannten.

Es war 20 Uhr, als wir landeten und feststellten, dass ein leichter Wind dünne Schneeschleier von der Eiskante wehte. Fast augenblicklich waren wir völlig durchgefroren. Das Abladen der Vorräte schien unendlich lang zu dauern, denn allen war bitterkalt und elend zumute. Hoadley litt vielleicht am meisten, denn er bekam an drei Fingern Frostbeulen. Während wir zur *Aurora* zurückruderten, nahm der Wind stetig zu, und bis wir endlich die schützende Wärme der Messe erreichten, waren wir nur noch ein bibbernder, erbärmlicher Haufen. Mittlerweile stürmte es so, dass die *Aurora* ihren Ankerplatz verließ und im Windschatten der hohen Eisklippen zu beiden Seiten der Halbinsel Schutz suchte. Wir hatten nicht mehr genug Zeit, die Boote einzuholen, daher nahmen wir sie, zur Sicherheit mit ein paar Matrosen bemannt, ins Schlepp. Es war nicht so einfach, einen Ankerplatz für die *Aurora* zu finden, da es überall Untiefen geben konnte. Der Meeresgrund war sehr uneben und die Wassertiefe sprang auf wenigen Metern von 30 auf 10 Faden. Schließlich ließen wir etwa 500 Meter vor der Küste den Anker fallen und warteten auf das Abklingen des Schneesturms.

Unterdessen hatten einige Kameraden ein gefährliches Erlebnis. Plötzlich riss die Barkasse sich los, und bevor irgendetwas unternommen werden konnte, trieb sie bereits schnell auf einen Felsen zu, an dem sich heftig die Wellen brachen. An Bord waren Bickerton, Whetter und Hunter, und während Bickerton verzweifelt versuchte, den Motor zu starten, schöpfte Hunter, und Whetter bemühte sich, das verloren gegangene Ruder durch ein Notruder zu ersetzen. Glücklicherweise sprang der Motor genau in dem Augenblick an, in dem die Lage ernst wurde, und bald waren alle wieder wohlbehalten an Bord und die Barkasse baumelte an ihrem Platz.

48 Stunden hielt der Sturm an, er wurde so stark, dass wir fürchteten, der Anker würde reißen. Es war kaum möglich, gegen die Böen anzukommen, und alle, die keinen Dienst hatten, blieben unter Deck. Der Wind kam direkt von der Küste, aber obwohl wir uns im Schutz fast 50 Meter hoher Eisklippen hielten, war der Seegang beachtlich und von den Wellenkämmen sprühte der Gischtregen.

Endlich, am Morgen des 10. Januar, beruhigte der Sturm sich so weit, dass wir die Boote wassern und mit dem Ausladen weitermachen konnten. Von dem Tag bis zum 19. dachten wir an nichts anderes als an die dringende Notwendigkeit, solange dieses Wetter anhielt unsere ganzen Sachen an Land zu schaffen. Alle Mann hatten wechselweise acht Stunden Dienst und acht

Stunden frei. Wir hievten Kohlenbriketts, Vorratskisten, Kartoffelsäcke und alles Mögliche aus dem Frachtraum, ließen es in die Boote hinab, zogen es an Land und transportierten es dann auf Schlitten etwa 100 Meter landeinwärts zu der Stelle, die für den Bau der Hütte vorgesehen war. Selbst während dieser Zeit gab es noch ein paar Unterbrechungen, in denen die Stürme, die wir bereits als typisch für diese Region zu akzeptieren lernten, uns von Süden her überfielen.

Ein Vorfall zeigt, wie schnell es auf See zu einem Brand kommen kann. Als wir im unteren Frachtraum des Schiffes Kohle schaufelten, entdeckten wir ein paar Kartoffelsäcke, die vor der Abfahrt aus London versehentlich dort vergessen worden waren. Die Kartoffeln waren nicht nur verfault, sondern die durch den Zersetzungsprozess entstandene Wärme hatte sie zum Kochen gebracht, und die sie umgebende Kohle war ebenfalls sehr heiß. Jedesmal wenn wir einen Sack ausbuddelten, füllten seine Ausdünstungen den Frachtraum mit einem Übelkeit erregenden Gestank, sodass wir abwarten mussten, bis sich der Fäulnisgeruch ein wenig verzogen hatte und wir wieder hineinrennen konnten, um die gärende Masse an die frische Luft zu zerren. Es dauerte einige Zeit, bis wir alle Säcke entfernt hatten.

Wir hatten schwer und hart gearbeitet, doch am 19. Januar stand die letzte Kiste an Land, und wir versammelten uns in der Offiziersmesse, um uns vom Schiff und von denen, die irgendwo weiter im Westen an Land gehen sollten, zu verabschieden. Mawson hielt eine kurze Rede, die wir alle begeistert beklatschten. Dann stießen wir auf das Gelingen der Expedition an, mit einem Wein, der eine eigene Geschichte hatte. Es war ein Madeira, ein Geschenk von Buchanan, dem Hydrologen der *Challenger*; er war bei der berühmten Forschungsreise von 1873 bis 1875 rund um die Welt gereist, wobei er den Südlichen Polarkreis knapp westlich unserer Position gekreuzt hatte.

Außer Frank Wild sollten noch sieben andere die zweite Station bewohnen: Andy Watson, George Dovers, Moyes, Doc Jones, Kennedy, Arch Hoadley und Harrison. Die letzten Briefe nach Hause waren bereits geschrieben, also gaben wir unseren Kameraden die Hand und wünschten uns gegenseitig viel Glück, dann stiegen wir zum letzten Mal in das Walboot.

Eine Stunde später war von der *Aurora* nur noch eine Rauchwolke am nördlichen Horizont zu sehen, und wir blieben in einer ganz eigenen Welt uns selbst überlassen.

4. KAPITEL

ERSTE TAGE IN ADÉLIE-LAND

Ein Rauchwölkchen verschwand am Horizont, und mit ihm die letzte Verbindung zur Zivilisation. Achtzehn Männer blieben auf ein paar unwirtlichen Felsen zurück, zwischen Bergen von Gepäck. Im Osten, Süden und Westen erstreckten sich ewige Eisfelder, im Norden lag ein blaues Meer voller Eisberge und dahinter – mehr als 3000 Kilometer entfernt – die Heimat.

Es war wohl ganz gut, dass wir in diesen ersten Tagen keine Zeit hatten, über unsere Einsamkeit nachzudenken – eine Einsamkeit, die so vollständig war, dass man es sich kaum vorstellen kann, wenn man nie die Antarktis besucht hat. Es gibt nur ganz wenige entlegene Gegenden auf der Erde, die keinerlei Verbindung zu bewohnten Gebieten haben. Selbst weit jenseits des Nördlichen Polarkreises gedeihen Wälder und Blumen, und manche Volksstämme finden in dieser Umgebung noch genug zum Leben. Aber in der Antarktis ist der Forscher gänzlich abhängig von dem, was er mitgebracht hat.

Wohl kommen im kurzen Sommer Pinguine und Robben zum Brüten an Land, aber für den Rest des Jahres ist der Kontinent tot, permanent gefroren und heimgesucht von schrecklichen Schneestürmen. Es gibt keine Nahrung, kein Holz, keine irgendwie geartete Hilfe für diejenigen, die sich in diese Eiswüsten wagen. Ihr ganzes Leben hängt vom Mitgebrachten ab und die einzige Hoffnung, je wieder fortzukommen, ist ein kleines Schiff, das sich gerade irgendwo weiter nördlich durch unerforschte stürmische Gewässer kämpft.

51

Nicht dass wir über solche Dinge lange nachgedacht hätten. Es gab so viel Neues und Interessantes zu entdecken und so viel zu tun, dass zum Grübeln keine Zeit blieb. Vorrang hatte jetzt der Bau der Hütten, die uns vor allen Unbilden bewahren sollten.

Danach schauten wir uns die Umgebung näher an. Es stellte sich heraus, dass wir sehr viel Glück gehabt hatten, als wir diesen Platz für unsere Station fanden. Die Halbinsel selbst war etwas mehr als einen Kilometer breit und etwa 800 Meter lang; sie bestand aus einigen Felskämmen, hinter denen sich im kurzen Sommer kleine, klare Seen aus geschmolzenem Schnee bildeten. Ein winziger, fast rundum geschlossener Bootshafen gab einen ausgezeichneten Ankerplatz ab. Die Stelle, an der die Hütte stand, lag etwa 40 Meter vom Ufer entfernt auf einer recht ebenen Felsplatte, die einen guten Untergrund bot. Direkt südlich davon befand sich glücklicherweise ein großer Steinhaufen, der etwas Schutz vor den Schneestürmen versprach, die, wie wir jetzt wussten, unweigerlich über uns hereinbrechen würden.

Zu beiden Seiten der Halbinsel, die nun Kap Denison genannt wurde, formten die Küsten der Commonwealth-Bucht einen großen Halbkreis aus aneinander gereihten hohen Eisklippen, an deren Basis sich gelegentlich ein Stück schwarzer Fels zeigte. Landeinwärts führte ein steiler Abhang auf das Plateau gleich hinter der Hütte, und über diesen Abhang fanden die Schlittenmannschaften schließlich einen Weg, das neue Land nach Osten, Westen und Süden zu erkunden.

Solange die Hütten noch im Bau befindlich waren, suchten wir vorübergehend Schutz hinter einer doppelten Reihe von Benzinkanistern, die wir als Wände benutzten und mit den Holzteilen der auseinander genommenen großen Kiste für den Flugzeugmotor überdachten. Darin kamen die meisten von uns unter;

der Rest wohnte in ein paar Schlittenzelten. Wir schliefen in Schlafsäcken aus Rentierhaut, die das Fell innen hatten, und nach einem Arbeitstag von ca. 16 Stunden fielen uns darin sofort die Augen zu.

Ursprünglich waren die Hütten in Australien gebaut, aus Teilen zusammengesetzt und durchnummeriert worden, um den Wiederaufbau zu vereinfachen. Das sparte eine Menge Zeit, jetzt, wo Zeit äußerst wertvoll war. Durch die Zusammenlegung der ersten und der zweiten Station hatten wir zwei Hütten und beschlossen, sie nebeneinander aufzustellen, um die eine als Wohnraum und die andere als Arbeits- und Lagerraum nutzen zu können. Die größere der Hütten maß innen sieben mal sieben Meter – nicht gerade sehr viel Platz, wenn man bedenkt, dass sie achtzehn Männern als Schlafzimmer, Küche, Ess- und Wohnzimmer dienen musste. Doch es gelang uns, alles hineinzubekommen. Ringsherum an den Wänden standen die Kojen in Doppelreihen. Ein ungefähr drei Quadratmeter großer Verschlag in einer Ecke beherbergte neben Dr. Mawson noch Chronometer, Barometer und andere wissenschaftliche Geräte. Das flache Dach dieser Zelle wurde als Stauraum genutzt. In der gegenüberliegenden Ecke befand sich der eineinhalb Quadratmeter große Dunkelraum und daneben der Herd, eine Küchenbank und Regale. Ein großer, ausklappbarer Tisch nahm den Rest des Platzes ein, und darüber sorgte ein Acetylengenerator für Licht. Die zwei kleinen Fenster befanden sich hoch oben im nur schwach geneigten Dach.

Die kleine Hütte mit ihren ungefähr fünf Quadratmetern, auch Außenraum genannt, beherbergte den Dynamo und die Funkausrüstung, eine Drehbank, einen Herd, eine Werkbank für den Zimmermann und einen Arbeitsplatz für die Zoologen. Alles in allem also kaum genug Platz sich umzudrehen, ohne jemand auf die Füße zu treten.

Außerhalb der Haupträume reichte das Dach bis auf die Erde, und der so gewonnene Unterstand wurde als Lager und Hundehütte genutzt. Auch hier stapelten wir an der Luvseite Vorräte, damit der Wind nirgends die Wände oder das Dach zu greifen bekam. An der Westseite der Hütte entstand ein Gebilde aus Benzinkanistern, in dem Bickerton den ganzen Winter über bei jeder sich bietenden Gelegenheit daran arbeitete, den Flugzeugmotor an einen großen Schlitten zu montieren, der später gute Kärrnerdienste leistete, indem er schwere Ladungen mit Schlittenvorräten den steilen Abhang hoch zu einem Depot acht Kilometer weiter landeinwärts zog.

Im Laufe der Zeit sammelte sich so viel Schnee an, dass die Bauten fast vollständig darunter begraben wurden. Und das war auch gut so, denn obwohl die Hütten extra wetterfest konstruiert waren, ist zu bezweifeln, dass sie die Winterstürme sonst überstanden hätten. Allerdings wurde es mit dem Anwachsen der Schneedecke immer schwieriger, hinein- oder hinauszukommen.

Nur eine Tür führte von der inneren zur äußeren Hütte, von dort öffnete sich eine andere Tür zur so genannten Veranda und eine weitere dann nach draußen. Die war schnell blockiert, daher gruben wir einen gewundenen Tunnel durch den Schnee zur Außenveranda. An einer Ecke, die so windgepeitscht war, dass sie den ganzen Winter über frei blieb, gruben wir ein Loch in den Schnee, und das war die einzige Stelle, von der aus man die Hütte betreten oder verlassen konnte.

Beim Bau der Hütte gab es natürlich den einen oder anderen lustigen Vorfall. In Erinnerung an Walter Hannams kulinarische Erfolge auf der *Aurora* nahmen wir sein Angebot, vorübergehend für uns zu kochen, nur zu gern an. Allerdings gab es in diesem Stadium nichts Ausgefallenes mehr zu essen. Die Auswahl an Gerichten war beschränkt – es gab Eintopf und nochmal Eintopf –, änderte sich aber mit den Zutaten, je nach dem, was Walter in den Vorratskisten finden konnte. Dazu gab es hartes Brot, Butter, Marmelade, Kakao und Tee nach Belieben. Unser gesunder Hunger sorgte für den Rest.

Bisher habe ich wenig von den anderen Expeditionsmitgliedern erzählt. Mertz und Ninnis erwähnte ich bereits, doch bei der Anreise veränderte die Szenerie sich so schnell und die Ereignisse überschlugen sich derart, dass ich mich eher an Dinge als an Menschen erinnere. Nun da wir eng aufeinander hockten und in allem so abhängig voneinander waren, wurde der Charakter jedes Einzelnen für das Zusammenleben immer wichtiger. Bis heute bleiben die Gesichter auf dem Schiff verschwommen, aber jedes Detail aus der Hütte, jeder Zug, jede Eigenart der anderen siebzehn Mitbewohner steht mir heute noch so klar und deutlich vor Augen wie vor 36 Jahren. Es ist ein fröhliches Bild ohne Misstöne. Im Laufe meiner Erzählung wird unweigerlich jeder einmal auftauchen, und wenn ich auch gern von den Streichen berichte, die wir uns gelegentlich gespielt haben, so hatten sie doch nichts mit Bosheit zu tun, sondern mit guter Freundschaft unter Kameraden.

Die geringste Fähigkeit wurde wertvoll, wenn sie dem Allgemeinwohl diente. Frank Stillwell konnte Klavier spielen, daher machte er sich ausgesprochen beliebt durch das Musizieren auf dem kleinen Harmonium, dem einzigen Musikinstrument, das wir dabei hatten. Herbert Murphy war der geborene Geschichtenerzähler und hatte schon allein dadurch die Teilnahme an der Expedition verdient, obwohl er es manchmal ein wenig übertrieb. Talent für das Kochen zu haben, einigermaßen mit Nadel und Faden umgehen zu können, sich mit der Drehbank auszukennen, ein guter Rechner zu sein – jede Fähigkeit hatte ihren Wert, oft sogar einen viel größeren als in der zivilisierten Welt. Das Witzige an den kleineren Unfällen wurde gern stark übertrieben. Als zum Beispiel Dad McLean das Ofenrohr am Herd befestigen wollte, verlor er auf dem Dach den Halt und stürzte mitsamt dem Rauchfang zu Boden, sodass Ninnis, der drinnen das untere Ende des Rohres hielt, mit Ruß überschüttet wurde. Alles kreischte vor Vergnügen. Als Mertz mit seinem üblichen Elan von innen Latten ans Dach nagelte, trieb er einen langen Nagel mit einem Schlag hindurch, sehr zum Leidwesen von Bickerton, der draußen saß und die Abdichtung anbrachte. Wieder allgemeiner Jubel. Irgendjemand ließ Hannam einen Hammer auf den Kopf fallen. Mertz, immer höflich, aber unschuldig, dachte, einer müsse sich entschuldigen und tat es auch, wodurch er – zu seinem großem Erstaunen und zur allgemeinen Erheiterung – Walters Zorn mit voller Wucht zu spüren bekam.

Ungefähr zu dieser Zeit erkannte ich, aus welchem Stoff unser Expeditionsleiter gemacht war. Ein Teil des Herdes fehlte, und da im Bootshafen eine Kiste über Bord gegangen war, nahmen wir an, dass das vermisste Stück wohl darin zu finden sei. Eines Tages sagte Dr. Mawson zu mir: »Komm mit, Joe, wir wollen doch mal sehen, ob wir es wiederkriegen können.«

Wir kletterten ins Walboot und ruderten von der Küste weg. Die Kiste lag etwa zwei Meter tief im Wasser und war deutlich zu sehen. Eine Zeit lang angelten wir mit dem Bootshaken danach, aber ohne Erfolg. Schließlich sagte Mawson: »Da gibt es nur eins«, zog sich aus und sprang ins Wasser. Beim ersten Mal bekam er die Kiste nicht zu fassen, doch beim zweiten Versuch gelang es ihm, sie so weit anzuheben, dass ich sie an Bord ziehen konnte. Die Wassertemperatur im Meer betrug zu diesem Zeitpunkt etwa minus ein Grad Celsius – das liegt unter dem Gefrierpunkt für Süßwasser – und die Luft war noch viel kälter. Als er zur Hütte rannte, um sich abzutrocknen und wieder in seine Kleider zu schlüpfen, formte sich auf seinem Körper bereits eine Eiskruste. Und die Kiste enthielt … Marmeladendosen. Das fehlende Stück des Herds fand sich kurz danach unter irgendwelcher Ausrüstung.

Als die Hütte langsam fertig wurde, konnten wir unsere Aufmerksamkeit anderen Dingen zuwenden. Hunter und ich waren ganz versessen darauf, mit dem Sammeln anzufangen, daher requirierten wir das Walboot und legten ungefähr 800 Meter vor der Küste einige Fischfallen aus. Als wir sie am nächsten Tag wieder einholten, hatten wir einen ordentlichen Fang gemacht, hauptsächlich von einer ganz bestimmten Fischsorte, einer barschähnlichen Art mit großem Kopf namens *Notothenia*, außerdem ein paar Seesterne und Meereswürmer. Es gab ziemlichen Streit mit dem Koch des Tages, der die Fische für das Abendessen wollte, aber wir fanden einen Kompromiss. Die Wissenschaft wählte ein paar Musterexemplare aus, und der Rest erwies sich als sehr schmackhaft; für einen großen Nachschlag für alle gab es dann allerdings doch nicht genug.

Das war einer der wenigen Fänge, die wir machten. Ein Schneesturm überraschte uns, und als es wieder ruhig genug war, um hinauszurudern, waren alle Fallen fortgerissen worden. Als nächster Verlust war das Walboot selbst zu beklagen. Aus Sicherheitsgründen hatten wir es aus dem Wasser gezogen und gut festgebunden – dachten wir jedenfalls. Wieder kam ein Sturm, diesmal der schlimmste, den wir bisher erlebt hatten, und ein paar Stunden später lag dort, wo das Boot gewesen war, nur noch das zerrissene Tau. Von der Gewalt des Windes einfach fortgetragen, befand es sich jetzt auf dem Weg nach Australien. Das war eine herbe Enttäuschung, denn wir hatten gehofft, vor dem Zufrieren des Meeres im Winter die vorgelagerten Inseln besuchen und in den umliegenden Gewässern fischen zu können.

Der 30. Januar 1912 war ein besonderes Datum, denn

an dem Tag zogen wir endlich alle unter ein Dach. Das war ein Anlass zum Feiern. Wir versammelten uns auf der Felsplatte neben der Hütte, und Dr. Mawson hielt eine kurze Ansprache. Nebeneinander hissten wir den Union Jack und die australische Flagge, und während wir die Mützen herunterzogen, nahm er im Namen des König und des britischen Empire das Land in Besitz. Wir riefen dreimal Hoch und setzten dann so schnell wie möglich unsere Kopfbedeckungen wieder auf, denn der ungemütliche Wind, der wehte, ließ unsere Ohren schmerzen.

Wir hatten wirklich Glück gehabt, denn obwohl mehrere schwere Stürme über uns hinwegfegten, blieb der Himmel klar und es fiel kein Schnee. Doch in der allerersten Nacht, die wir in der Hütte verbrachten, schneite es stark, und Murphy, dessen Koje sich gleich neben der Tür befand, wachte auf und stellte fest, dass er unter einer dicken weißen Decke lag.

Bei starkem Wind war es wirklich schwer, den Schnee draußen zu halten. Obwohl die Hütte doppelte Wände hatte, mit einer Schicht Teerpappe dazwischen, fand der Wind fast unsichtbare Risse und blies feine Schneewehen hindurch. Bald verbrachten wir einen Großteil unserer Freizeit damit, die Schwachstellen über unseren Kojen mit Zeitungen zuzustopfen, mit Brettern zu vernageln oder sonstwie abzudichten.

Nicht dass wir viel Freizeit gehabt hätten. Es schien noch tausenderlei Dinge zu tun zu geben, bevor der Winter kommen konnte. Etwa 360 Meter von der Haupthütte entfernt errichteten wir eine kleine Hütte für magnetische Beobachtungen. Dort stellten wir Instrumente auf, die kleinste Abweichungen der erdmagnetischen Strömungen registrierten. Diese Instrumente waren so empfindlich, dass wir zum Bau der Hütte Kupfer- statt Eisennägel verwenden und sie weit genug entfernt von der Haupthütte aufbauen mussten. Selbst der, der sie zum Ablesen der Daten betrat, musste darauf achten, dass er kein Messer oder sonst etwas Eisenhaltiges bei sich trug.

Die magnetischen Beobachtungen, für die der Neuseeländer Webb verantwortlich war, zählten zu den wichtigsten Aufgaben der Expedition. Da die Basis ganz nah am magnetischen Pol lag, nur etwa 480 Kilometer entfernt, war jede Entdeckung von größter wissenschaftlicher Bedeutung. Der Magnetpol der Erde ist, anders als der geographische Pol, kein fester Punkt. Tatsächlich liegt das Kraftfeld, auf das alle Magnetnadeln hindeuten, mehrere hundert Kilometer tief in der Erde. Der Magnetpol ist also der Teil der Oberfläche darüber, an dem ein frei schwingender Magnet senkrecht nach unten zeigt. Niemals genau senkrecht, denn von Tag zu Tag und von Minute zu Minute schwankt die so genannte Inklination manchmal um ein Grad oder mehr. In der Nähe der Basis betrug die Inklination durchschnittlich um die 87 Grad, und obwohl sie normalerweise konstant blieb, fluktuierte sie ab und zu mehrere Stunden heftig, was man auch ›magnetische Stürme‹ nennt. Mit den Sinnen sind sie nicht zu erfassen, aber als die winterliche Dunkelheit zunahm und wir öfter das Südlicht sehen konnten, stellte sich heraus, dass es immer dann leuchtete, wenn die Instrumente magnetische Stürme aufzeichneten, sodass beides offenbar irgendwie zusammenhängt.

Die starke magnetische Inklination nahe des Pols hat eine ganz besondere, für Forscher recht unangenehme Folge. Der normale Kompass wird als Richtungsweiser vollkommen nutzlos, denn die horizontale Nadel dreht sich ziellos um sich selbst. Stattdessen musste man sich bei Schlittenfahrten anders orientieren, am besten an der gleichmäßigen Ausrichtung windgeformter Rillen, der ›Sastrugi‹, oder mit den Sonnenkompassen, die unser Astronom Bage bastelte.

Webb, der für die magnetischen Beobachtungen Verantwortliche, war ein großer, athletischer Kerl, der das Leben und seine Arbeit sehr ernst nahm. Von dem Wort Azimut, das er oft benutzte, bekam er den Spitznamen ›Azi‹ und war fortan nur noch als Azi Webb bekannt. Von Natur aus recht leicht erregbar, neigte er anfangs dazu, sich ein bisschen über die ständigen Hänseleien zu ärgern, aber zu seinen Gunsten muss man sagen, dass er seinen Zorn immer wieder in den Griff bekam und zu den besten Leuten der Expedition zählte. Er war äußerst gewissenhaft, obwohl seine Arbeit in den Wintermonaten sehr unangenehm war. Tag für Tag musste er sich zur Magnethütte durchkämpfen und die Daten sichern, die in den vorangegangenen 24 Stunden automatisch aufgezeichnet worden waren. Gelegentlich machte er auch einen so genannten ›kurzen Besuch‹ – das hieß, dass er die Ergebnisse vier Stunden lang persönlich ablas, kontrollierte und notierte. Bei diesen Gelegenheiten begleitete ihn immer einer von uns als Schreiber. Die vier Stunden dauerten ewig.

Bei einer Temperatur von minus 23 bis minus 28 Grad Celsius gab es in der voll gestopften Magnethütte keinerlei Bewegungsspielraum. Es war unmöglich, mit Handschuhen zu schreiben, also musste die Hand unbedeckt bleiben und wurde so steif und kalt, dass man kaum noch den Bleistift halten konnte. Ein kurzer Besuch bedeutete eigentlich immer, dass zwei von uns halb erfroren in die große Hütte zurückeilten.

Mit unserem Umzug in die Hütten wurde es nötig, unsere Hauswirtschaft zu organisieren und ein wenig Ordnung hineinzubringen. Bis dahin hatte Walter Hannam als Koch fungiert, aber er musste sich nun um seine eigentliche Aufgabe kümmern und wünschte sich natürlich etwas Hilfe. Ein oder zwei Tage ging ich ihm zur Hand, dann übernahm ich für eine Woche, und danach stellten wir einen genauen Dienstplan auf, nach dem jeder einmal an der Reihe war.

Außer beim Kochen wechselten wir uns auch noch als Küchenhilfe oder Ordonanz ab, zu deren Pflichten es gehörte, die Hütte auszufegen, darauf zu achten, dass der Koch genug geschmolzenes Eis bekam, beim Abwasch zu helfen und ganz allgemein die schmutzige Arbeit zu verrichten. Ein anderer Posten, auf dem wir uns reihum ablösten, war die Nachtwache. Da ein Brand sehr gefährlich werden konnte, musste immer einer wachen. Dabei hatte er die Öfen zu stochern, meteorologische Beobachtungen anzustellen und Listen zu führen. Bei Übernahme dieser Pflichten hatte man, wenn man wollte, die Gelegenheit, ein Paar Socken oder Ähnliches auszuwaschen oder sogar in der kleinen, extra zu diesem Zweck mitgeführten ausklappbaren Segeltuchwanne zu baden.

Dr. Mawson nahm das Kochen sehr wichtig, und da er sich damit auskannte, hatte er nichts dagegen, selbst an die Reihe zu kommen. Seine Angewohnheit, sich ständig einzumischen, machte ihn allerdings beim jeweils amtierenden Koch nicht gerade beliebt, besonders nachdem wir dazugelernt hatten und anfingen, uns etwas darauf einzubilden.

Am ersten Tag, als der Ofen brannte, sagte er zu mir: »Joe, komm mal her, ich zeig dir, wie man Flammeri macht.«

Ich schaute eine Weile zu und der Doktor erklärte mir, was zu tun war, bis mein Blick zufällig auf die Tüte fiel und ich feststellte: »Hier auf der Tüte steht doch, wie es geht.«

»Ja natürlich«, meinte der Doktor leichthin, »daran halte ich mich ja auch, aber das Wichtigste bei der Sache ist die Technik.«

Später, als der Flammeri nicht fest wurde, entdeckte der Doktor, dass die Mischung keine zehn Minuten geköchelt hatte, wie im Rezept angegeben, stattdessen hatte er sie nur einmal aufkochen lassen. Hannam kam mit ein wenig Maisstärke zu Hilfe und machte aus dem

Ganzen noch etwas Ansehnliches. Aber ich muss zugeben, dass die Scones (Teegebäck), die der Doc gebacken hatte, ausgezeichnet schmeckten; jedenfalls waren an jenem Abend alle mit dem Essen sehr zufrieden.

In der Woche, in der ich kochte, ging Ninnis mir zur Hand, und wenn uns die Bedürfnisse von achtzehn hungrigen Männern Zeit dazu ließen, tauschten wir Erinnerungen aus. In seinem eigenartigen Akzent erzählte er vom gesellschaftlichen Leben in London, vom Umgangston in Eliteregimentern, seiner Familie und seinen Freunden, und zwar ganz schlicht und ohne einen Hauch von Angeberei. Er war ein freundlicher Mensch mit einer einfachen Lebenseinstellung, aber ganz verrückt auf seine Teilnahme an der Expedition. Voller Stolz berichtete er, dass er kurz vor der Abfahrt in London der berühmten Pawlowa auf der *Aurora* begegnet war, und das Autogramm, das sie ihm gegeben hatte, hütete er wie einen Schatz. Zu Ehren der Tänzerin wurde eine der Schlittenhündinnen Pawlowa genannt, allerdings machte das Tier dem Namen keine Ehre, denn es fraß immer seine Jungen auf. Ich dagegen erzählte ihm vom Buschleben in Australien, den Festen in den Städten des Hinterlandes und von meinen Erfahrungen als Sammlungsverwalter.

Wo wir gerade von Ninnis sprechen, muss ich an seinen berühmten Kochversuch denken, den ich an dieser Stelle ruhig erwähnen kann, obwohl er ihn erst später im Jahr unternahm. Das Kochbuch von Frau Beeton war für uns die Autorität in allen kulinarischen Fragen, daher schlug Ninnis, als er eines Tages beschloss, zum Mittagessen Lachs-Kedgeree zu machen, dort das Rezept nach. Und das lautete etwa so: »Man nehme eine Büchse Lachs, 60 Gramm Butter, 60 Gramm Mehl, Pfeffer und Salz nach Belieben.«

»Also gut«, dachte er, »wir sind insgesamt achtzehn, da brauche ich die vierfache Menge.«

Dann nahm er vier Büchsen Lachs, ein halbes Pfund Butter, ein halbes Pfund Mehl, aber anstatt Pfeffer und Salz nach Geschmack wog er ein halbes Pfund Pfeffer und ein halbes Pfund Salz ab. Später gab er zu, dass ihm das schon ein bisschen reichlich vorgekommen sei. Das Witzige ist, dass der Auflauf ganz normal aussah, als er hübsch braun aus dem Ofen kam. Ich hatte in der Nacht zuvor Nachtwache gehabt und war deshalb zum Mittagessen nicht aufgestanden, erwachte aber von dem Schmerzgeheul, das auf den ersten Bissen folgte. Ninnis wurde immer wieder damit aufgezogen, und eine Zeit lang litt sogar sein ansonsten heiteres Naturell darunter.

Die Bescheidenheit hält mich davon ab, auf meinen eigenen Ruf als Koch einzugehen. Ich persönlich glaube, dass ich meine Sache sehr gut machte und ganz besonders stolz war ich auf mein Backwerk. Alles, was ich dazu sagen will, ist, dass Cecil Madigan eines Abends nach dem Essen an mich gewandt erklärte: »Zu deinen Kochkünsten gibt es nur eins zu sagen, Joe. Bei dir wird man immer anständig satt.«

Frank Hurley hatte in dieser Richtung viel Erfolg und machte sich stets die Mühe, sehr ausgefallene Menüs zu kreieren. Sein Fehler war, dass er gelegentlich mehr auf die Wirkung als auf den Geschmack bedacht war und den Teig extra fest machte, um ein Schiff oder andere fantastische Gebilde daraus formen zu können. Recht früh taten Hannam, Hurley, Hunter und ich uns zur ›Geheimloge der Unkonventionellen Köche‹ zusammen, die alle anderen mit dem gemeinen Titel ›Möchtegern-Köche‹ abtat. Da aber einer nach dem anderen ein ausgezeichnetes Gericht auftischte, wurden nach und nach fast alle Expeditionsmitglieder mit gebührendem Pomp in die Chefkoch-Riege aufgenommen, sodass das Gefühl der persönlichen Überlegenheit schwand. Allerdings gab es ein paar, die den Titel

›Möchtegern-Koch‹ bis zum Schluss behielten und sogar stolz darauf waren.

Um diese Zeit herum wollten wir gern herausfinden, wie gut wir Ski fahren konnten. Das Hauptproblem bestand darin, dass es kein geeignetes Gelände gab. Der Abhang hinter der Hütte bestand aus hartem Gletschereis, aber etwas weiter oben fand man stückweise Neuschnee, ein wenig uneben, aber mit einer Oberfläche, auf der die Skier einigermaßen Halt finden konnten. Mertz gab eine erste Kostprobe seines Könnens, und es war wunderbar anzusehen, wie er sogar auf dem Eis die Kontrolle behielt, den Abhang mit Höchstgeschwindigkeit herunterraste und dann eine abrupte Kehre machte. Anschließend versuchten wir unser Glück, meist mit wenig Erfolg. Selbst als wir das Fahren ganz gut beherrschten, schafften wir es nicht, anders als durch Umfallen zu bremsen, wobei wir uns so manches Mal recht wehtaten. Walter Hannam mit seinen 107 Kilo löste das Problem, indem er sich der Länge nach auf seine Skier legte und sie als Schlitten benutzte; wir alle hatten großen Spaß, als die Skier unter ihm hervorschossen und er noch ein ganzes Stück weiterrutschte, bevor er anhalten konnte.

Am nächsten Tag versuchten wir es noch einmal, aber Dr. Mawson hielt diesen Zeitvertreib auf der unzulänglichen Oberfläche für unnötig gefährlich, daher verschoben wir die ganze Sache, bis frische Schneefälle bessere Bedingungen schaffen würden. Leider geschah das niemals, daher waren die Skier während unseres Aufenthaltes kaum von Nutzen.

Bislang habe ich noch nicht viel über die anderen wichtigen Expeditionsmitglieder gesagt – die Hunde. Am Anfang hatten wir etwa zwanzig, Huskys aus Nordsibirien. Viele von ihnen waren praktisch reinrassige Wölfe, doch meistens gutmütig und manche wurden richtig verhätschelt. So wie Schäferhunde einen

Hütetrieb haben, besitzen sie einen untrüglichen Instinkt für die Schlittenarbeit. Selbst als junge Hunde – und in Adélie-Land wurden mehrere Welpen geboren – legen sie sich ins Zeug, sobald sie irgendwo angeschirrt werden. Und wenn sie erst unterwegs sind, drücken sie sich nicht vor der Arbeit, sondern ziehen, so man sie lässt, bis sie vor Erschöpfung tot umfallen.

Basilisk war der König der Meute. Er war ein feiner, vornehmer alter Herr, der sich mit einer gewissen Würde bewegte. Doch er tollte auch gern herum und spielte wie ein junger Hund mit jedem, der Zeit hatte. Er war längst nicht der größte unter den Hunden, aber schnell wie der Blitz, wenn es ums Fressen ging. Abgesehen davon führte er ein sehr strenges Regiment und gestattete den anderen niemals irgendwelche Kämpfe. Was allerdings echten Schneid anbetrifft, bezweifle ich, dass irgendjemand es mit Jack Johnson aufnehmen konnte. Er war eine Promenadenmischung mit einem schmalen Körper und einem großen Herzen. Nacheinander legte er sich mit allen Hunden an, die größer waren als er, und zog natürlich den Kürzeren. Selbst vor Basilisk machte er nicht Halt, was nur Unheil bringen konnte; bald war er mit Wunden übersät. Bis zum Wintereinbruch wurden die Hunde in Abständen nebeneinander an ein langes Seil direkt vor der Hütte angebunden. Es gab immer noch ein paar Adélie-Pinguine, denen die Hunde, wenn sie frei herumliefen, ständig hinterherjagten.

Eines Tages stürzte Bickerton in die Hütte und meldete, dass ein großes Tier an Land gekommen sei und sich den Hunden nähere. Einer griff nach dem Gewehr, dann gingen wir nach draußen, um nachzuschauen. Und tatsächlich sahen wir da einen in jenen Breiten sehr seltenen, riesigen Seeelefanten, der sich mühsam über die Felsen zog und nur noch ein paar Meter vom nächsten Hund entfernt war, bei dem es sich zufällig um Jack

Johnson handelte. Die Hunde hatten Angst vor der drohenden Gefahr und zerrten an ihren Ketten. Das heißt, alle außer Jack Johnson. Mit gesträubtem Fell knurrte und jaulte er und zog ebenfalls an seiner Kette, aber auf das Ungeheuer zu, das er zum tödlichen Zweikampf herausforderte. Einige Schüsse besiegelten das Schicksal des Seeelefanten, dann hatten wir mit dem Häuten zu tun. Das Tier wog fast zwei Tonnen, und so wie es stürmte war es recht schwierig, das schnell steif frierende Fell abzuziehen und zu bearbeiten. Endlich war es geschafft, und wir konnten die Haut in die Hütte bringen, wo ich über eine Woche damit beschäftigt war, die dicke Speckschicht abzutragen. Dann packten wir die Haut mit reichlich Salz in eine Kiste, aber bei der Ankunft in Australien war sie nicht gerade in bester Verfassung. Der Tran und das Fleisch ergaben einen schönen Vorrat an Hundefutter, und Jack Johnson bekam eine Extraportion für seinen Mut.

Ein paar Tage später erlegten wir nahe der Hütte eine Krabbenfresserrobbe, ein schönes Tier von fast zwei Metern Länge mit einer wundervollen Haut. Es wütete und schnappte wild nach uns, als wir es einkreisten. Wir waren recht froh, ein Exemplar dieser Robbe zu bekommen, denn sie sind viel seltener als die anderen Arten. Schön ausgestopft und hergerichtet gehört der Bursche jetzt zu einer antarktischen Ausstellungsgruppe im Australischen Museum in Sydney.

Die Weddell-Robben kamen auf den Felsen und dem Eis rund um das Winterquartier sehr häufig vor. Abgesehen davon, dass wir einige schossen, um mehr Frischfleisch zu haben und auch für die Hunde etwas Zusatzvorrat einzulagern, störten wir sie nicht. Sie sind die an der Küste am weitesten verbreitete Art und die harmlosesten Geschöpfe, die man sich vorstellen kann. Üblicherweise waren sie zwei bis drei Meter lang, hatten einen sehr kleinen Kopf mit einer platten Nase und eine

Art Mopsgesicht mit großen, sanften, runden Augen. Wenn man sie störte, machten sie keinerlei Anstalten zu fliehen, sie drehten sich höchstens halb auf die Seite und schauten den Eindringling leicht verwundert an. Verhielt man sich dann ruhig, ließen sie einfach den Kopf wieder sinken und schliefen weiter. Im Wasser werden sie vom gefräßigen Seeleoparden und von Killerwalen gejagt, deshalb gehen sie zum Ausruhen an Land oder legen sich auf eine Eisscholle, wo sie sich instinktiv außer Gefahr wissen und daher vor Fremden keine Angst mehr haben. Wir töteten sie nicht unnötig, aber wenn es erforderlich war, versuchten wir stets, eine zu erwischen, die gerade aus dem Wasser gekommen war. Die hatte dann nämlich gerade gefressen, und ihr Magen enthielt unverdauten Fisch und kleine Krebstiere, die gut in unsere zoologischen Sammlungen passten.

Als John Close einmal eine Weddell-Robbe jagte, nahm er die Sache übertrieben ernst und benahm sich eher so, als stünde er in der afrikanischen Wildnis einem Löwen gegenüber. Er pirschte sich so vorsichtig an sie heran, dass die Zuschauer sich vor Lachen bogen – und natürlich konnte dieser Vorfall nicht unkommentiert bleiben. Am 17. Februar, nach dem Abendessen, bat der Doktor die versammelte Mannschaft um Aufmerksamkeit, Hurley habe uns etwas zu sagen. Hurley hatte sich für diese Gelegenheit ein altes Rugby-Trikot und eine Hose über seine Polarkleidung gezogen und sah mit einem alten Strohhut auf dem Kopf wie ein richtiger Penner aus. Im Laufe einer recht weitschweifigen Rede voller gelehrter und pittoresker Metaphern überreichte er Close eine kreuzförmige Medaille aus Aluminium mit einer passenden Inschrift. Auf der Vorderseite prangten die Worte ›Für Tapferkeit‹ sowie ›Entworfen von C. L. Hoil‹ und auf der Rückseite ›*Bravado Killus Terror Weddelli Seallus Pro Bono Publichouso*‹. Letzteres bedeutete, wie Hurley erklärte, ›Zum Wohle der Öffentlichkeit Zuhause‹. Beim Kartenspiel sagte Hurley gern ›nach Hoyles Regel‹, daher wurde er für alle Zukunft unter dem Spitznamen Hoyle bekannt. Es war eine Nacht der Ordensverleihungen, denn Herbert Murphy bekam auch einen. Der hatte die Form eines Malteserkreuzes und bestand aus von ihm selbst gemachtem Brot, bei dem er das Backpulver vergessen hatte.

So kam und ging der Februar 1912. Wir hatten uns bereits so an unser neues Leben gewöhnt, dass es uns vorkam, als hätten wir nie ein anderes geführt. Die Erinnerung an die Welt draußen verblasste mehr und mehr. Mit der Zeit fiel es sogar schwer, sich vorzustellen, dass wir je wie Marionetten in ein Stadtleben eingebunden gewesen waren. Selbst Gedanken an die Heimat schienen einer fernen Vergangenheit anzugehören. Wir lebten in unserer eigenen Welt, einer primitiven Welt, in der es nur auf Tüchtigkeit und Nützlichkeit ankam und in der wir auf rundum zufrieden stellende Weise selber für Neuigkeiten sorgten, unsere Freizeitvergnügungen gemeinsam gestalteten und uns mit unserer eigenen Arbeit beschäftigten.

5. Kapitel

Der Winter naht

In einem Land, in dem die Temperatur im Schatten nie über den Gefrierpunkt steigt, scheint es sonderbar, von Winter zu sprechen; trotzdem ist der Unterschied zwischen den ruhigen, sonnigen Tagen, die selbst wenn das Thermometer gegen Null sinkt nichts Ungemütliches an sich haben, und den langen, bitterkalten Nächten, in denen der Schneesturm immer lauter heult und wütet, so groß, dass das Kommen und Gehen der Sonne mit großem Interesse verfolgt wird.

Im Februar versank die Sonne des Nachts schon für fast eine Stunde hinter dem südlichen Horizont, und im März brachte jeder Tag eine merkliche Verlängerung der Dunkelheit. Weiter im Süden, am Pol selbst, begann für das Land bereits die sechs Monate lange Nacht; doch bei uns, am Südlichen Polarkreis, verschwand die Sonne nie ganz. Sogar am Mittwintertag ließ sie sich mittags für eine kurze halbe Stunde knapp über dem nördlichen Horizont als goldene Scheibe sehen, die dann für die nächsten 24 Stunden wieder versank. Theoretisch sollte die Sonne von einem Punkt direkt auf dem Südlichen Polarkreis am Mittag des Mittwintertages genau zur Hälfte über dem Horizont erscheinen; tatsächlich aber lässt die Refraktion, die Brechung der Lichtstrahlen an Luftschichten unterschiedlicher Dichte, es so erscheinen, als stünde sie höher; sie ist also vollständig zu sehen und verlängert damit die kostbaren Sonnenstunden ein wenig.

Während dieser Tage boten die Sonnenaufgänge und

Sonnenuntergänge Anblicke, die ich nie vergessen werde. Fünf oder sechs Stunden lang glich das Meer im Norden einem Meer von Farben – blau, grün, purpur mit einem Hauch feuerrot hier und da. Die Silhouetten der Eisberge, die sich vor dem Licht abzeichneten, verzerrten sich zu den seltsamsten Formen und schienen durch die Luftspiegelungen oftmals geradezu in der Luft zu schweben. Die Eishänge im Süden, die auf das Plateau führten, waren dann mit einem rosaroten Schimmer überzogen. Wenn das Sonnenlicht abnahm, wurden die Töne satter, nur um mit dem langsamen Aufgehen des Mondes wieder in leuchtendem Silber zu erstrahlen.

So etwas war natürlich nur dann zu beobachten, wenn es wenig Schneetreiben gab und die Luft klar genug blieb, um auch Dinge zu sehen, die mehr als nur ein paar Meter entfernt waren. Die gelegentlichen Schneestürme, die uns vom ersten Tag unser Landung an bei der Arbeit behindert hatten, erwähnte ich ja bereits. Mit Wind hatten wir gerechnet, denn frühere Reisende hatten in diesen Gewässern unberechenbare Stürme erlebt, und nicht zuletzt aufgrund dieser Tatsache war Adélie-Land bis zu unserer Expedition ein Buch mit sieben Siegeln geblieben. Im Februar schwankte die Windstärke beinahe die Hälfte der Zeit zwischen steifer Brise und fast schon Orkanstärke, wobei Durchschnittsgeschwindigkeiten von bis zu 100 Stundenkilometern erreicht wurden. Als die Tagundnachtgleiche näher rückte, rechneten wir für den ganzen März mit anhaltend schlechten Bedingungen; aber wir freuten uns schon auf die Zeit der Winterruhe, in der das vereiste Meer den Zugang nach Osten und Westen erleichtern würde.

Die wichtigen Schlittenreisen waren für den kommenden Sommer geplant, doch hatten wir vor, auch in den Wintermonaten Trupps auszusenden, Depots anzulegen und für weitere Erkundungsfahrten im Frühling den Weg zu bereiten. Es war kalt, aber selbst wenn die Temperaturen weit unter Null Grad sanken konnte man es ganz gut aushalten, solange kein Wind wehte.

Wir hatten uns bereits an die Kälte gewöhnt. Unsere Kleidung bestand aus dicker Jaeger-Wolle, weich und bequem, viel leichter als die Pelze, in denen man sich gemeinhin den Polarforscher vorstellt, und genauso warm. Die Anzüge waren Einteiler, weit geschnitten und vorn und hinten mit Klappen versehen, die in der Taille geknöpft werden konnten. Darunter trugen wir dicke wollene Unterwäsche und an den Füßen zwei oder drei Paar Socken. In der Nähe der Hütte hatten wir meist große Lederstiefel an, die mit Nägeln beschlagen waren, damit wir auf dem Eis besser Halt fanden, aber wenn wir längere Zeit unterwegs waren, benutzten wir unsere Finnenstiefel aus Hundehaut mit dem Fell nach außen. Gegen den Wind hatten wir Überziehhosen und -jacken aus dem sehr fein gewebten Material, das als Burberry bekannt ist; sie bewährten sich wirklich sehr gut. Auf dem Kopf trugen wir wollene Strumpfmützen und darüber Burberry-Hauben, die fast das gesamte Gesicht bedeckten und vorne trichterförmig zuliefen, sodass sich bei Wind im Freien eine Art Tasche bildete, in der die Luft ruhig blieb. Bei schlechtem Wetter musste man die Burberrys an Nacken, Taille und Knöcheln fest verschließen, sonst fand der Schneesturm durch das kleinste Loch noch einen Weg.

In der Hütte selbst lag die Temperatur durchgehend knapp über dem Gefrierpunkt, und wir stellten fest, dass drei bis vier Grad Celsius zum Schreiben und für andere sitzende Beschäftigungen recht angenehm waren. Anfangs fiel es uns schwer, die Temperatur konstant zu halten, denn trotz unserer Bemühungen, noch das kleinste Loch in den Wänden zu verstopfen, fand die kalte Luft einen Weg hinein. Aber als die Hütte tiefer und tiefer in den anwachsenden Schneewehen versank, gab es keine Zugluft mehr, und der Kontrast zwischen der Gemütlichkeit drinnen und den niedrigen Temperaturen draußen wurde auffällig. Doch selbst da wurde noch jeder, der hereinkam und aus Versehen die Tür offen stehen ließ, mit dem allgemeinen Aufschrei: »Eins, zwei, drei – TÜR ZU!« begrüßt.

Das zeitigte endlich den gewünschten Erfolg und bis zum heutigen Tage haben die meisten von uns die feste Angewohnheit, alle Türen hinter sich zu schließen.

Um die Hütte warm zu halten, wurde der Ofen Tag und Nacht befeuert; als Brennstoff dienten uns etwa 20 Tonnen walisische Briketts, die das Schiff mitgebracht hatte. Zur Schonung dieser Vorräte benutzten wir gelegentlich auch Robbenspeck, der so gut brennt, dass die Herdplatte oftmals rot glühte.

Anfang März wurde das Wetter immer schlechter und die Pausen zwischen den Stürmen immer kürzer. Abgesehen vom Wind machte das fast ununterbrochene Schneetreiben alles noch ungemütlicher. Aus dem Eingang der Hütte zu treten bedeutete, in einem weißen Chaos zu verschwinden, in dem es oft unmöglich war, mehr als nur ein paar Meter weit zu sehen. Ausflüge, die von der Hütte weg führten, wurden zunehmend gefährlicher, obwohl wir uns sogar an dieses Wetter gewöhnten und lernten, bestimmte Felsen an ihrem Aussehen zu erkennen und uns an der gleich bleibenden Windrichtung zu orientieren.

Das Anemometer, ein Instrument zur Messung der Windgeschwindigkeit, wurde etwa 200 Meter von der Hütte entfernt auf einem Felskamm aufgestellt. Das Gerät bestand aus einem horizontal angebrachten Kreuz, dessen Balken in tassenförmigen Schüsseln endeten. Es drehte sich mit dem Wind und zählte, wie viele Meilen pro Stunde zurückgelegt wurden. Auf einer Drehtrommel, die von einem Uhrwerk angetrieben wurde, machte eine Nadel im 100-Meilen-Rhythmus ununterbrochene Aufzeichnungen, waren die hundert Meilen vorbei, sank die Nadel zu Boden. Die Trommel drehte sich alle 24 Stunden einmal um sich selbst, dann musste sie wieder aufgezogen und ein neues Blatt eingelegt werden. Verantwortlich für das Anemometer waren Madigan und Hodgeman, sie mussten es jeden Tag überprüfen und die Ergebnisse der Aufzeichnungen vom Vortag holen.

Einmal verloren sie sich auf dem Rückweg zur Hütte aus den Augen und Alfie Hodgeman blieb fast zwei Stunden verschwunden; er irrte umher und versuchte eine Landmarke zu finden, die ihm den Weg nach Hause weisen konnte. Die ganze Zeit über war er offenbar nie weiter als 100 Meter von der Hütte entfernt. Wir fürchteten, ihm sei etwas zugestoßen und machten uns alle auf die Suche nach ihm, doch am Ende fand er ohne Hilfe zurück. Nachher erntete er natürlich viel Spott, aber eigentlich waren wir alle sehr erleichtert, denn es hätte viel schlimmer kommen können.

Vielleicht war es ja dieser Vorfall, der das Gerücht aufkommen ließ, Hodgeman habe drei Beine. Seltsamerweise wurden Alfie von den Expeditionsmitgliedern Beziehungen zur Insel Man nachgesagt, deren allseits bekanntes ähnliches Wappen uns darauf brachte, dreist zu behaupten, er habe ein drittes Bein. Trotz seiner gegenteiligen Beteuerungen wurde die Geschichte mit der Zeit für wahr gehalten und er musste bis zum Ende der Reise mit diesem dritten Bein leben. Manchmal dachte zum Beispiel irgendjemand laut darüber nach, wie praktisch es sei, bei einem Schneesturm drei Beine zu haben, sodass eines auf der Leeseite immer als Stütze dienen konnte. Alfi wehrte sich ein oder zwei Mal, lernte jedoch bald, so etwas wie eine technisch-biologische Diskussion der Angelegenheit – die solche Themen wie komparative Anatomie, fehlende Glieder, anomale Menschenrassen, pränatale Einflüsse, Magie und

73

die Sterne streifte – mit stoischer Ruhe zu ertragen. Es war völlig absurd, machte aber großen Spaß.

Jede persönliche Eigenheit wurde mit höchstem Interesse registriert. Close zum Beispiel war ein begeisterter Nansen-Leser und zitierte ihn öfter. Nansen hatte unter extremen Bedingungen Geschmack an rohem Robbenspeck gefunden, da musste Close es natürlich auch versuchen; er behauptete, es schmecke ausgezeichnet, doch allen fiel auf, dass er es nicht noch einmal probierte. So entstand das Gerücht, er habe einen unbändigen Appetit und könne Robben und Pinguine bei lebendigem Leib verspeisen. Daraufhin wurde er ›Gierschlund‹ oder ›Terror‹ genannt. Als Whetter und Close einmal als Koch und Ordonnanz arbeiteten, kam es zu einem Streit, den man mit der Eruption der Vulkane Erebus und Terror verglich, was weiter verballhornt wurde zu den Namen Terribus und Error, die fortan oft für die beiden verwendet wurden. Archie McLean hatte die Angewohnheit, jeden ›Dad‹ zu nennen, also wurde er selber ›Dad‹ gerufen und war fürderhin nur noch unter diesem Namen bekannt. Er war ein Bursche mit hehren Idealen, daher sagte man ihm nur zu gern nach, dass er sich überstürzt verliebe und Krankenschwestern bevorzuge. Correll war das ›Baby‹ der Expedition, weil er damals erst neunzehn war, also übertrieben wir es und redeten mit ihm stets wie mit einem Säugling. Nachdem er einmal ›Hänschen klein‹ gesungen hatte, gebrauchten wir auch diesen Namen häufig für ihn. Hurley war unser Spaßmacher, er machte sich so gern über alles und jeden lustig, sich selbst eingeschlossen, dass man ihn kaum zum Besten halten konnte. Madigan und Stillwell waren feine Kerle und allseits beliebt, offenbarten aber irgendwie keinerlei Marotten, aus denen man neckische Namen hätte ableiten können. So wurden sie einfach ›Madi‹ und ›Frank‹ genannt und sonst gar nichts.

Was Spitznamen anbetrifft, ist es interessant zu beobachten, dass sie bei einigen haften bleiben, während bei
anderen einfach der Vor- oder Nachname abgekürzt
wird und bei wieder anderen nur die ungekürzte Form
Verwendung findet. Dabei scheint es keinerlei Regel zu
geben. Unten folgt zum Beispiel eine Liste der Bewohner des Hauptquartiers mit ihren Pseudonymen, die
meist in der zweiten, gelegentlich aber auch in der dritten Person benutzt wurden. Dr. Mawson etwa wurde
allgemein einfach mit ›Doktor‹ angeredet, wenn wir allerdings über ihn sprachen, nannten wir ihn ›D. I.‹, von
dux ipse, ›der Leiter persönlich‹. Hier also die Liste:

Dr. Mawson	Doktor oder D. I.
Madigan	Madi
Bage	Badget
McLean	Dad
Hodgeman	Alfie, Onkel oder Onkel Alfie
Hurley	Frank oder Hoyle
Hunter	Johnnie
Correll	Percy oder Hänschen klein
Bickerton	Bick
Murphy	Herbert
Hannam	Walter
Close	J. C. oder Terribus
Webb	Azi
Stillwell	Frank
Whetter	Whetter oder Error
Ninnis	Cherub oder Ninn
Mertz	X
Laseron	Joe

Hurleys Erfindungsreichtum beim Streiche spielen
brachte uns oft zum Lachen, denn wenn es um die Wirkung ging, scheute er keine Mühe. Es gab einen Kameraden, der sich besonders vor Feuer fürchtete; wie wir

alle eigentlich, denn ein Feuer wäre eine Katastrophe gewesen. Er aber sprach zu häufig von seiner Angst. Außerdem hegte er ein tief sitzendes Misstrauen gegenüber dem Acetylengenerator, der seiner Meinung nach ständig kurz vor dem Explodieren stand. Eines Nachts hatte dieser Mann Wache, also nahm Frank den langen Gummischlauch, der bei all seinen Streichen eine Rolle zu spielen schien, steckte ein Ende in das Wasser für den Generator und nahm das andere mit in seine Koje. Die Nacht über fand er nicht viel Schlaf, denn er blies immer wieder fest in den Schlauch, bis ein schönes, lautes Blubbern zu hören war. Das war zu viel für den Wachmann. Nachdem er mehrmals hochgeklettert war, um nach der Ursache zu forschen, aber nichts finden konnte, weckte er schließlich den Doktor. D. I., der sich über die Störung ärgerte, merkte sofort, was los war, verriet aber nichts. Er sagte bloß, dass die Sache bestimmt gefährlich sei, doch selbst wenn eine Explosion unmittelbar bevorstünde, könne man vor dem Morgen nichts unternehmen; damit legte er sich seelenruhig wieder schlafen. Der Wachmann verbrachte den Rest der Nacht in Angst und Schrecken, und erst ein paar Tage später ging ihm auf, warum jede Diskussion über die Art und Funktionsweise von Acetylengeneratoren so viel Heiterkeit auslöste.

Auch werde ich nie den Anblick vergessen, den derselbe Mann bot, als wir ihn fest schlafend vorfanden, mit seinem Lieblingsbuch, Roosevelts Lebensweisheiten, aufgeschlagen auf der Brust.

Ein typischer Hurley-Scherz war, dass er ein Lied auf die Meisterschaft des Doktors beim Vogelschießen dichtete. Genau im richtigen Moment, als er das kleine Holzgewehr anlegte, dass er für diese Gelegenheit gebastelt hatte, schrillte eine Glocke in der Zielscheibe, die er am Ende der Tafel platziert hatte. Außerdem knallte es mehrmals laut unter dem Tisch, wo er ein bisschen

Karbid in Wasser geschüttet hatte und ein paar kleine Dosen zum Kippen brachte, indem er an einem Faden zog. Das Abspringen der Deckel klang täuschend echt. Gleichzeitig plumpsten an mehreren Stellen tote Pinguine und Skuamöwen von den Dachsparren auf das Publikum herunter und zum krönenden Abschluss landete der Grammofontrichter noch auf Alfie Hodgemans Kopf.

Im Monat März blies der Wind mit durchschnittlich 82 Kilometern pro Stunde, was bis zu diesem Zeitpunkt als Dauergeschwindigkeit fast unvorstellbar war und alle Weltrekorde weit übertraf. Unzählige Tage hatte er sogar mit 120 Stundenkilometern gewütet, nicht etwa in Böen, sondern beständig. Der Wind entwickelte eine derartige Kraft, dass wohl nur wenig vor ihm Bestand gehabt hätte, wäre er auf die bewohnten Regionen der Erde losgelassen worden.

Zunächst schien es uns unmöglich, in so einem Sturm voranzukommen. Bei 100 Stundenkilometern krochen wir auf allen vieren, wie Tiere, und hatten größte Mühe, nicht vom Wind hochgehoben und fortgetragen zu werden. Aber mit der Zeit lernten wir gegen den Wind anzukommen; man muss sich nur dagegen lehnen und die Füße gegen jedes hervorstehende Stück Fels oder Eis stemmen. Auf diese Weise konnten wir in einem 120-er vorwärts kommen und bei einem 135-er noch stehen, aber wenn 150 oder 170 Stundenkilometer erreicht wurden, gaben wir auf, dann konnten wir uns nur noch winden wie die Schlangen.

Den ganzen März über warteten wir Tag um Tag auf besseres Wetter, und es war vielleicht ganz gut, gar nicht zu ahnen, dass wir erst einen Vorgeschmack von dem bekommen hatten, was uns noch bevorstand. Im Laufe der Zeit konnten wir immer weniger draußen arbeiten. Eigentlich hatten wir nicht damit gerechnet, bei der Aufstellung der Funkmasten Schwierigkeiten zu begegnen, aber jetzt war jede einigermaßen ruhige Minute äußerst wertvoll geworden. Jeder der zwei Masten bestand aus drei Teilen, und für die Drahtverspannungen, die sie hielten, mussten sichere Verankerungen gefunden werden. Sooft wie nur möglich waren alle Mann damit beschäftigt, Steine zum Beschweren zusammenzutragen, Löcher in den harten Fels zu bohren oder Fundamente für die Masten selbst zu graben. Bot sich eine Chance, benutzten wir geeignete Felsvorsprünge zur Verankerung der Drahtseile. Doch trotz all unserer Bemühungen wurden wir erst im September mit der Arbeit fertig, und um diese Zeit reichten die dunklen Stunden für eine gute Funkverbindung schon nicht mehr aus. Natürlich steckte die drahtlose Kommunikation damals noch in den Kinderschuhen, und sowohl das Senden als auch das Empfangen funktionierte längst nicht so gut wie heute. Ein paar verstümmelte Nachrichten kamen, glaube ich, schließlich doch in Australien an, aber das wussten wir damals nicht, weil wir keine Antwort erhielten.

Eine dieser Botschaften sorgte, wie wir später erfuhren, für einige Aufregung. Wie sie gesendet wurde, ist nicht nachzuvollziehen, aber wahrscheinlich war Hannam oder Bickerton, als sie das Morsen übten, nicht bewusst, dass ihre Fingerübung tatsächlich über den Äther ging. Der Sinn der Botschaft bleibt ebenfalls im Dunkeln, doch es sieht so aus, als hätte ich mich bemüht, witzig zu sein und dabei nicht viel Erfolg gehabt, denn empfangen wurden die Worte: ›Der arme Laseron tut uns Leid.‹ Der Expeditionssekretär Eitel, der fürchtete, es sei etwas Schlimmes geschehen, beschloss glücklicherweise, weitere Einzelheiten abzuwarten, bevor er meine Familie benachrichtigte. Als die *Aurora* uns schließlich abholte, war auch er mit an Bord und fragte direkt nach der Begrüßung besorgt: »Wie geht es Laseron?«, was uns ziemlich erstaunte, bis er uns die Sache erklärte.

Die Arbeiten, die Hunter und ich zu verrichten hatten, litten ebenfalls unter den Wetterbedingungen. Der Verlust des Walbootes hatte jede Hoffnung zunichte gemacht, in tieferen Gewässern fischen zu können, und bislang gab es keine Anzeichen für das Zufrieren des Meeres. Es war zwar kalt genug, aber der ewige Wind wühlte das Wasser derart auf, dass es sich nie ausreichend beruhigte. Bei Sturm bot das Meer einen beeindruckenden Anblick. Die gesamte obere Wasserschicht wurde in einem blendenden Sprühregen buchstäblich davongetragen, sodass es unmöglich war zu sagen, wo das Wasser aufhörte und die Luft begann. Bis zu einem gewissen Grad hatten wir im Bootshafen direkt vor der Hütte ein wenig Anglerglück. Er war ungefähr 300 Meter lang, 100 Meter breit und bis zu 5,5 Meter tief. Im Winter fror er sehr früh zu und die enge Einfahrt hinderte das bereits entstandene Eis daran, auf das Meer getrieben zu werden. Die Eisschicht wurde dicker und dicker, bis sie schließlich zwei Meter hoch aufragte und einen ausgeprägten Eisfuß bildete, der etwa 100 Meter vor der Einfahrt endete. Die meisten Fischfallen hatten wir gleich zu Anfang verloren, aber wir bastelten uns andere zusammen und ließen sie vom Eisfuß herab. Einige davon verloren wir, als die Kante abbrach, doch fingen wir neben mehreren Fischarten auch Seesterne, Asselspinnen und andere Meerestiere. Mit den kleinen Handnetzen erwischten wir außerdem viele der an der Oberfläche lebenden Wesen, meist kleine Garnelen, Medusen und ein paar von den hübschen kleinen geflügelten Mollusken, die als Flügelschnecken bekannt sind.

Bei jeder Gelegenheit gingen wir mit unserem Netz an die Eiskante, ließen es an einem Ende ins Wasser hinab und zogen es dann einfach am Boden entlang zur anderen Seite. Auf diese Weise erhielten wir eine Reihe von Musterexemplaren, doch obwohl der Meeresgrund mit einem dichten Algenteppich bewachsen war, lebten dort nicht sehr viele Tiere. Sobald wir das Netz eingeholt hatten, schütteten wir den Inhalt in eine Wanne, die wir schnellstens in die Hütte brachten, damit nichts zu fest gefror, denn das konnte zartere Organismen schädigen. Mit der Zeit gelang es uns so, unseren ziemlich mageren Sammlungen ein wenig Material hinzuzufügen.

Die Arbeit mit dem Netz war nicht ganz ungefährlich, denn wenn das Wetter ganz ruhig war, wurde jede Hand für die Funkmasten gebraucht, sodass wir unser Glück erst bei einer Windgeschwindigkeit von 70 bis 80 Stundenkilometern versuchen konnten, direkt an der Eiskante. Die Eisoberfläche war sehr glatt, und wir mussten sehr darauf achten, nicht ins Wasser geweht zu werden. Mehrmals hatten wir großes Glück, aber die Erfahrung lehrte uns, stets ein Seil zur Hand zu haben, und es gab immer jemanden, der uns half, wenn Not am Mann war. Im Laufe der Zeit wurde das Eis im Bootshafen immer dicker und dicker und bildete durch die Gezeitenbewegungen immer größere Falten. Schließlich gefror das Wasser bis auf den Meeresgrund, sodass weitere Fischzüge sinnlos wurden.

Freizeitvergnügungen im Freien gab es so gut wie gar nicht. Gelegentlich zogen ein paar von uns einen Schlitten ein Stückchen den Abhang hinauf und rodelten dann hinunter – ein lustiger, wenn auch etwas gefährlicher Zeitvertreib. Auf dem hart gefrorenen Eis war Steuern praktisch unmöglich und Anhalten genauso schwer. Normalerweise suchten wir uns eine Stelle aus, an der ein Hügel aus hartem Schnee die Endstation bildete, an der wir dann alle vom Schlitten fielen, obwohl wir gelegentlich auch den einen oder anderen Beifahrer unterwegs verloren. Einmal ging der Schlitten ganz mit uns durch und raste in einen Haufen Benzinkanister, die eine ins Eis gesteckte Stange vor dem Wind schützen sollten. Mit von der Partie waren Hurley, Hunter, Correll und ich, und wir flogen in hohem Bogen auseinander. Glücklicherweise wurde der Schlitten nicht beschädigt und auch wir bekamen außer der einen oder anderen Schramme nichts ab. Das dämpfte unsere Begeisterung ein wenig, doch bald fanden wir ein Stück von der Hütte entfernt eine bessere Stelle, dort endete der Abhang auf der gefrorenen Oberfläche eines kleinen Gletschersees; so hatten wir eine schöne flache Ebene zum abschließenden Dahingleiten. Abgesehen davon waren wir außer Sichtweite des Doktors, dem unsere sportliche Betätigung missfiel, weil sie sowohl Schlitten als auch Männer unnötig in Gefahr brachte.

Wir erfanden auch noch eine andere Form des Rodelns, die ganz einfach war. Man brauchte nur eine glatte Fläche und starken Wind: Ersteres war schwer zu finden, Letzteres begleitete uns ständig. Dann nahm man ein kleines Brett mit einer quer aufgenagelte Holzlatte vorn, stellte die Füße auf die Latte, setzte sich auf das Brett und segelte dann mit großer Geschwindigkeit vor dem Wind dahin. Manchmal blieb das Brett an einer kleine Unebenheit im Boden hängen, während sein Passagier die Reise auf unterschiedlichste Weise fortsetzte, aber gerade das machte ja so Spaß, besonders den Zuschauern.

Als der März vorbeiging, schwanden unsere Hoffnungen auf Winterruhe. Im April betrug die Windstärke durchschnittlich mehr als 84 Stundenkilometer und während des ganzen Monats gab es nur drei einigermaßen ruhige Tage. Daher verbrachten wir gezwungenermaßen immer mehr Zeit in der Hütte.

Man könnte meinen, in dieser Erzählung sei übertrieben häufig von Wind und Sturm die Rede. Ich weiß, dass in jedem Kapitel und bei fast jedem Ereignis das Wort ›Wind‹ vorkommt. Aber das ist unvermeidlich, denn der unablässige Wind beherrschte unser ganzes Leben; er bestimmte, was wir tun und nicht tun konnten, beeinflusste unsere Sichtweise und füllte unsere

Unterhaltungen aus. Nichts konnte ohne Rücksicht auf ihn geplant oder unternommen werden, vom Tag unserer Ankunft an bis zu dem Moment, in dem wir auf der Rückreise nach Australien das Packeis hinter uns ließen. Tatsächlich können die schrecklichen Stürme von Adélie-Land als eine der Hauptentdeckungen der Expedition betrachtet werden. In ihrer schlimmsten Ausprägung kommen sie wahrscheinlich nur auf recht begrenztem Raum vor. So weit bekannt wurde, ist ein Gebiet von etwa 170 Quadratkilometern, in dessen ungefährer Mitte unsere Hütte stand, die windigste Gegend der ganzen Welt. Dieser Wind ist auf die einzigartigen örtlichen Gegebenheiten zurückzuführen. Die Commonwealth-Bucht ist einer der wenigen Landstriche der Antarktis, wenn nicht sogar die einzige Stelle, an der das offene Meer das ganze Jahr über direkten Kontakt zu einer Steilküste hat. So entsteht auf sehr engem Raum ein großer Temperaturunterschied. Das Meer ist verhältnismäßig warm, seine Temperatur sinkt eigentlich nie unter den Gefrierpunkt, und das hat wesentlichen Einfluss auf die Temperatur der darüber liegenden Luftmassen. Das steil aufragende Plateau im Süden ist sehr kalt und ein paar Kilometer landeinwärts noch um 15 bis 20 Grad kälter als an der Küste. Bis auf ein paar Monate im Jahr liegt die Temperatur ständig weit unter dem Gefrierpunkt. Über dem warmen Meer steigt die Luft stets nach oben, und in das so entstandene Vakuum fließt die kalte Luft vom Plateau in einem ununterbrochenen vertikalen Zyklon. An der Erdoberfläche weht der Wind erstaunlich stetig aus einer Richtung, fast direkt aus Südsüdwest, aber weiter oben kommt er, wie am Treiben der Wolken zu sehen ist, genau aus der entgegengesetzten Richtung.

Zahlen sind meist sehr trockener Informationsstoff, aber ohne sie ist es unmöglich, eine Vorstellung von der Kraft des Windes zu bekommen. Zu Vergleichszwecken möchte ich erwähnen, dass der schlimmste anhaltende Sturm, der seit Beginn der Wetteraufzeichnungen registriert wurde, am 6. Mai 1898 über Sydney hinwegfegte. Damals behielt der Wind 24 Stunden lang eine durchschnittliche Geschwindigkeit von 48 Stundenkilometern bei. Das bedeutete natürlich noch viel stärkere Böen von bis zu 100 Stundenkilometern. Dieses Unwetter richtete schwere Schäden an und galt zum damaligen Zeitpunkt als schlimme Heimsuchung der Natur. Angesichts dieser Zahlen erscheinen die in Adélie-Land gemessenen geradezu unglaublich. Die tatsächliche Jahresdurchschnittsgeschwindigkeit des Windes, einschließlich der Windstillen und der ruhigeren Sommermonate, betrug laut Anemometer 81 Stundenkilometer. Diese Zahl musste später leicht korrigiert werden, da das Gerät bei sehr starkem Sturm einen Schwung erhält, der die Ergebnisse ein wenig verfälscht; doch das mit einberechnet, ergibt sich eine Zahl von etwa 74 Stundenkilometer. Im April lag das Mittel, wie schon gesagt, bei über 84 Kilometern, und bis zum nächsten November sollten es nicht weniger werden. Die folgenden Monatsmessungen sprechen für sich:

1912				
Februar	42 Kilometer pro Stunde			
März	82	"	"	"
April	86	"	"	"
Mai	102	"	"	"
Juni	97	"	"	"
Juli	94	"	"	"
August	60	"	"	"
September	92	"	"	"
Oktober	96	"	"	"

Während zweier hektischer Wochen im Mai sank der Durchschnitt nie unter 118 Kilometern pro Stunde. Aber der schlimmste Tag war der 14. Mai, als das Mittel 24 Stunden lang bei 151 Kilometern lag. An diesem und anderen Tagen wurde mehrmals eine ganze Stunde lang eine Geschwindigkeit von über 168 Kilometern gemessen. Da der Druck des Windes mit zunehmender Windgeschwindigkeit im Quadrat zunimmt, hatte er bei diesen Gelegenheiten mehr als neunmal so viel Kraft wie der schlimmste Sturm, den Sydney je erlebte. Eine moderne Stadt wäre von einem solchen Orkan dem Erdboden gleichgemacht worden.

Der fragliche Tag war im wahrsten Sinne des Wortes ein eisiges Inferno. Selbst die Hütte, die ja schon fast unter dem Schnee begraben lag, zitterte vor dem Ansturm, und das Dach bog sich unter dem Druck der Luft nach innen. Draußen begrenzte dichtes Schneetreiben die Sichtweite auf ein bis zwei Meter und die Temperatur lag bei minus 33 Grad Celsius. Der übliche Ausflug zum Anemometer war eine Heldentat von Madigan und Hodgeman, und als sie zurückkehrten, hatten beide schlimme Frostbeulen. Jeder ging irgendwann einmal nach draußen, wenn auch nur um behaupten zu können, so etwas einmal erlebt zu haben, doch denen, die nicht unbedingt draußen bleiben mussten, reichten ein oder zwei Minuten, selbst die größte Abenteuerlust zu stillen.

Glücklicherweise brachten die starken Stürme nicht immer Schnee mit. Oft blieb der Himmel klar, und man konnte seltsamerweise mitten im Sturm oben die Sterne leuchten sehen. Wenn der Mond schien, wurde sein Licht vom Eis reflektiert, und es war fast taghell. In klaren, dunklen Nächten erstrahlte am Nordhimmel oft das Südlicht. Hellgrüne Lichtschleier zuckten wie ferne Blitze über den Horizont, oder es sah so aus, als ob leuchtende Wolken am Himmel hingen, die in einem Moment verglühten, nur um im nächsten wieder hell aufzustrahlen. Dann fielen feurige Vorhänge nieder, einer über dem anderen, vom nördlichen Horizont bis hoch zum Zenith. Fünf oder sechs Vorhänge waren gleichzeitig zu sehen – echte Vorhänge mit üppigem Faltenwurf, die wie an unsichtbaren Schnüren am Himmel hingen. Oben waren sie hellgrün, unten mit gelb, rotblau und rosa abgesetzt, während von einem Ende zum anderen Wellen intensiveren Lichts in einem wilden Fangspiel durch die Falten jagten, bis das Auge dieser schnellen Bewegung nicht mehr folgen konnte. So ging das etwa eine halbe Stunde lang, dann verblassten die Vorhänge allmählich und verschwammen wieder zu gleichförmig grünen Nebeln, die schließlich ganz verschwanden. Uns erschien die Aurora immer im Norden, vom Horizont bis zum Zenith, aber nie darüber hinaus. Offenbar befanden wir uns tatsächlich am Rand eines klar abgegrenzten Lichtgürtels rund um den magnetischen Pol. Das bestätigt auch die Tatsache, dass diese Lichtspiele in der zweiten Basis weiter westlich stets im Osten zu beobachten waren. Auch erscheint weiter nördlich, wie etwa auf Macquarie oder an der Südküste Australiens, das Südlicht, obwohl es dort nicht so häufig vorkommt, unweigerlich im Süden.

Dass es einen konkreten Zusammenhang zwischen der *Aurora australis* und den geheimnisvollen Kräften des ›Erdmagnetismus‹ gibt, steht außer Frage. Unsere Basis war, da sie sich so nah am magnetischen Pol befand, ein ausgezeichneter Ausgangspunkt zur Beobachtung dieses Phänomens und jedes Mal, wenn das Südlicht sich zeigte, schlug die Magnetnadel heftig aus. Daher sind die von Webb sorgfältig geführten Aufzeichnungen zusammen mit den Ergebnissen anderer magnetischer Beobachtungsstationen auf der ganzen Welt doppelt wichtig. Indem sie halfen, in dieses bislang wenig bekannte Gebiet der Physik etwas Licht zu bringen, lieferten sie einen sehr wertvollen Beitrag zum wissenschaftlichen Erfolg der Expedition.

6. Kapitel

24 Stunden in der Hütte

Es ist neun Uhr an einem typischen Abend mitten im Winter. Draußen heult der unaufhörliche Sturm und in der Hütte vibriert die Luft, wenn sich unter dem Druck der schlimmsten Böen das Dach nach innen wölbt. Unsere Ohren haben sich allerdings schon so sehr daran gewöhnt, dass es niemandem mehr auffällt. Die täglichen Pflichten sind erledigt und jeder vergnügt sich auf seine Weise. An einem Ende des Tisches haben Bickerton, Hannam, Hunter und ich uns zu einer Partie Bridge zusammengetan; Madigan, Murphy und der Doktor schauen uns zu. Weiter unten am Tisch sitzt Mertz, der gerade eine Platte für das Grammfon aussucht, wobei ihm Bage, mit seiner am Stiel notdürftig geflickten Lieblingspfeife im Mund, zur Hand geht. Stillwell liest ein Buch, und Close schreibt etwas in sein Tagebuch. Whetter liegt auf seinem Bett und hat die Nase in eine medizinische Abhandlung gesteckt, während Hurley auf der anderen Seite der Hütte Correll fröhlich plappernd einen Haarschnitt verpasst, der jedem anständigen Friseur die Tränen in die Augen treiben würde.

Das Grammofon wird angekurbelt und die Platte aufgelegt. Es handelt sich um ein Orchesterstück, das ruhig beginnt, dann aber mit zunehmendem Tempo in ein erregendes Crescendo übergeht, in dem die Becken immer lauter und schneller aneinander schlagen, um schließlich mit großem Getöse den Höhepunkt zu erreichen. Am Ende klingt die Musik leise aus. Mertz hat uns seine Lieblingsplatte vorgespielt, die ausgesprochen gut zu seinem Charakter passt. Lange schon ist sie unter der Bezeichnung ›Mertz bei der Robbenjagd‹ bekannt, weil sie so sehr an seinen draufgängerischen Jagdstil erinnert.

Dann kommt ein Chor aus *The Mikado*. Es gibt Streit um den exakten Wortlaut, also hören wir eine Stelle wieder und wieder, um alles genau verstehen zu können. Seit Monaten zerbrechen wir uns nun schon den Kopf, aber wir haben es immer noch nicht herausgekriegt. Die fehlende Textpassage hörte sich an wie ›Japara‹, das ist das Material, aus dem unsere Zelte bestanden, und bis zum Ende unseres Aufenthaltes blieb es auch dabei. Ein Jahr später, als die *Aurora* uns an Bord genommen hatte, stürzten sich alle auf das Libretto aus *The Mikado* und stellten fest, dass der erste Teil des Satzes ›Abwarten‹ lautete. Das also war des großen Rätsels Lösung.

Die Gesellschaft zerstreut sich, und einer nach dem anderen geht zu Bett. Auch der Letzte, normalerweise Bage, der ein Nachtschwärmer ist, legt seine Näh- oder Bastelarbeit beiseite, sagt »Gute Nacht« zum Wachmann und zieht sich zurück.

Der Nachtwächter steht vom Tisch auf und legt etwas Kohle aufs Feuer. Dann wärmt er sich einen Topf Kakao für die Nacht und macht es sich mit einem Buch bequem. Aus einer Ecke dringt ein Schnarchen, dass beim Geheul des Windes kaum zu hören ist. Es stammt von Walter Hannam, der seine Decke zur Seite geworfen hat und mit seinem runden, unschuldigen Gesicht wie ein schlafender Engel aussieht. Der Nachtwächter beschließt, Walter fortan ›Amor‹ zu nennen.

Es ist fast Mitternacht, und er muss sich darauf vorbereiten, die üblichen Beobachtungen anzustellen. Das ist gar nicht so einfach, obwohl die Wetterstation sich nur ein paar Meter östlich der Hütte befindet. Zuallererst zieht er seine Burberry-Hose an, die er an Knöcheln und Taille fest zubindet. Dann kommt die Strumpfmütze und darüber die Burberry-Haube. Als Nächstes die Wollhandschuhe zum Schutz der Handgelenke und über alles die Jacke, die an Taille, Nacken und Handgelenken eng anliegen muss, damit kein Schnee eindringt. Mit den wollenen Fausthandschuhen ist seine Ausrüstung schließlich komplett. Er schaut auf das Barometer und trägt das Ergebnis in die Listen ein; dann fängt das eigentliche Abenteuer an. Er begibt sich in den äußeren Raum, von da zum Vorbau und kriecht dann durch den Schneetunnel zur Veranda der Haupthütte. Dort wappnet er sich für den Schock, der ihm bevorsteht, steigt durch das Loch in der Dachecke und ist draußen.

Eine heulende, aufgewirbelte graue Masse umgibt ihn, und er bleibt auf allen vieren, um nicht weggeweht zu werden. Es ist nicht vollständig dunkel, denn der Widerschein des weißen Schnees erzeugt einen schwachen Schimmer, aber zu erkennen ist nichts. Das Schneetreiben ist so dicht, dass man die Hand vor Augen nicht sehen kann. Sofort bildet sich eine Eiskruste auf dem Gesicht, innerhalb weniger Sekunden hängen Eisklümpchen in Augenbrauen und Wimpern, und der Bart friert an der Haube fest. Vorsichtig steht er auf, stemmt sich gegen den Wind und tastet sich Schritt für Schritt am Dachrand entlang. Jetzt biegt er um die Ecke – ein paar Schritte weiter, dann geht es wieder um eine Ecke und der Wind schiebt ihn vor sich her. Nun muss er die Entfernung abschätzen – ein, zwei, drei, vier, fünf Meter. Jetzt kommt der Sprung ins Ungewisse. Im rechten Winkel wirft er sich nach vorn und greift blindlings um sich. Endlich hat er es zu fassen gekriegt – ein dünnes Stück Draht, das heftig im Wind schaukelt. Als seine Finger den Draht berühren, sprühen blaue Funken auf, und der Metallring an seiner Haube erglüht ebenfalls blau. Das ist ein Elmsfeuer, eine elektrische Entladung, die entsteht, wenn Schneepartikel sich aneinander reiben. Im Moment interessiert ihn nicht, was abergläubische alte Seebären davon erzählen, er ist ganz auf die vor ihm liegende Aufgabe konzentriert und zieht sich vorsichtig vorwärts. Während er sich mit einer Hand an der Wetterstation fest hält, reißt und zerrt der Wind an ihm, doch er hat fest zugepackt und schließlich gelingt es ihm, mit seiner freien Hand die Tür aufzustoßen. Er steckt den Kopf durch die Öffnung und sucht nach dem elektrischen Schalter, der mit der Batterie in der Hütte verbunden ist. Ein Lichtschein fällt auf das Thermometer, doch bevor er es ablesen kann, muss er erst noch die Eisklümpchen vor seinen Augen entfernen und näher herangehen. Er merkt sich die Temperatur, macht das Licht wieder aus, schließt die Tür, sichert sie und bereitet sich auf das Umkehren vor.

Der Rückweg ist auch nicht leichter, aber endlich – es kommt ihm vor als seien Jahre vergangen – findet er das Eingangsloch und schlüpft erleichtert hinein. Im Vorbau zieht er die Burberries aus, schüttelt den Schnee von ihnen ab und schmilzt mit seinen Händen das Eis von den Augen. Seine Strumpfmütze lässt er auf, bis er wieder vor dem Feuer sitzt, denn sie ist am Bart festgefroren und wenn er sie zu schnell abnehmen würde, könnte ihm das wehtun. Zurück in der warmen Hütte fühlt seine Wange sich recht taub an, daher schaut er in den Spiegel und entdeckt einen runden, etwa markstückgroßen runzligen Fleck auf der Haut. Das ist eine Erfrierung; er reibt sie sanft, um die Blutzirkulation wieder in Gang zu bringen. Es kitzelt ein bisschen, als das Gefühl zurückkehrt, und eine Stunde später prangt an der Stelle eine Beule. Er nimmt die Liste und macht einen Eintrag, der sich kaum von all den anderen auf den vorhergehenden Seiten unterscheidet:

›12 Uhr Mitternacht. Temperatur -27° Celsius, Wind etwa 134, dichtes Schneetreiben.‹

Jetzt hat er frei bis sechs Uhr morgens, dann muss er

wieder Beobachtungen machen. Er beschließt, ein Bad zu nehmen. Die zusammenklappbare Segeltuchwanne, die er zu diesem Zweck braucht, liegt auf dem Boden, er schürt das Feuer und lässt die Ofenklappe offen stehen. Selbst so kommt es ihm noch kalt vor, als er nackt ist, daher beeilt er sich mit seinen Waschungen, bei denen er sich einen Körperteil nach dem anderen vornimmt, denn in der Wanne kann man nur mit angewinkelten Beinen sitzen und muss Acht geben, dass die ganze wacklige Konstruktion nicht umkippt.

Nach dem Anziehen liest oder schreibt er ein paar Stunden; um sechs Uhr muss er dann für eine neue Beobachtungsreihe wieder in den Schneesturm hinaus. Der Wind hat sich etwas gelegt und das Schneetreiben ist nicht mehr so dicht, daher kommt ihm alles etwas leichter vor. Nachdem das erledigt ist, beginnt er das Frühstück vorzubereiten. Er füllt die beiden Kessel auf dem Herd mit Eis aus dem Anbau, damit der Koch des Tages genug Wasser hat; dann setzt er den Haferbrei auf und weckt den Koch. Um 7 Uhr 30 zieht er das Grammofon auf und legt, wenn es sich um einen rücksichtsvollen Mensch handelt, ein ruhiges Violinsolo auf, wie etwa die ›Humoresque‹, auf die er andere, langsam lauter werdende Stücke folgen lässt. Nichts ist schöner als von klassischer Musik allmählich aus dem Schlaf geweckt zu werden. Bis heute kann ich die ›Humoresque‹ nicht hören, ohne dass vor meinem geistigen Auge die Hütte in all ihren Einzelheiten und mit all ihren Bewohnern wieder lebendig wird. Um 7 Uhr 55 ist das Frühstück fast fertig, und mit einem lauten Schlag auf einen Kochtopf und munteren »Auf, auf«-Rufen werden alle aus dem Bett gejagt. Wolldecken werden zur Seite geschlagen und jeder zieht auf seine ganz eigene Art so schnell wie möglich den Schlafanzug aus und seine Kleider an.

Niemand wäscht sich, außer wenn es gar nicht anders geht – der Koch wacht viel zu eifersüchtig über seinen Wasservorrat; keiner rasiert sich, die Morgentoilette ist also nur eine Frage von Minuten. Beim Frühstück, das aus Haferbrei, gebratenem Schinken, Zwieback, Marmelade und Tee oder einem anderen Getränk besteht, unterhalten wir uns. Nach dem Frühstück räumt der Steward den Tisch ab, und alle anderen bereiten sich auf die tägliche Arbeit vor.

Das Wetter ist zu schlecht, um draußen arbeiten zu können, aber Bickerton und Bage ziehen sich in die Benzinhütte zurück, die wir auch stolz Hangar nennen, und basteln den ganzen Tag bei Temperaturen, die immer noch weit unter dem Gefrierpunkt liegen, am Flugzeugmotor herum. Correll hält sich im äußeren Raum auf, wo er an der Drehbank ein Aluminiumstück zu einer Kugel formt, die Teil eines speziell entwickelten Instruments zur Messung einzelner Windböen werden soll. Hannam, der hofft, dass die Funkmasten bald stehen, ist eifrig damit beschäftigt, den Sender aufzubauen.

Herbert Murphy geht zur Veranda, um die Vorräte zu holen, die der Koch heute braucht. Er hat die Klapptür im Boden aufgemacht und bewaffnet sich mit einem Eispickel – zum Auslösen des großen Bratens für das Abendessen. In dem überfüllten kleinen Keller liegt eine steinhart gefrorene Masse, die aus den Überresten eines Hammels und einiger Pinguine besteht, die wir früh im Herbst erlegt haben. Auf dem Speiseplan steht Pinguin und bald dringen gedämpfte Flüche aus der Tiefe. Beim Versuch, den obersten Vogel an einem vorstehenden Bein zu packen und loszureißen, geht nur das Bein ab, und Herbert stößt sich den Kopf am Türbalken. Es hilft nichts, er muss mühsam das Eis abschlagen und den Kadaver langsam unterhöhlen, dann bekommt er ihn endlich frei und trägt ihn in die Hütte, damit er vor dem Essen vollständig auftauen kann. Einmal hat ein Koch nicht richtig darauf geachtet und servierte eine

Hammelkeule, die außen schön heiß und knusprig war, innen aber noch hart gefroren.

Whetter hat sich seine Burberries übergezogen und kämpft sich mit einem Helfer durch den Sturm, um Eis für die Hütte zu holen. Das ist keine einfache Arbeit. Ein Mann klammert sich wie ein Ertrinkender an eine Kiste, während der andere, die Füße gegen eine kleine Erhebung gestemmt, Eis zu hacken versucht. Behindert von seinen Handschuhen und vom Wind, der immer wieder nach der Hacke greift, hat er es schwer, zweimal ungefähr dieselbe Stelle zu treffen. Daher sind die Eissplitter nur klein, und in die Kiste passt eine Menge hinein. Außerdem werden selbst große Eisklumpen fortgeweht, wenn man sie nicht sofort einpackt, so geht auch noch viel verloren. Sogar die Kiste kommt manchmal abhanden; auch wenn sie schon halb gefüllt ist, kann sie einem aus der Hand gerissen und aufs Meer hinausgetragen werden. Kein Wunder, dass Whetter gelegentlich meckert, wenn der Koch Eis will; dafür hat der Koch dann kein Wasser für so frivole Dinge wie Waschen übrig.

Mertz und Ninnis halten sich in dem Teil der Veranda auf, der zur Unterbringung der Hunde abgeteilt worden ist, denn nicht einmal die könnten in Adélie-Land draußen leben, obwohl sie aus der Arktis stammten. Wenn das Wetter sich später etwas bessern sollte, kriegen sie ein bisschen Auslauf, dann werden sie an die Schlitten gespannt und holen einen Haufen Gesteinsproben oder eine Ladung Eis.

Derweil sitzt Dad in der Hütte vor dem Mikroskop und studiert eine Bakterienkultur, während diejenigen, die gerade nichts zu tun haben, Schlittengeschirre nähen oder den anderen helfen. Ich für meinen Teil habe von einem Bord über meiner Koje einen Antarktissturmvogel geholt, der vor ein paar Monaten geschossen worden ist. Er ist mittlerweile angetaut und kann gehäutet werden, um die Sammlung zu vervollständigen. Im unteren Teil des Abdomens wird ein kleiner Schnitt gemacht, durch den nach und nach der Körper gezogen wird; der Schwanz, der Hals, die Bein- und Flügelknochen werden ausgelöst, bis man die Haut schließlich von innen nach außen wenden kann. Dann werden Hirn und Augen herausgenommen, die Knochen vom Fleisch befreit und alles Fett von der Haut gekratzt, die danach mit arsenhaltiger Seife eingerieben wird. Anschließend dreht man die Haut wieder auf die richtige Seite, glättet die Federn mit einer Nadel, stopft das Innere mit Baumwolle aus und näht den Schnitt wieder zu. Ein Zettel mit genaueren Angaben über Geschlecht, Datum und andere Informationen kommt ans Bein, und dann wird das Musterexemplar weggepackt, um vielleicht eines Tages schön ausgestopft und hergerichtet die Sammlung eines australischen Museums zu zieren.

Plötzlich hört man aus der Küche einen fürchterlichen Knall und ein paar Sekunden später noch einen. Alle, die in der Hütte sind, springen auf; der Koch rennt zum Herd, reißt die Feuertür auf und bringt sich wieder in Sicherheit. Die Anwesenden rufen schadenfroh »Glanzleistung!«, was in unserer Sprache bedeutet, dass einer einen Fehler gemacht hat. Nachdem der Herd etwas abgekühlt ist, geht der Koch vorsichtig näher heran und nimmt zwei Dosen Lachs heraus. Vier hatte er zum Auftauen hineingelegt und dann vergessen. Zwei sind explodiert und haben das ganze Herdinnere mit Lachsstückchen bespritzt. Doch bei den spöttischen Kommentaren der anderen muss der Koch selber schmunzeln, als er mit dem Saubermachen anfängt.

Es ist jetzt fast 12 Uhr mittags und Madigan und Hodgeman rüsten sich für ihren täglichen abenteuerlichen Ausflug zum Anemometer, bei dem sie die Aufzeichnungen des Tages holen. Azi Webb ist zu einem kurzen Besuch unten in der Magnethütte; Johnnie Hunter begleitet ihn als Schreiber und betet sicher schon, dass es bald vorbei ist.

Sobald alle zurück sind, wird das Mittagessen angekündigt, und wir nehmen gespannt Platz. Wenn der Koch ehrgeizig ist, hat er etwas Heißes vorbereitet; sonst gibt es Schafszunge oder Schinken oder irgendein anderes kaltes Gericht mit Tee und manch anderen Kleinigkeiten. Während der Mahlzeit fällt allen plötzlich etwas Seltsames auf. Das Trommelfell beginnt zu schwingen wie bei großem Lärm. Irgendjemand sagt etwas, und seine Stimme durchdringt die Stille wie ein Peitschenknall. Der Wind hat sich gelegt, und da wir so sehr an sein Heulen gewöhnt sind, ist die Stille buchstäblich zu fühlen. Zunächst unterhalten wir uns fast flüsternd. Unsere Köpfe dröhnen, und wir fühlen uns sehr unwohl.

Aber es ist keine Zeit zu verlieren. Wir werfen eilig die Burberries über und eilen so schnell wie möglich nach draußen. Es gibt viel zu tun, und eine Zeit lang ist jeder mit einer anderen Aufgabe beschäftigt, um die noch verbleibende halbe Stunde Tageslicht und das darauf folgende lange Zwielicht möglichst gut zu nutzen. Der Wind draußen hat sich tatsächlich gelegt, doch Treibschneewolken, die etwa 100 Meter über uns durch die Luft jagen, zeigen, dass die Ruhe an der Oberfläche nur täuscht. Unter diesen Bedingungen spielt der Wind seltsame Streiche. Aus allen Himmelsrichtungen kommen plötzlich Windstöße und Wirbelwinde, die stark genug sind, einen Mann umzuwerfen. Der Wirkungsbereich dieser Böen ist oft sehr begrenzt, so wurde zum Beispiel bei einer Gelegenheit, als wir zu zweit gerade eine Robbe häuteten, mein Kamerad am Schwanzende fast fortgeweht, während ich am Kopfende in vollkommener Ruhe arbeiten konnte.

Als dann auch das Zwielicht verdämmert, hört sogar

das Wolkentreiben oben auf, und der Mond kommt hervor und taucht das Plateau in ein weiches blaues Licht. Es ist zu dunkel zum Arbeiten, daher gehen Hurley und ich zum äußersten westlichen Ende des Vorsprungs. Wir klettern auf einen Felskamm und schauen hinunter auf die Stelle, an der die Felsen aufhören und das Eis beginnt. Zu unseren Füßen liegt das Meer, zu unserer Linken erheben sich die hohen Eisklippen, die im Mondlicht riesig groß wirken; die Schneemassen, die über ihren Rand hängen, werfen ihre Schatten auf die tiefen Höhlen weiter unten. Das Meer friert bereits zu, und das Pfannkucheneis mit den schmalen Wasserrändern dazwischen bildet ein seltsames netzförmiges Muster, das in der Ferne zu einer durchgehenden Fläche verschwimmt, die im gleißenden Licht schimmert. Und diese vollständige, durchdringende Stille – es scheint, als wäre die ganze Welt tot. Das Klirren eines Eissplitters, der weit entfernt zu Boden fällt, hallt wie ein Donnerschlag. Für eine Weile sind wir stumm in die Betrachtung versunken, dann wird uns die Ehrfurcht gebietende Größe zu viel. Ohne ein Wort zu sagen kehren wir zu jener kleinen Zufluchtsstätte in der Einöde zurück, in der es menschliche Gesellschaft gibt – und Leben.

Das Abendessen ist fertig, und der Koch ist seinem Namen gerecht geworden. Er gehörte nicht zu den ›Möchtegern-Köchen‹, sondern zur Elite. Die Suppe war nicht aus der Dose, sie stammte von einem zu diesem Zweck aufbewahrten Schinkenknochen und kam, verfeinert mit getrocknetem Gemüse, etwas Notration und anderen Zutaten, heiß auf den Tisch. Nach der Suppe gibt der Koch das Kommando »Teller her und Löffel ablecken.« Das ist nötig, weil Löffel knapp sind, und noch für den Nachtisch gebraucht werden. Als Nächstes gibt es gebratene Pinguinbrüste, die ähnlich aussehen wie sehr dunkles Rindfleisch und recht schmackhaft sind, wenn man vorher das ganze Fett sorgfältig entfernt hat. Dann kommt das Beste, gebackene Puddingrolle mit Marmelade, schön braun, leicht wie eine Feder und frisch aus dem Ofen. Laute Begeisterung allerseits, denn der Koch hat sich selbst übertroffen. Darauf folgt der Nachtisch, Feigen oder Süßigkeiten und Kaffee, dann werden die Pfeifen und Zigaretten angesteckt, und Rauchwolken füllen die Hütte.

Aber die Ruhe ist vorbei. Ein plötzliches Aufheulen kündigt die Rückkehr des Sturms an. Als wolle er die kurze Atempause, die er uns gegönnt hat, wieder wettmachen, stürzt er sich mit doppelter Wucht vom Plateau und rast nach ein paar Minuten mit einer Geschwindigkeit von 135 Stundenkilometern dahin. Wir zucken die Schultern und denken nicht weiter darüber nach, denn das ist ja unser gewohntes Wetter.

Jetzt ist es Zeit für die wichtigste Aufgabe des Kochs. Der Brauch will es, dass der Koch die Gesellschaft unterhält – er muss ein Lied singen, eine Geschichte erzählen, ein Gedicht vorlesen oder irgendeinen Sketch aufführen. Die Lieder werden normalerweise extra für diese Gelegenheit geschrieben, wie zum Beispiel das folgende; der Autor ist John Hunter, die Melodie stammt aus dem Musical *Our Miss Gibbs*:

Ich werd euch ein Lied singen über uns,
    dies und das,
den fröhlichsten Verein, den es je gab.
Da ist zum Beispiel Walter mit seiner 150er Taille,
der nur von Mutter Erde spricht, die Kanaille.
Da ist der dreibeinige Onkel Alfie,
    der immer verloren geht,
doch beim Bauen stets an erster Stelle steht.
Und die mit nichts als Hunden im Sinn
sind Mertz und Cherub Ninn,
während Doc und Frank ständig laufen zu Steinen
    hin.

REFRAIN

Wir sind ein fröhlicher Verein,
der eine groß, der andre klein.
Unsre Aufgaben sind recht verschieden, das muss
    man schon wissen,
denn da ist zum Beispiel Mardi mit seinem Gerät,
bei dem es manchmal recht windig zugeht,
während Bick bald mit seinem Motorschlitten wird
    düsen.
Außerdem Joe mit seinen Häuten
von Skuamöwen und Pinguinbräuten,
sowie Glatzkopf Bob, unser Oberbastler,
und nicht vergessen darf sein
unser J. C. oder auch Hohlbein.
Und damit ist das Lied vorbei,
tingeling ei ei.

Es gibt lauten Applaus und der Koch beginnt brav die
Teller für den Abwasch zu sammeln. Dann sagt jemand:
»Wir wär's mit etwas Seemannsgarn, Herbert?«

Herbert schreckt hoch, schaut den Fragenden nervös
an und behauptet, ihm falle nichts ein, was er uns nicht
schon längst erzählt hätte. Da fangen alle an zu betteln:
»Ach, mach doch, Herbert, erzähl uns was von Sibirien
oder Melbourne oder von einem Besuch auf einem englischen Landsitz oder von Cambridge oder irgendetwas
anderes.« Derart von allen Seiten bedrängt, fängt Herbert mit einem schüchternen Räuspern langsam an. Ein
kleiner Junge oder ein Hund taucht in der Geschichte
auf, ein sicheres Zeichen, dass er sich an etwas erinnert,
und seine Laune bessert sich. Er erzählt vom gesellschaftlichen Leben in Melbourne und von einem seiner
Freunde, der an einem Abend gleich zwei Mädchen
Heiratsanträge machte, die beide annahmen, und was
sich daraus für Komplikationen ergaben. Von da

kommt er auf Skandale in den obersten Kreisen zu sprechen, haarsträubende Skandale mit unheimlichen Einzelheiten über komplizierte familiäre Verhältnisse, die zu absurden Situationen führten. Wenn er selbst in der Geschichte vorkommt, dann nur in einer Neben- oder Clownsrolle. Über sich lacht er genauso wie über andere. Doch verliert er nie sein schüchternes Auftreten; er scheint sich immer irgendwie entschuldigen zu wollen. Seine Geschichten wirken erstaunlich echt; sie sind überzeugend und doch gleichzeitig zu weit hergeholt, um wahr sein zu können. Herbert ist ein Genie, der um ein Körnchen Wahrheit herum eine tolle Geschichte konstruieren kann. Eine ganze Stunde lang schütteln wir uns vor Lachen, dann ist die Abendunterhaltung mit einem »Und weiter geht's in der nächsten Folge« zu Ende.

Der Koch und der Steward beginnen mit dem Abwasch, ein paar Freiwillige kommen ihnen zur Hilfe, und als sie den hohen Suppentellerturm in Angriff nehmen, fällt ihnen die Geschichte von Walters Lied wieder ein. Ich bin sicher, er hat nichts dagegen, wenn ich sie erzähle.

Eines Tages, als er als Koch agieren musste, komponierte Walter ein Lied, auf das er sehr stolz war, also zeigte er es vorab heimlich fast der halben Belegschaft, einem nach dem anderen. Nun achteten wir, obwohl unsere Lieder immer jemanden aufs Korn nahmen, stets darauf, dass sie nicht wirklich beleidigend wurden, und in diesem Fall waren alle der Meinung, dass er zu weit gegangen war. Walter wollte das nicht einsehen, also holte Frank Hurley zum Gegenschlag aus. Neben dem Herd stand ein Pfosten, der immer mit Burberries und anderen Sachen zum Trocknen zugehängt war. Als Walter einmal kurz aus der Hütte ging, ließ Frank ein paar von uns Schmiere stehen, dann nahm er ein Stück Schlauch und hängte ein Ende so an den Pfosten, dass es knapp über Walters Kopfhöhe zu liegen kam. Dieses Ende füllte er mit Mehl; das andere brachte er auf Umwegen in seiner Koje auf der gegenüberliegenden Seite des Tisches unter. Das Abendessen war vorbei und die Gesellschaft lehnte sich zurück, um Walters Lied zu hören. Mit dem Text in der Hand stellte Walter sich zum Glück fast direkt unter dem Schlauch wie ein Opernsänger in Positur. Er fing an zu singen und Frank fing an zu pusten. Langsam, fast unmerklich, wurde Walters Kopf weiß. Es gab unterdrücktes Gelächter, und angefeuert von diesem Beifall fuhr Walter noch schwungvoller fort. Das Lachen wurde lauter und lauter, bis der Text des Liedes in dem Lärm unterging. Erst da merkte der Sänger, dass nicht allein sein Vortrag für Heiterkeit sorgte. Er entdeckte die Mehlschicht auf seinen Schultern, und als er sich mit der Hand über den Kopf fuhr, war sie weiß. So endete das Lied abrupt und unter Freudengeheul, noch bevor es halb vorbei war und wurde nie wieder gehört.

Nach dem Abwasch verläuft der Abend wie gewöhnlich. Und dann haben wir wieder einmal 24 Stunden Winterzeit hinter uns gebracht.

7. Kapitel

Winterzeit

Alle, die in der Antarktis leben, warten sehnsüchtig auf den 22. Juni. An dem Tag bekommt man das Gefühl, wenigstens die Hälfte des Winters gut überstanden zu haben. Es ist ein Freudentag für alle. Von diesem Datum an wird die Sonne ihren kurzen Mittagsbesuch immer länger ausdehnen und Tag für Tag etwas höher über den nördlichen Horizont steigen. Auch dürfen wir uns täglich darüber freuen, dass die Lebensbedingungen sich allmählich bessern und wir die Hütte verlassen können, um uns in die unbekannten Regionen ringsherum vorzuwagen und dem Wenigen, was über diesen seltsamen Kontinent bekannt ist, unsere Entdeckungen hinzuzufügen. Ebenso rückt Tag um Tag die Stunde näher, in der unsere Arbeiten erfolgreich abgeschlossen sein werden und das Schiff kommt, das uns wieder dahin bringen wird, wo es keine Schneestürme gibt.

Zu jener Zeit sprachen wir oft darüber, was wohl das ideale Klima wäre. Wenn wir abgestimmt hätten, wäre das Ergebnis sicher einstimmig ausgefallen. Ideales Klima herrscht, wo stets die Sonne scheint und wo sich das ganze Jahr über nicht einmal der leiseste Windhauch regt.

Der Mittwintertag stand unter einem guten Stern, er begann mit ein paar Stunden Windstille. Gute Laune machte sich breit, und die ganz Optimistischen glaubten schon, die Schneestürme würden mit dem zunehmenden Tageslicht gänzlich aufhören, sodass wir wieder bessere Aussichten hätten. Insgeheim wussten wir, dass wir uns etwas vormachten, doch wir wollten wenigstens für ein paar Stunden nicht an die Zukunft denken. Auf allgemeinen Beschluss gab es Urlaub für alle und so wanderten wir in Zweier- und Dreiergruppen durch unser kleines Reich, um es neu zu entdecken, obwohl wir mittlerweile jeden Stein und jedes Eisloch auswendig kannten.

Ich kletterte mit den geologisch Interessierten in den Gletschermoränen herum, die sich an der landeinwärts gelegenen Seite vor der Eiskante türmten. Unter den Steinen dort suchten wir nach neuen Hinweisen, die etwas zu unserem Wissen über die Struktur des Landes beitragen konnten.

Moränen sind nämlich Ablagerungen von Gesteinsresten, die der unaufhaltsam vorwärts drängende Gletscher vor sich herschiebt. Mitgerissen vom Eisstrom reibt das Geröll aneinander, wird zermahlen und poliert, bis es endlich an der Kante der Eisdecke zur Ruhe kommt. Manchmal sind riesige Brocken in Eisbergen verborgen, die weit draußen auf See treiben. Vom Schiff aus sahen wir Hunderte von Kilometern vom Land entfernt oft Schlamm- und Gesteinsmassen, die im unteren Teil umgekippter Eisberge eingeschlossen waren. Wenn die Eisberge schmelzen, verlieren sie diese Last, und sie gesellt sich zu den Sedimenten, die sich auf dem Grund der benachbarten Ozeane ablagern. Dazu gehören auch Fischknochen, Muschelschalen und die harten Teile anderer Meerestiere. Irgendwann in der Zukunft, wenn sich diese Sedimente zu Gesteinsformationen verfestigt haben, wird man die vom Eis mitgeführten Brocken in Schiefer finden, der die fossilen Reste der Tiere enthält, die heute in diesen Ozeanen leben. Solche Brocken oder Findlinge werden in vielen Teilen der Welt entdeckt, in denen es heute gar kein Eis mehr gibt. Sogar in Neusüdwales, in der Umgebung von Maitland und anderswo liegen große, vom Eis abgeschliffene Granitbrocken in

Schiefer eingebettet, der Schalen, Seesterne und andere Organismen enthält, die vor mehr als Hundert Millionen Jahren lebten, in einer Zeit, in der die Gletscher sich von den umliegenden Bergen ins Meer ergossen.

In der Nähe unserer Hütte fanden wir Beweise dafür, dass die Eisdecke etwas zurückgegangen war. Irgendwann einmal musste sie diese felsige Halbinsel vollständig bedeckt haben. Der Felsgrund war zernarbt und voller Rillen, ausgehöhlt und an manchen Stellen glänzend poliert, so als wäre ein riesiger Steinschleifer am Werk gewesen.

Die Moränen selber boten eine Auswahl aus geologischen Formationen, die wahrscheinlich Hunderte von Kilometern weiter südlich lagen. Alle Steine gehörten offensichtlich zu einer sehr alten Periode oder mehreren Perioden aus den Anfängen der Erdgeschichte. Sie ähnelten vielen Gesteinsbrocken, die in Südaustralien, dem Monaro-Tafelland und an anderen Orten gefunden worden sind, und stammten wahrscheinlich aus dem Kambrium oder Präkambrium.

Abgelagert wurden sie auf dem Grund von Meeren, die es in grauer Vorzeit gab, als das Leben gerade erst auf der Erde Fuß gefasst hatte. In diesen uralten Steinen wurden verschiedentlich Fossilien gefunden, meistenteils Korallen und Schwämme, doch bei unseren Moränen ist keine Spur von Leben übrig geblieben. Die Spannung und Reibung, denen die Steine ausgesetzt waren, haben längst jeden Abdruck eventuell eingeschlossener Organismen zerstört. Die Gesteinsbrocken lagen tief unter der Erdoberfläche begraben, sie waren enormer Hitze und gewaltigem Druck ausgesetzt, wurden verformt oder vollständig zertrümmert, zu Bergen aufgetürmt und dann von Wind, Regen, Frost und Eis wieder abgetragen. Die Brocken sind von riesigen Intrusionen geschmolzenen Gesteins durchdrungen, teilweise miteinander verschmolzen und rekristallisiert und haben sich so verändert, dass sie fast nicht mehr wieder zu erkennen sind.

Man findet Sandstein, der zu solidem Quarz geworden ist, Kalkstein, der zu Marmor kristallisierte, und weichen Schlamm, der sich in Schiefer verwandelt hat. Dazwischen auch eine Vielzahl von Mineralien, außerdem Spuren der Erze Kupfer, Blei, Zink, Antimon und anderer Metalle. Es ist gut möglich, dass es reiche Mineralvorkommen gibt, die tief unter der Eisdecke begraben liegen, die das ganze Land überzieht. Aber sie bleiben für den Menschen völlig unzugänglich und können nicht ausgebeutet werden, bis der antarktische Kontinent vielleicht eines fernen Tages, wenn das Eis geschmolzen ist, aus seinem langen Schlaf erwacht.

Aber kommen wir auf den Mittwintertag zurück. Aus Gründen, die ich gleich darlegen werde, kann man wohl sagen, dass es Dad McLeans Tag war. Dad war so beliebt, dass er viel mehr geneckt wurde als jedes andere Mitglied der Expedition. Erst kurz vor der Abfahrt aus Sydney hatte er seine Zulassung als Arzt erhalten, und seine anfängliche Begeisterung für die Arbeit war von den täglichen Anforderungen der Allgemeinpraxis noch nicht gedämpft worden. Was er tat, das tat er ganz, und sein Übereifer brachte ihn nicht nur dazu, möglichst alles auf einmal zu versuchen, sondern verführte ihn manchmal auch zu unüberlegtem Handeln. Er war zu jeder Schandtat bereit, wie auch seine schlimm gebrochene Nase bewies, die er sich vor Beginn der Expedition eingehandelt hatte. Hunter, der an der Universität von Sydney mit ihm studiert hatte, erzählte mir die Geschichte. Sein Drang, alles einmal auszuprobieren, brachte Dad dazu, sich für die Leichtgewichtsmeisterschaften der Universität zu melden, bei denen er einen schlauen, starken, voll austrainierten Boxer zum Gegner bekam. Noch bevor die zweite Runde vorüber war – der Ringrichter brach barmherzigerweise den Kampf ab –, lag Dad mit gebrochener Nase und zwei geschwollenen Augen am Boden, kämpfte aber instinktiv immer noch weiter.

Er hatte die schöne Angewohnheit, das Leben in der Hütte durch seine lustigen kleinen Missgeschicke aufzuheitern. So buk er zum Beispiel Brot ohne Backpulver, rührte aber mit Backpulver vermischtes Mehl in das Milchpulver. Einmal hatte er eine Gerstensuppe zubereitet und bat mich, sie zu probieren. Sie sah sehr gut aus, doch ich fragte ihn trotzdem, ob er die Gerste gewaschen habe. Er war ganz erstaunt und fragte, ob das nötig sei. Zur Antwort schüttete ich ein bisschen ungekochte Gerste in eine Schüssel und kippte Wasser darüber, da kamen eine ganze Menge Maden und schöne fette Getreidekäfer zum Vorschein. Aber ich verriet ihn nicht, und die Suppe schmeckte allen vorzüglich. Das war nur eine seiner ›Glanzleistungen‹, die nie ernsthaften Schaden anrichteten, uns aber oft zum Lachen brachten.

Wir mochten Dad so gern, dass wir keine Gelegenheit ausließen, ihn zu necken. Dabei war er in allen Dingen, auf die es ankam, einer der Besten, stets zuverlässig, freundlich, großzügig, mutig, einfach durch und durch liebenswert.

Zwei Jahre darauf, als der Weltkrieg begann, hielt Dad sich gerade in England auf und stellte dem Empire prompt seine Dienste zur Verfügung. Er wurde einem schottischen Regiment als Arzt zugeteilt und ich traf ihn in London, nachdem wir beide aus dem Krankenhaus entlassen worden waren. Nach einer sehr anstrengenden Dienstzeit in Frankreich war seine Gesundheit angegriffen, und er kehrte als Invalide nach Australien zurück, nur um sich, noch bevor er sich richtig erholt hatte, wieder einer australischen Einheit anzuschließen. Zurück in Frankreich leistete er fantastische Arbeit und wurde mit dem Militärverdienstkreuz ausgezeichnet, weil er ständig unter schwerem Beschuss Verwundeten half. Es fällt nicht schwer, sich Dad vorzustellen, wie er Tag um Tag weitermacht, obwohl seine körperlichen Kräfte längst aufgebraucht sind. Und wieder hört man von denen, die bei ihm waren, Geschichten über seine unerschütterlich gute Laune, seine Selbstlosigkeit und sein Pflichtgefühl. Wie Dr. Wilson, Mitglied von Scotts Expedition, besaß er die Fähigkeit, die Herzen anderer zu gewinnen und denen, die schwächer waren als er, etwas von seinem heiteren Wesen und seinem Mut zu vermitteln. Als er schließlich nach Australien zurückkehrte, war er sehr geschwächt und trug die tödlichen Keime der Tuberkulose bereits in sich.

Selbst als ihm klar wurde, dass das Ende nahte, verlor er seine Heiterkeit nicht, und diejenigen von uns, die ihn im Krankenhaus besuchten und von ihm mit einem fröhlichen »Hallo, Dad« empfangen wurden – seiner üblichen Begrüßung, der er seinen Spitznamen zu verdanken hatte – ahnten nicht, dass er wusste, dass seine Tage gezählt waren. Die letzte Zeit seines Lebens verbrachte er mit endlosen, manchmal schmerzhaften Selbstversuchen; er hoffte, damit etwas über seine Krankheit herauszufinden, und so Leidensgenossen der Heilung näher bringen.

Ich werde dich nie vergessen, Dad. Allein dich gekannt zu haben hat mein Leben lebenswert gemacht. Dein Beispiel ist immer noch das beste Argument gegen alle Pessimisten, die behaupten, die Menschheit sei einfach nur selbstsüchtig.

An jenem Abend gab es ein besonderes Essen mit einer ausgesuchten Speisenfolge und allen Sorten von Nachtisch, inklusive Wein und Zigarren. Nach dem üblichen Toast auf den König und andere stand der Doktor auf. So weit ich mich erinnere, hielt er etwa folgende Rede:
»Meine Herren Wissenschaftler und Hilfs-Wissen-

schaftler der Antarktisexpedition Australiens und Neuseelands!«

»Wenn so viele außergewöhnliche Menschen versammelt sind, kommt es nicht oft vor, dass einer auf einstimmigen Beschluss vor allen anderen ausgezeichnet wird. Aber in diesem Fall haben wir jemanden unter uns, dessen Taten bisher unerreicht sind. Seine Leistungen bringen uns nicht nur zum Staunen, sie sichern ihm auch auf ewig einen Platz unter den ganz Großen. Aus diesem Grunde haben alle seine Kameraden mir die dankbare Aufgabe übertragen, eine schöne Ansprache zu halten und ihm in ihrem Namen eine Medaille zu überreichen, die ihre Bewunderung für seine Verdienste zum Ausdruck bringt. Ich bin sicher, dass er in Zukunft, wenn er zu besonderen Anlässen diese Medaille trägt, an die Zeit zurückdenken wird, die er in Adélie-Land verbracht hat, und auch an die Wertschätzung, die ihm entgegengebracht wurde. Hiermit bitte ich Dr. Archibald McLean, nach vorn zu kommen.«

Dad hatte die Rede mit großem Interesse verfolgt und sich gefragt, worum es ging. Er war der einzige, der nicht eingeweiht war, und als er seinen Namen hörte, blieb ihm vor Staunen der Mund offen stehen. Angefeuert von lauten »Na los, Dad!«-Rufen konnte er schließlich dazu gebracht werden, aufzustehen und seine Auszeichnung entgegenzunehmen. Die war ein Kunstwerk für sich. Unnötig zu erwähnen, dass Hurley hinter dem Ganzen steckte, doch Bage und andere hatten ihm bei der Herstellung der Medaille geholfen. Sie war aus Aluminium gefertigt und hatte die Form eines Pinguins, der verkehrt herum am Band baumelte – ein ›Pinguin invertant‹, wie es in der heraldischen Sprache der Lobrede ausgedrückt wurde. Der Grund für diese Stellung war, dass Dad über solche Dinge wie den Blutdruck der Menschen ebenso sorgfältig Buch führte wie über die Körperwärme von Vögeln und Robben. Wenn er die

106

Temperatur eines Pinguins messen wollte, wurde der zu diesem Zweck immer mit dem Kopf nach unten gehalten. An der Medaille hing ein etwa 45 Zentimeter langes Band mit zahlreichen Aluminiumstäben, von denen jeder an eine seiner ›Glanzleistungen‹ erinnerte.

Sobald der erste Schock vorbei war, fand Dad den Scherz genauso nett wie wir und machte gute Miene dazu. Er hielt die Medaille später als Souvenir sehr in Ehren, hat sie aber, glaube ich, auf der Heimreise leider verloren. Nach der Verleihung machten wir uns einen vergnügten Abend und sangen mit Stillwell am Harmonium Lieder über alles, was wir kannten – und auch über einiges, was wir nicht kannten.

Einer nach dem anderen lieferte dem Rest der Mannschaft einen Grund zum Lachen, oftmals ohne es zu wollen. Ich hatte einen meiner besten Auftritte an einem Tag, an dem ich kochen musste. Es war irgendjemandes Geburtstag, und aus diesem Anlass gab es, wie immer, ein besonderes Essen mit Wein und Zigarren am Schluss. Damals war ich, obwohl ich gelegentlich rauchte, eigentlich Nichtraucher, doch im Laufe der Feierlichkeiten probierte ich eine der Zigarren, und um alles noch schlimmer zu machen versuchte ich, wie Hurley und die anderen, Rauchringe zu fabrizieren. Nach einiger Zeit kamen mir Zweifel an der Richtigkeit meines Tuns. Unbeobachtet, wie ich meinte, schlich ich zur äußeren Veranda, um meine rumorenden Eingeweide zu beruhigen. An der kalten Luft ging es mir jedoch bald besser, daher kehrte ich nach ein paar Minuten in die Hütte zurück, nur um dort erneut von denselben Symptomen überfallen zu werden. Wieder schlich ich mich heimlich nach draußen, mit demselben Ergebnis; alles in allem brauchte ich vier solcher Ausflüge, bis es mir gelang, mir etwas Erleichterung zu verschaffen. Als ich nach dem letzten Mal zurückkehrte, mit einem Gefühl, als nahte das Ende der Welt, versuchte ich mich für den schrecklich langen Abwasch zu wappnen, der mir bevorstand. Da kam mir der gute alte Badget zur Hilfe.

»Geh nur, Joe«, sagte er, »leg dich ins Bett. Wir erledigen den Abwasch.«

Unbeirrt von den freundlichen, aber taktlosen Kommentaren trollte ich mich dorthin, wo ich zumindest für den Augenblick vor Spott sicher war, aber es dauerte lange, bis ich diesen Vorfall verarbeitet hatte, und noch länger, bis ich mich wieder traute, mit einer Zigarre zu experimentieren.

Im Nachhinein betrachtet scheinen diese Vorkommnisse recht trivial zu sein, doch damals nahmen sie in unserem Leben breiten Raum ein. Es waren ›Nachrichten‹ im journalistischen Sinn, und Nachrichten wurden sehr wertvoll, als der Winter voranschritt. Da wir draußen nur wenig tun konnten, verbrachten wir mehr und mehr Zeit in der Hütte, doch gleichzeitig verringerte sich auch der Spielraum für unsere wissenschaftliche Arbeit. Unsere Aktivitäten zielten nun hauptsächlich darauf, die Vorbereitungen für die Schlittenreisen im Sommer zu treffen. Das war eine sehr umfangreiche Aufgabe, auf die ich an geeigneter Stelle zu sprechen kommen werde. Allerdings begrüßten wir jede Abweichung von der Routine wie ein Geschenk der Götter. So war es ein großes Ereignis, als Ginger ein Junges bekam. Zufällig entwickelte sich dieser Welpe namens Blizzard ganz prächtig, und er wurde von allen verwöhnt. Gegen Ende des Winters besteht der Expeditionsbericht fast nur noch aus solchen Geschichten.

Die durchschnittliche Windgeschwindigkeit zum Beispiel lieferte immer ausreichend Stoff für Unterhaltung und Spekulation. An jedem Monatsende veranstalteten wir ein Gewinnspiel, eine Art Auktion, die am Morgen vor dem letzten Ablesen stattfand, sodass niemand den anderen gegenüber im Vorteil war. Madigan, der Experte, hatte den Vorsitz und fungierte auch als

Auktionator. Als Währung dienten Schokoladenstückchen, eine Tafel zu dreißig Stücken, jede Tafel eine Wochenration. Es wurde schnell und ungestüm geboten und die, die nicht mehr so gut bei Kasse waren, legten zusammen, um mithalten zu können. Die erste Runde endete katastrophal für Dad, der sich in seiner Aufregung mehrmals selbst überbot und weit über seine Verhältnisse spekulierte, aber ganz umsonst, denn er verlor alles. Da er nicht in der Lage war, seine Schulden zu bezahlen, erklärten wir ihn für bankrott und versteigerten einige seiner Besitztümer, unter anderem Kerzen (wertvoll für die, die gern in ihren Kojen lasen), Streichhölzer und Tabak. Es freut mich, berichten zu können, dass er so in der Lage war, seine Schulden zu begleichen und dann sogar noch etwas übrig behielt.

Nach dem Essen lasen wir oft laut vor, wobei sich mehrere von uns abwechselten. Wenn einer etwas gut fand, fragte er die anderen nach ihrer Meinung, und ein paar Bücher wurden von allen gelesen. *The Trail of '98*, Robert Services Bericht über den Goldrausch in Alaska, war so ein Buch, und es gab lange Diskussionen über das Tun und Lassen der Hauptfiguren. W. W. Jacobs war einer unserer Lieblingsautoren, der meist Herbert Murphy zum Lesen gegeben wurde, weil sein Vortrag besonders gut zum Verhalten und zur Redeweise der Helden passte. Wir verfügten über eine recht gute Bibliothek. C. D. Mackellar, einer der Londoner Sponsoren der Expedition, nach dem die die der Basis vorgelagerten Inseln benannt waren, hatte uns einige hundert Bände geschenkt, die zwischen den Stationen aufgeteilt wurden. Dazu gehörten auch die Geschichten vieler anderer Expeditionen im Norden und im Süden, und es war sehr interessant, sie unter vergleichbaren Bedingungen zu lesen.

Die leichtere Muse wurde jedoch keineswegs vernachlässigt. Hurley, unser Spaßmacher, hatte immer ei-

nen Streich in Planung und scheute bei der Vorbereitung keine Mühe. Meist gingen Hunter und ich ihm zur
Hand, deshalb wurden wir drei schon früh als ›Die Syd-
ney-Bande‹ bekannt. Eines Abends verkleideten Hurley
und ich uns als Aborigines-Pärchen und traten gerade
in dem Moment aus der engen Dunkelkammer, in dem
die anderen sich zum Abendessen an den Tisch setzten.
Wir hatten für diese Vorstellung einige Witze ausge-
sucht, die Hurley auch gekonnt zum Besten gab, während ich als sein Partner mich trotz aller Mühen noch etwas schwer tat. Das weckte unseren Ehrgeiz und so
gründeten wir ›Den Banden-Verein zur Verhinderung
der Langeweile‹, dessen ehrgeizigstes Projekt nichts Ge-
ringeres als die Produktion einer großen Oper war. Obwohl die Aufführung erst stattfand, als der größte Teil
des Winters bereits vorüber war, bildete sie den Höhepunkt unserer Aktivitäten und verdient daher eine Er-
wähnung in diesem Kapitel. Allerdings brauchten wir
dazu ein größeres Ensemble, deshalb nahmen wir noch
Dad, Correll und den Welpen Blizzard dazu. Frank Stillwell agierte als Orchester, und Bickerton, der auf eigenen Wunsch gelegentlich den Dorftrottel gab, als Kos-
tümbildner. Die Oper, die für diesen besonderen Anlass
ausgewählt wurde, war so neu, dass sie bislang noch in
keiner der großen Weltstädte aufgeführt worden war.
Es handelte sich um *Das Geheimnis des Waschweibs* (Laseron), eine Tragödie in fünf Akten mit einer kompli-
zierten und sehr dramatischen Handlung. Die Arien
waren von den verschiedenen Mitgliedern des Ensem-
bles geschrieben und auswendig gelernt worden. Natürlich konnte es keine Proben geben, deshalb mussten
alle Dialoge zwangsläufig improvisiert werden. Wochenlang bereiteten wir uns auf das große Ereignis vor
und kamen immer wieder in kleinen Gruppen zusammen, um Einzelheiten zu besprechen. Diese geheimnisvollen Zusammenkünfte machten natürlich die Unein-

geweihten neugierig, und deshalb trafen wir am Vorabend des großen Tages ganz offen unsere Vorbereitungen und gaben eine kleine Kostprobe. Erst am Premierentag selbst wurde ein Plakat aufgehängt, das auf reges Interesse stieß und die Oper samt der folgenden Charaktere ankündigte:

Dr. Stakanhoiser … Hoyle
Chevalier de Tintail … Johnnie
Baron de Bent … Joe
Count Spithoopenkoff …Hänschen Klein
Madame Fuclose … ebenfalls Joe
Dr. Stakanhoisers Hund … Blizzard
Dorftrottel … Bick
Orchester … Stilles Wasser Willie
   und
JEMIMA FUCLOSE … Dad

Es gab viele gemeine Kommentare von Seiten des Publikums, aber als die Türen aufgingen, fehlte keiner. Die Zuschauer, die dem Ensemble zahlenmäßig kaum überlegen waren, suchten sich einen guten Platz und bereiteten sich auf einen lustigen Abend vor. Die Küche war die Bühne und die Frage der Ausstattung wurde durch verschiedene Zettel gelöst – ›Das ist eine Tür‹, ›Das ist ein Wohnzimmer‹ und so weiter – die je nach Bedarf auf- und abgehängt wurden. Alles lief wie am Schnürchen. Bick hatte Dad mit Handtüchern und anderen Hilfsmitteln als Frau ausstaffiert; glatt rasiert und reichlich aufgedonnert mit roter Wasserfarbe aus Alfies Tuschkasten sah unsere Heldin nicht nur wunderschön sondern auch verrucht aus. Hurley sorgte für die Auflockerung, und sein improvisiertes Geplapper hatte tatsächlich etwas Geniales an sich. Eine Szene allerdings hätte fast die gesamte Aufführung ruiniert, entwickelte sich dann aber zu einem der Höhepunkt des Abends.

Dr. Stakanhoiser operierte gerade Madame Fuclose, die sterbend das Geheimnis von der Geburt ihrer Tochter preisgab. Der Doktor hantierte mit Hammer, Säge und anderen chirurgischen Instrumenten, während sein Opfer sich – aus Sicherheitsgründen und selbstverständlich unbemerkt vom Publikum – eine Eisenplatte über die edleren Teile gelegt hatte. Alles ging gut, bis ein besonders harter Schlag mit dem Hammer die Platte verfehlte, sodass die Patientin sich aufsetzte und eine Sprache benutzte, die für eine sterbende Frau völlig unpassend war. Es dauerte einige Minuten, bis wir die Szene zu Ende bringen konnten, sehr zur Freude der Zuschauer. Doch von da an gab es kein Halten mehr, und wir spielten von acht bis kurz vor elf; dann waren beide Schurken nach einem gemeinsamen Duett verblichen, Held und Heldin wieder vereint. Dr. Stakanhoiser hatte allem seinen Segen gegeben und der Vorhang fiel – oder vielmehr, das Ende wurde angesagt. Alle waren einhellig der Meinung, dass es ein großer Erfolg gewesen war.

Einzelne Geburtstage waren herausragende Ereignisse und wurden gern als Anlass für ein Fest, ein besonderes Abendessen oder sonstige Darbietungen genutzt. Wenn der nächste Geburtstag zu lange auf sich warten ließ, suchten wir uns einen anderen Grund zum Feiern, und einmal, als uns gar nichts Besseres mehr einfiel, gedachten wir sogar des Tages, an dem in London zum ersten Mal die Gaslaternen angingen.

An Geburtstagen sollte das Lied des Kochs sich möglichst auf das Geburtstagskind beziehen. Als zum Beispiel Mertz Geburtstag hatte, machte der Dichter sich natürlich über seinen Akzent lustig und würzte seinen Vortrag mit ein paar deutschen Brocken. Selbst Mertz wurde von der allgemeinen Begeisterung für das Versdichten angesteckt. Seine Chance kam am 1. August, dem Nationalfeiertag der Schweizer Eidgenossen. Das

Ein malerisches Gebilde aus gefrorenem Gischt rahmt die *Aurora* in der Commonwealth-Bucht ein.

Die *Aurora* unter einer Schnee- und Eiskruste.
Weil deren Gewicht sie aus dem Gleichgewicht zu bringen drohte,
musste das Eis abgeschlagen werden.

Adélie-Pinguine lauschen dem Grammofon,
das Mawson in ihrer Kolonie aufstellte.

Eine große Pinguinkolonie.
Die Vögel zeigten keine Angst vor den Forschern.

Am Fuße der Eisklippen. Ein Mitglied der Mawson-Expedition begutachtet die gefährlichen Eisflächen an den Küstenhängen in der Nähe des Winterquartiers.

Mühsam wird die Ladung gelöscht. Beachten Sie den Scherenkran, mit dem die Kisten aus den Booten gehoben werden.

Die *Aurora* vor der großen Eisbarriere.

Hoadley schaut durch den Theodoliten. Wann immer die Umstände es erlaubten, wurde das Gebiet durchgehend vermessen.

Die Hütte im Winter, umhüllt von Schnee,
der von einem Sturm aufgewirbelt wird.

Selbst im Schutz der Hütten waren die Bedingungen
manchmal alles andere als einladend.

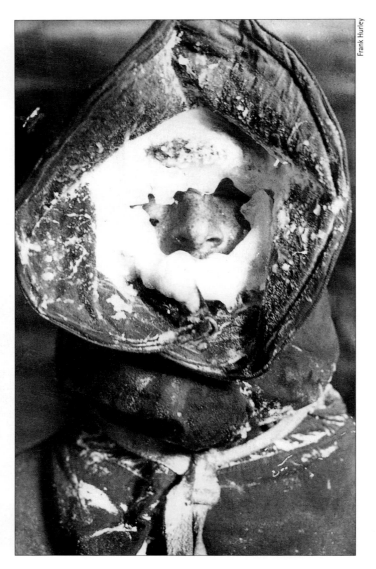

Das eisverkrustete Gesicht eines Mannschaftskameraden, der in einem Sturm zur Hütte zurückkehrt

Ein Pilz aus Eis. Das Meer formt die Eisberge zu außergewöhnlichen und wunderschönen Gebilden.

Wie man in Adélie-Land gegen einen Sturm angeht.

Lange, dunkle Winterstunden in der Hütte. Ohne auf das unaufhörliche Geheul des Windes draußen zu achten, aßen, schliefen, forschten und unterhielten sich die Männer so gut sie konnten.

Bage, Webb und Hurley erreichten den südlichen Magnetpol.
Zur Erinnerung an diese Tat steckten sie Flaggen ins Eis.

Eine Schlittenmanschaft am Madigan-Nunatak.
Die zwei Männer auf dem Foto sind Close und Stillwell.

Bage bereitet in Aladins Höhle die Schlittenration.

Adélie-Pinguine – drei einsame Streuner treffen nach einem Sturm auf einen verlorenen Bruder.

Eine von Wellen ausgewaschene Höhle.

Küstenlinie aus Eis.

Frank Hurley

Lt. B.E.S. Ninnis, R.F.
Im Verlaufe der Expedition starben sowohl Ninnis als auch Mertz, die enge Freunde waren. Mawson überlebte unter vielen Mühen und erzählte ihre Geschichte.

bot natürlich Gelegenheit zu einem Fest mit Mertz als Koch und Mann der Stunde. Aus einer geheimnisvollen Kiste, die er zu diesem Zweck aufgespart hatte, zauberte er alle Arten ausgefallener Speisen, Dosen mit seltsamem Inhalt und Gerichte, von denen wir noch nie etwas gehört hatten, die aber eine willkommene Abwechslung in unsere tägliche Kost brachten. Sein Lied war auf gewisse Weise ein Meisterstück, ungeachtet der Tatsache, dass sein Englisch immer noch recht schlecht war. Seit wir ihn kennen gelernt hatten, war er darauf bedacht gewesen, sehr viel dazuzulernen, auch viele australische Redewendungen, die er oft falsch einsetzte.

So vergingen Juni, Juli und August des Jahres 1912. Was die erste Umrundung des Kap Hoorn für den Seefahrer, ist ein Winter auf dem Eis für den Polarforscher. Damit hat er seine Feuertaufe bekommen. Er ist nun kein grüner Junge mehr, sondern ein alter Hase und kann einen Platz in einer elitären Bruderschaft beanspruchen.

8. KAPITEL

VORBEREITUNGEN FÜR DIE SCHLITTENREISEN

Es war von Anfang an klar, dass das Adélie-Land seine geographischen Geheimnisse nicht ohne erbitterten Widerstand preisgeben würde. Natürlich waren wir alle sehr neugierig auf das, was jenseits unserer unmittelbaren Umgebung lag. Im Osten und Westen blieben unsere ersten Ausflüge auf das kleine Felsplateau beschränkt, auf dem unsere Hütte stand. Das Eis an seinen Rändern bildete ein unüberbrückbares Hindernis; das Eis über den Klippen an der Meerseite zu überqueren, war zu gefährlich. Die Abhänge waren sehr schroff, und außerdem durchzog ein Labyrinth von Gletscherspalten die Oberfläche. Der einzige Weg ins Landesinnere lag direkt südlich der Hütte. Er war zwar steil, aber im unteren Bereich frei von Spalten, und die Steigung nahm mit der Höhe ab. Der Ausblick von unserer Hütte wurde durch einen Eishorizont begrenzt, der etwa 800 Meter weiter südlich und mehr als 50 Meter über dem Meeresspiegel lag.

Die Struktur der dahinter liegenden Oberfläche zu erforschen war für den Erfolg der Expedition von großer Bedeutung, deshalb versuchten wir schon kurz nach der Landung Näheres darüber zu erfahren. Den ersten Anlauf unternahmen wir am 29. Februar 1912, als Dr. Mawson mit Bage und Madigan einen Schlitten fast fünf Kilometer den Abhang hochzog. Der Wind war jedoch so stark, dass sie den Schlitten festbanden und zur Hütte zurückkehrten. Am nächsten Tag brachen sie wieder auf und erreichten etwa neun Kilometer von der Hütte entfernt einen Punkt, an dem sie die Nacht über kampierten. Diese Stelle sollte als Depot für alle nachfolgenden Schlittenreisen noch sehr wichtig werden. Am folgenden Morgen kehrten sie, nachdem sie den Schlitten verankert hatten, in einem Schneesturm zur Hütte zurück, und erst fünf Monate später gelang es uns, erneut an diesen Punkt zu gelangen und den Schlitten wieder zu finden.

Selbst diese kurzen Ausflüge brachten unschätzbare Informationen, und als die Beschaffenheit des Klimas immer deutlicher wurde, war klar, dass Schlittenreisen, wenn überhaupt, dann nur unter erschwerten Bedingungen stattfinden konnten. Das bedeutete, dass alle Vorbereitungen mit größter Sorgfalt getroffen werden mussten, denn nicht nur die Bequemlichkeit, sondern sogar das Leben der Schlittenreisenden konnte durchaus davon abhängen, dass nicht der kleinste Ausrüstungsgegenstand fehlte.

Die Schlittenausrüstung für eine Mannschaft kann in verschiedene Kategorien unterteilt werden: Kleidung; Transport, also der Schlitten selbst; Unterkunft, das heißt Zelt und Schlafsäcke; Nahrung, worunter auch die Kochausrüstung fällt; wissenschaftliches Zubehör, wie etwa Schlittenrad, Theodolit, Navigationsinstrumente und andere, je nach den Forschungszielen der Reise; außerdem Sonstiges, wie zum Beispiel Spaten, Kletterseil und Eispickel. Das Gewicht war von entscheidender Bedeutung. Jedes Gramm Ausrüstung, das an Stelle von Nahrung gezogen werden musste, ging auf Kosten des Aktionsradius der Gruppen. Außer denen, die Küstengebiete erreichen konnten, an denen eventuell Pinguine oder Robben zu finden waren, konnte sich keine vom Land ernähren, und es gab auch kein Holz zum Feuer machen oder für Reparaturen. Kurz, das Leben der Männer würde von dem abhängen, was sie mit sich führten.

Deshalb wurde jedes Detail eingehend geprüft und jeder Vorschlag zur Gewichtsersparnis oder zur Verbesserung sofort ausprobiert und, wenn er gut war, in die Tat umgesetzt. Bei der Kleidung zum Beispiel ersetzten wir die Knöpfe durch Knebel, denn die waren nicht nur sicherer, sondern bei der herrschenden Kälte auch viel einfacher zu schließen. Aus letzterem Grund dachten wir uns auch alles Mögliche aus, was das Anziehen leichter machen konnte. Bei starkem Wind unter Null Grad ist das Binden eines einzigen Bandes eine mühsame und langwierige Angelegenheit, die oft mit erfrorenen Fingern endet, und es gibt nichts, was schmerzhafter ist.

Sehr wichtig waren die Zelte, die deshalb sorgfältig untersucht wurden. Sie liefen konisch zu, bestanden meist aus festem Japara und hatten einen Boden mit einem Außensaum, auf dem wir zur Sicherung Eis, Vorratspackungen und andere Ausrüstungsgegenstände stapelten. Der Neigungswinkel war so gering, dass der Wind die Zelte eher an den Boden drückte als sie nach oben fortzureißen. Hinein gelangten wir durch einen kleinen tunnelähnlichen Schlauch, den wir einziehen und von innen festbinden konnten. Als Stützen dienten fünf stabile Bambusstangen, die oben in der Zeltmitte in einen Metallring eingehakt wurden. Eigentlich sollten zuerst die Stäbe aufgestellt und dann das Zelt darüber gezogen werden, aber das war bei Wind unmöglich, daher brachten wir an den passenden Stellen innen im Zelt Halter aus Segeltuch an und nähten die Stäbe darin fest, sodass das ganze Zelt aus einem Stück war. Selbst so bedurfte es noch großer Übung, und bei einer steifen Brise brauchte man zum Zelt aufrichten die vereinten Kräfte dreier Männer. Aus diesem Grunde probte jeder von uns früher oder später das Leben außerhalb der Hütte und lernte die richtige Technik. Und die ging so: Zunächst müssen aus Eis oder hartem Schnee in ausreichender Größe und Zahl Blöcke geschnitten und bereitgelegt werden; dann wird das Zelt ausgebreitet, mit der Spitze gegen den Wind und dem Eingang, der im Windschatten liegen muss, wenn das Zelt steht, nach oben; als nächstes kriecht einer hinein und richtet das Zelt auf, während die anderen beiden es draußen festhalten, dann stellt der Mann drinnen die drei dem Wind zugewandten Stützen auf, eine direkt gegen den Wind und die anderen beiden weit genug voneinander entfernt, um den Stoff stramm zu halten und gleichzeitig den vor dem Wind geschützten Stützen genug Platz zum Ausklappen zu verschaffen. Das erforderte einige Geschicklichkeit, denn die ganze Zeit über zerrte der Wind an dem Zelt und man brauchte jede Hand, um es am Fortfliegen zu hindern. Wenn die Stangen zu eng standen, flatterte die Bespannung nicht nur lästig, sie konnte auch viel eher reißen, und innen war es dann wegen des knappen Platzes sehr unbequem. Stand das Zelt erst einmal, war es schwierig, die Position der Stangen zu verändern, und wenn wir damit nicht zufrieden waren, blieb uns nichts anderes übrig, als noch einmal von vorn anzufangen. Anschließend stapelten wir den Ballast auf dem Saum draußen und legten ein Tuch auf den Zeltboden, das bei Bedarf auch als Segel für den Schlitten dienen konnte; erst dann war alles zum Einzug bereit.

Die Schlafsäcke waren dieselben, die wir in den ersten Tagen benutzt hatten, als die Hütte noch nicht stand. Es gab ein paar Drei-Mann-Schlafsäcke, die etwas wärmer hielten, doch die meisten zogen Ein-Mann-Schlafsäcke vor, da sie wenigstens ein wenig Privatsphäre boten. Sie bestanden aus Rentierhäuten, die mit dem Fell nach innen verarbeitet worden waren. Durch einen Schlitz krabbelte man hinein; lag man schließlich drin, war der gesamte Körper einschließlich Kopf komplett eingehüllt, und man konnte die Öffnung von innen verschliessen. Wer beim Schlafen Luft brauchte, ließ sie nahe am Gesicht einen Spalt breit auf, aber im Allgemeinen schien es bei großer Kälte für so unwichtige Dinge wie Atmen mehr als genug Luft im Schlafsack zu geben.

Als Nächstes musste das Essen bedacht werden, und hier war das Problem zu lösen, möglichst viel Nahrung mit möglichst wenig Gewicht zu transportieren. Die Zusammensetzung der Rationen war vor Beginn der Expedition in London ausgearbeitet worden, wobei natürlich auf solche Dinge wie Proteine, Fett, Zucker und Kalorien Wert gelegt worden war – es reicht also zu sagen, dass ein Mann pro Tag eine Lebensmittelzuteilung von ungefähr einem Kilo bekam. Die verschiedenen Bestandteile wurden gewogen und auf Beutel verteilt, die wiederum in größere Beutel kamen, die Proviant für drei Männer enthielten, entweder für sieben oder für vierzehn Tage. Das machte die Sache viel einfacher; jede Mannschaft, die losfuhr, nahm so viele Beutel wie sie brauchte in dem Wissen mit, dass sie für eine bestimmte Zeit genug Proviant hatte.

Auf der Speisekarte stand fast immer Eintopf – heiß, dick und lecker. Die Hauptzutat war Pemmikan, speziell getrocknetes gutes Rindfleisch, dem 50 Prozent reines Fett zugesetzt waren. Dazu kam zerriebener Milchzwieback, und das Ganze ergab mit Wasser vermischt so etwas wie eine dicke, haferbreiartige Suppe, die in einem ›Nansenkocher‹ aus Aluminium über einem Primusbrenner zubereitet wurde. Dazu füllte man den Topf mit Eis, und wenn im mittleren Teil bereits das Wasser kochte, schmolz das Eis am äußeren Kesselrand gerade erst, so sparten wir Brennstoff. Dann wurde die Suppe zubereitet, in Bechern verteilt und gegessen, während man den Topf noch einmal erwärmte. Darauf folgte der nächste Gang: Kakao – *echter* Kakao. Ein Teil Kakao, zwei Teile Zucker, vier Teile Milchpulver war die richtige Mischung, und aus diesem einen Becher machten wir drei Becher eines Getränks, das unser Blut bis in die Finger- und Zehenspitzen prickeln ließ. So sah das Essen morgens und abends aus; mittags bestand es aus Butter, Schokolade, Tee und Milchzwieback, letzterer war so hart, dass er mit dem Eispickel zerkleinert werden musste. Trotzdem ließen wir es uns schmecken, und wenn das Wetter gut war, machte es richtig Spaß, abwechselnd an gefrorener Butter, Schokolade oder Zwieback zu knabbern und zwischendurch an einem Becher mit heißem Tee zu nippen.

Die Schlitten selbst bestanden aus bester amerikanischer Esche, außerdem hatten wir noch ein paar, die in Sydney aus zwei verschiedenen Sorten Eukalyptusholz gebaut worden waren. Die einen neigten zum Splittern, während die anderen zwar sehr robust, aber ziemlich schwer waren. Vorn am Schlitten befand sich die Gerätekiste aus dreischichtigem Sperrholz, und hinten gab es noch eine für den Primuskocher und den Topf, beide waren genau eingepasst, damit sie bei einem Unfall nicht zu Bruch gingen. Das Petroleum für den Kocher war in kleinen Kanistern hinten an der Kiste mit den Kochutensilien befestigt, jeder Kanister reichte für eine Woche. Die gesamte restliche Ausrüstung – Zelt, Schlafsäcke, Proviantbeutel und Ersatzkleidung – wurde auf den Schlitten gepackt und festgebunden, wobei darauf zu achten war, dass man die Ladung gut verteilte und sicherte.

Abgesehen von einer besonderen Schlittenfahrt zogen wir die Schlitten immer selber. Die beiden Hundegespanne nahm Mawson mit auf seine Fernost-Reise, denn mit ihnen kam man viel schneller voran, vorausgesetzt die Bedingungen waren gut. Bei schlechtem Wetter und sehr rauer Oberfläche dagegen erweisen Hunde sich nicht gerade als Segen, denn ihre Pflege kostet die Männer viel Arbeit. Um die Schlitten selbst ziehen zu können, nähte jeder aus dickem Segeltuch sein eigenes Geschirr, passte es genau an und vergewisserte sich, dass sämtliche Nähte gut hielten. Das war unter Umständen lebenswichtig, denn in den Küstengebieten, in denen es zahllose Gletscherspalten gab, mussten wir jeden Moment darauf gefasst sein, plötzlich in unserem Geschirr über einem gähnenden Abgrund zu baumeln; dann hing unser Schicksal davon ab, wie gut wir genäht hatten und ob das Seil oben am Schlitten hielt.

All diese Arbeiten brauchten Zeit, und so war den ganzen Winter über jeder neben seinen anderen Pflichten mit den Vorbereitungen beschäftigt. Nahrungsmittel mussten zermahlen, klein geschnitten, gemischt und gewogen werden, wir verstärkten die Zelte, nähten unzählige kleine Beutel, machten Schlittengeschirre, richteten die Schlitten her und so weiter. Trotzdem lag alles längst bereit, ehe das Wetter es uns erlaubte, endlich loszulegen.

Doch immerhin machten wir ein paar Versuche, zumindest gelegentlich aus unserem Wintergefängnis auszubrechen. Schon früh, am 29. Juli, ergriffen Mertz und Ninnis bei einer längeren Windflaute die Gelegenheit, mehrere Ladungen Proviant den ersten steilen Abhang des Plateaus hinaufzuschaffen.

Am 9. August 1912 machten sich dann Mawson, Madigan und Ninnis mit den beiden Hundegespannen auf den Weg, nur um herauszufinden, dass es in einer Höhe von etwa 300 Metern nicht einmal mehr die kurzen Sturmpausen gab, die uns in der Nähe der Hütte manchmal gegönnt waren; hier ließ der Wind überhaupt nicht mehr nach, sondern blies mit einer schier unglaublichen Kraft. Trotzdem kampierten sie ungefähr sechs Kilometer von der Hütte entfernt und erreichten am nächsten Tag den Schlitten, den wir vor fünf Monaten neun Kilometer landeinwärts zurückgelassen hatten. Er war immer noch da, aber durch den ständigen Anprall des Treibschnees sehr mitgenommen. Von diesem Punkt an war es ihnen unmöglich, weiter vorzudringen, daher verbrachten sie zwei Tage damit, eine unterirdische Höhle ins Eis zu graben, in der sie es recht gemütlich hatten und vor dem Wind geschützt waren. Sie nannten sie ›Aladins Höhle‹, und später wurde sie der Ausgangspunkt für alle Schlittenreisen, die von der Hütte ausgingen.

Auch für die Hunde wurde ein Wetterschutz ausgehoben, in dem sie sich zusammenrollten und die niedrigen Temperaturen recht gut überstanden. Die Mannschaft blieb noch zwei Tage in der Höhle und stieß dann, als das Wetter sich etwas besserte, noch vier Kilometer weiter nach Süden vor; anschließend verschlechterten sich die Bedingungen aber wieder so sehr, dass sie zur Höhle zurückkehrten, wo sie zwei weitere Tage verbrachten und jeden Tag draußen die Hunde fütterten. Am 15. machten sie sich bei starkem Wind auf den Rückweg zur Hütte, dabei ließen sie die Hunde frei, die ihnen eine Weile folgten und dann verschwanden. Bei ihrer Ankunft an der Hütte war von den Hunden keine Spur zu sehen, also nahmen wir an, sie seien zu Aladins Höhle zurückgekehrt. In den nächsten Tagen versuchten wir mehrmals, zu ihnen zu gelangen, aber erst am 21., sechs Tage später, brachten Bage, Hurley und Mertz es fertig, dem schneidenden Wind zu trotzen und die Höhle zu erreichen. Und da lagen sie, die Hunde, eng aneinander gedrängt, um sich zu wärmen; alle, mit Ausnahme von Basilisk und Pawlowa, waren am Eis fest gefroren. Sie waren sehr schwach – zu schwach, um sie sofort zurückbringen zu können –, also blieb den drei Männern nichts anderes übrig, als sie mit in die Höhle zu nehmen und ihnen warmes Futter zu geben.

Auf engstem Raum verbrachte die ganze Truppe,

Hunde und Menschen, vier sehr ungemütliche Tage, doch endlich erlaubte eine weitere leichte Flaute ihre Rückkehr zur Hütte. Alle Hunde erholten sich, außer Großmutter, die so geschwächt war, dass sie auf dem Schlitten sitzend zurückgebracht werden musste. Doch trotz unserer Bemühungen starb sie vier Stunden später.

So begann der September, und unser Wissen über Adélie-Land reichte immer noch nur 13 Kilometer weit nach Süden. Das war natürlich recht wenig, doch waren unsere Erkenntnisse insofern sehr wertvoll, weil wir herausgefunden hatten, dass es einen geraden, spaltenfreien Zugang mit einer guten Oberfläche gab, über den alle folgenden Schlittenmannschaften ihren Weg finden konnten.

Alle Vorbereitungen waren jetzt abgeschlossen, und bei halbwegs gutem Wetter konnten wir ernsthaft mit der Erkundung des Landesinneren beginnen.

9. Kapitel

Vier ruhige Tage

Anfang September 1912 geschah ein Wunder. Wir genossen vier ruhige Tage – wirklich windstille Tage mit hellem Sonnenschein und Temperaturen, die stetig anstiegen, bis sie sagenhafte sechs Grad minus erreichten. Nicht eine Seele blieb in der Hütte, außer dem bedauernswerten Koch und dem Steward, die sich aber beide bei jeder Gelegenheit nach draußen stahlen, um den warmen Sonnenschein auszukosten. Es bereitete uns fast unvorstellbaren Genuss, nach sechsmonatigem ununterbrochenem Sturm und Schneetreiben in aller Ruhe herumzuflanieren. Burberries waren überflüssig, Handschuhe unnötig und die Strumpfmützen wurden bis über die Ohren hochgerollt. Wo blieb da der Schrecken der Polarregionen? Bei solchem Wetter war die Expedition doch nur ein Spaziergang.

Zunächst schien es zu schön, um wahr zu sein, und am ersten Tag suchten wir den südlichen Horizont ständig nach heranziehenden Treibschnee-Wolken ab, die die Rückkehr des Sturms ankündigen. Doch es blieb den ganzen Tag über warm und sonnig, und als die Sonne am Abend untergegangen war, herrschte in der Hütte eine ganz neue Atmosphäre. Jetzt ging es nicht mehr nur darum, das Beste aus einer schlimmen Situation zu machen. Alle schäumten über vor guter Laune und überboten sich geradezu mit Witzen und Neckereien; der Doktor wanderte zufrieden lächelnd zwischen uns herum.

Fast gleichzeitig mit dem Aussetzen des Windes begann das Meer zuzufrieren. Wunderschöne Kristalle und Eisblumen bildeten sich an der Oberfläche, dann Pfannkucheneis, das wuchs und wuchs, bis die Ränder verschmolzen und eine durchgehende weiße Decke bis zum fernen Horizont reichte.

An jenem Tag fuhren Mertz, Ninnis, Whetter und ich mit einem Hundegespann und einer großen Ladung Proviant zu Aladins Höhle. Obwohl hauptsächlich die Hunde zogen, fiel uns nach der erzwungenen monatelangen Untätigkeit der acht Kilometer lange Aufstieg schwer. Das Plateau an sich sah ich zum ersten Mal, obwohl ich gelegentlich schon über den ersten steilen Abhang hinaus gelangt war. Die Oberfläche bestand aus hartem Gletschereis und führte stetig bergan, auch wenn die Steigung immer geringer wurde; teilweise trafen wir auf die so genannten ›Sastrugi‹, scharfkantige, vom Wind geformte Furchen aus hartem Schnee. Hier und da zeigten sich kleine Risse und Spalten, die aber höchstens ein paar Zentimeter breit waren und keine Schwierigkeit oder gar Gefahr darstellten.

Bei unserem Aufstieg verloren wir zuerst die Hütte aus den Augen, dann die Grenzen unseres kleinen Reiches und schließlich die Mackellar-Inseln. Jetzt befanden wir uns auf dem Plateau selbst. Im Norden, jenseits des ebenen Horizontes, erschien das ferne Meer, ein paar weiße Punkte zeigten weit entfernte Eisberge an. Nach allen anderen Seiten hin erstreckte sich eine öde, ununterbrochene weiße Fläche, die fast unmerklich nach Süden anstieg. Keine Hügel, keine Felsen, nichts unterbrach die endlose Monotonie und vollständige Leblosigkeit; in der Windstille war nichts zu hören außer dem Knirschen der Kufen und dem Hecheln der Hunde. Bald darauf tauchten weit vorn ein paar schwarze Punkte auf, dann entdeckten wir eine Fahnenstange, die aus einem Schneehügel ragte. Das war, selbst nach dieser kurzen Strecke, eine wahre Wohltat für die Augen, eine ersehnte Oase in einer Eiswüste. Die schwarzen Punkte entpuppten sich als Proviantsäcke, denen wir bald unsere eigene Ladung hinzufügten. Dann nahmen wir Aladins Höhle in Augenschein. Beim Bau war zunächst ein Graben ausgehoben worden, der unter das Eis führte und sich am Ende zu einem Raum mit etwa zwei Meter langen Seiten und einer Deckenhöhe von anderthalb Metern verbreiterte. Der Eingang war mit frisch gefallenem Schnee verstopft, aber der war bald beiseite geräumt, und wir brachten eine ganze Stunde damit zu, die Höhle unten noch etwas zu vergrößern. Dann aßen wir etwas und bereiteten uns auf den Abstieg vor.

Anfangs ließen wir die Hunde frei laufen, aber aus irgendeinem seltsamen Grund kehrten sie sofort zur Höhle zurück, anstatt uns zu folgen, daher mussten wir sie alle an die Leine nehmen und zur Hütte zurückführen. Diese Angewohnheit der Hunde war sehr lästig, und bald nach unserer Rückkehr fehlten schon wieder zwei. Beim nächsten Ausflug zu Aladins Höhle wurde einer gesichtet, der aber aus eigenem Antrieb zur Hütte zurückkehrte. Den anderen fanden wir nie wieder, wahrscheinlich verendete er irgendwo auf dem Plateau in einer Gletscherspalte.

Das verspätete Zufrieren des Meeres erweckte längst aufgegebene Anglerträume zu neuem Leben. Schon an diesem ersten ruhigen Tag unternahmen wir einen Versuch, mit dem Schleppnetz zu fischen, und eine Gruppe wagte sich sogar auf einer frisch gefrorenen Scholle hinaus, die noch sehr dünn und zerbrechlich erschien. Die Männer waren auch noch nicht sehr weit gekommen, als Dr. Mawson einbrach und ein unfreiwilliges Bad nahm. Zur gleichen Zeit hatte Hurley, der allein zum Fotografieren unterwegs war, ein ähnliches Erlebnis, das schlimm hätte enden können, da es ihm ohne Hilfe sehr schwer fiel, sich und die Kamera aus dem Wasser zu ziehen.

Am zweiten Tag war das Eis immer noch zu tückisch, aber am dritten Tag war es trotz der heißen Sonne schon fast zehn Zentimeter dick geworden und damit stark genug, das Gewicht eines Mannes zu tragen. Das war die Gelegenheit, auf die wir so lang gewartet hatten. Hunter und ich luden unsere gesamte Ausrüstung auf einen Schlitten und machten uns auf den Weg, mussten aber bald feststellen, dass die klebrige Oberfläche es fast unmöglich machte, den Schlitten zu ziehen. Da fiel uns der kleine zusammenklappbare Metallkarren ein, den wir noch mitgenommen hatten, und bald glitten wir flott übers Eis. Trotzdem war das Fortkommen schwierig, denn immer wieder ließen Wasserrinnen und Abschnitte mit dünnem Eis nicht nur den Karren einbrechen, sondern auch uns. Oft waren wir dazu gezwungen, einfach über die unsicheren Stellen hinwegzurennen, und wenn das Eis nachgab oder sogar ein Rad oder ein Fuß durchbrach, erlebten wir so manchen bangen Augenblick.

Als wir etwa anderthalb Kilometer vom Land entfernt waren, hielten wir an und fischten zum ersten Mal. Das ermöglichten uns die schmalen Wasserstraßen, und nachdem wir das Netz ausgelegt hatten, machten wir auf einer Strecke von etwa 300 Metern einen Weg für das Seil frei. Dann zogen wir das Netz ein, und als es an die Oberfläche kam, waren wir sehr aufgeregt. Doch leider brachte dieser erste Fischzug in fast 50 Meter tiefem Wasser keine Beute, denn das Netz hatte sich im Seil verheddert und war geschlossen, als wir es über den Meeresboden zogen. Aber wir hatten ja den ganzen Tag Zeit, also ließen wir es wieder auf den Grund sinken. Diesmal wurde unsere Mühe belohnt; beim Heraufziehen merkten wir schon am Gewicht, dass wir etwas gefangen hatten. Und so war es auch, denn als das Netz auftauchte war es prall gefüllt mit allem nur erdenklichen Meresgetier.

Wir kippten unseren Fang aus, und wussten uns vor Freude kaum zu fassen; das war all die traurigen Monate wert, in denen wir vergeblich gewartet und gehofft hatten. Mit diesem einen Zug allein hatten wir schon eine richtige zoologische Sammlung beieinander. Es gab Schwämme, Seeigel und Seesterne zuhauf. Seltsame Schalen hingen im Seegras, und wunderschöne kleine Spitzenkorallen klebten an den Halmen. Merkwürdig geformte Würmer krochen aus der Masse heraus und wieder hinein, während rote und grüne Garnelen und andere Schalentiere darauf herumkrabbelten. Doch am auffälligsten waren die riesigen roten Seespinnen, die von einer Fußspitze zur anderen fast 17 Zentimeter maßen. Diese eigenartigen Meerestiere verdienen ein erklärendes Wort. Eigentlich gehören sie zu einer ganz eigenen Ordnung, den so genannten Ufer-Asselspinnen, die ganz anders sind als die üblichen Krustentiere wie etwa Krabben und Garnelen und eher den echten Landspinnen ähneln. Sie kommen auf der ganzen Welt vor, einige kleinere Arten sind auch in australischen Gewässern anzutreffen, aber die Größe und Farbe der Exemplare aus Adélie-Land war außergewöhnlich. Dieser erste Fischzug war nur einer von vielen, und bald machten wir uns mit einer vollen Wanne auf den Rückweg zur Hütte. Von da an hatten wir nur noch Fischen im Kopf; ich ließ Johnnie zurück, damit er schon einmal mit dem Sortieren beginnen konnte und machte mich mit ein paar anderen auf, um noch mehr Objekte zu fangen, mit demselben Erfolg. An jenem Abend hatten wir viel zu tun, denn wir mussten unzählige Tiere sortieren, in Flaschen stecken und konservieren. Wir arbeiteten die ganze Nacht durch, dabei konzentrierten wir uns auf die zarteren und schwächeren Lebensformen, die sofort präpariert werden mussten, damit sie sich nicht zersetzten.

Als der Morgen kam, waren wir schon wieder draußen auf dem Meereis, das in der heißen Sonne ziemlich brüchig wurde. Es war der vierte Tag der Windstille und es schien, als sei das Wetter endlich umgeschlagen und der Sommer wäre angebrochen. Unter diesen Umständen verschwendeten wir keinen Gedanken an Essen und kehrten erst nach 14 Uhr mit voller Wanne zur Hütte zurück. Um drei Uhr an jenem Nachmittag brachen Bickerton, Madigan und Correll noch einmal zu einem Ausflug auf, bei dem zum letzten Mal während unseres Aufenthaltes gefischt werden sollte; tatsächlich wäre diese Exkursion aber fast die letzte in ihrem Leben geworden.

Wir konnten sie als drei winzige Punkte weit weg von der Küste erkennen, zu weit weg, um genau zu sehen, was sie taten. Plötzlich wurde unsere Aufmerksamkeit auf die fern im Westen liegenden Abhänge der Commonwealth-Bucht gelenkt, über die sich Unheil verkündende weiße Wolken herabwälzten. Auch hoch über uns eilten zarte weiße Wolkenfetzen nach Norden. Ein eisiger Windhauch streifte uns, als sie vorbeizogen.

Es war keine Zeit zu verlieren, und wir gaben drei Gewehrschüsse ab, um unsere Kameraden auf dem Eis zu warnen. Aber sie hatten die Gefahr bereits erkannt und eilten, so schnell sie konnten, auf das Land zu. Es war buchstäblich ein Wettlauf mit dem Tod. Schon kam eine Brise auf, und ein plötzlicher Windstoß von größerer Kraft ließ das gefrorene Meer unheimlich schwanken. Näher und näher kamen unsere Kameraden, und der Wind blies schärfer und schärfer. Wir standen alle zusammen auf dem festen Eis des Bootshafens und beobachteten ängstlich ihr Vorankommen. In der Eisdecke taten sich bereits kleine Risse auf, und es schien, als würden sie die letzten 100 Meter niemals schaffen. Jetzt waren sie noch 50 Meter entfernt, noch 20 – dann streckten sich ihnen helfende Hände entgegen, um den Karren über den sich schnell öffnenden Spalt zwischen dem Meereis und der Küste zu ziehen.

Es war ein knappes Entrinnen – so knapp, dass es uns damals kaum bewusst wurde. Als die Gruppe in Sicherheit war, hatte der Wind Sturmstärke erreicht und nahm immer noch zu. Innerhalb weniger Minuten umgab eine mehrere Meter breite offene Wasserrinne die Küste; nach weiteren zwanzig Minuten hatte sich die ehemals ebene weiße Fläche in ein vom Sturm gepeitschtes Inferno aus sprühendem Gischt verwandelt. Nicht eine Spur von Eis war mehr zu sehen.

In jener Nacht und den darauf folgenden Tagen heulte der Sturm mit neuer Kraft, so als sei er zornig über die kurze Pause, die er uns gegönnt hatte.

10. Kapitel

Die Pinguine kommen

Wenn ich von diesen wunderlichen Bewohnern der Antarktis noch nicht gesprochen habe, so liegt das daran, dass wir zur falschen Zeit mit ihren Gewohnheiten bekannt wurden. Das heißt, bei unserer Ankunft in Adélie-Land neigte die Brutzeit sich bereits dem Ende zu. Alle Jungen waren geschlüpft, schon nahezu ausgewachsen und bereit, zu der Reise aufzubrechen, die sie über das Packeis in nördlichere Gewässer führen sollte, wo sie den Winter verbringen würden, nur um im kommenden Frühjahr in der Fortpflanzungszeit wieder zu ihren Brutstätten an der Küste zurückzukehren.

So macht es jedenfalls der Adéliepinguin; der Kaiserpinguin dagegen wählt die tiefste Winterzeit und die kältesten Gegenden, die er erreichen kann, um seine Jungen großzuziehen. Abgesehen von ein paar vereinzelten Besuchern, die offenbar aus lauter Neugier an Land kamen, sahen wir von letzteren allerdings nur wenige. Brutplätze des Kaiserpinguins sind kaum bekannt; einer befindet sich am Kap Crozier am Rande des Ross-Meeres, und noch einer in der Nähe unserer zweiten Basis weiter im Westen. Das wenige, das wir über ihre Brutgewohnheiten wissen, wurde bei Scotts Expedition von Dr. Wilson berichtet, der mitten im tiefsten Winter eine sehr gefährliche Schlittenreise zur Kolonie am Kap Crozier unternahm.

Meist hatten wir mit dem Adéliepinguin zu tun, der in der Nähe unserer Hütte zahlreiche Kolonien angelegt hatte. Er ist der in der Antarktis am häufigsten vorkommende Pinguin, ein seltsamer kleiner Kerl, etwa 50 Zentimeter groß, mit einem pechschwarzen, glänzenden Frack und schneeweißer Brust. Wenn er kerzengerade steht, lugen unter den Federn seines Unterleibs gerade eben seine Füße hervor, und wenn er seine kräftigen kleinen Stummelflügel an der Seite abspreizt, sieht er wie ein kleingewachsener, dicklicher feiner Herr aus, der sehr auf seine Würde und seine gesellschaftliche Stellung bedacht ist. Normalerweise zeigten die Adéliepinguine weder Neugier noch Angst und ignorierten unsere Anwesenheit vollständig; sie hielten uns offenbar für Kaiserpinguine oder für andere große Vettern. Wenn man allerdings einen Handschuh in eine Gruppe warf, wurden die Vögel doch für einen Moment aufmerksam, bildeten einen Kreis darum herum, senkten die Köpfe, beäugten ihn näher und stupsten ihn vielleicht sogar vorsichtig mit dem Schnabel an, um sich dann, zufrieden damit, dass er von keinem besonderen Interesse war, nicht länger darum zu kümmern. Anscheinend sind sie an Land ein wenig kurzsichtig. Wenn sie umherwanderten, gingen sie langsam, aber wenn sie schnell sein wollten, sprangen sie erstaunlich behände von Stein zu Stein und nahmen Fahrt auf, indem sie sich vorwärts fallen ließen und ihren Körper als Schlitten benutzten, wobei sie sich mit den Füßen abstießen. Auf diese Weise kamen sie fast so schnell voran wie ein Mensch laufen kann.

Unser erster Pinguin hüpfte am 12. Oktober aus dem Wasser, trotz der Tatsache, dass der Wind mit fast 120 Stundenkilometern blies. Dad fand ihn und trug ihn im Triumph zur Hütte. Wir begrüßten ihn, wie man es sonst mit Schwalben macht, als Frühlingsboten. Der darauf folgende Tag war einer der schlimmsten des Jahres, der Wind wehte unregelmäßig mit einer Durchschnittsgeschwindigkeit von fast 120 Kilometer und schrecklichen Böen von bis zu 420 Stundenkilometern. Trotzdem kamen immer mehr Vögel und watschelten in einem unablässigen Strom an Land. Ein Vogel, den Frank Stillwell gefunden hatte, war ein Albino, ein bisschen kleiner als die anderen, mit einem hellgrauen Frack anstelle des normalen schwarzen. Diese Abart wurde sofort unserer Sammlung einverleibt.

Bei jeder Gelegenheit gingen wir nach draußen, um sie zu beobachten, und es war faszinierend zu sehen, mit welcher Unfehlbarkeit sie ihre Sprünge aus dem Wasser machten. Um diese Jahreszeit war das Meer von einem Eisgürtel umgeben, der sich aus den verdichteten Schneefällen des Winters gebildet hatte und über dem darunter liegenden Fels hing, sodass oftmals ein Eisfuß entstand, der mehr als anderthalb Meter aus dem Wasser ragte. Wenn die Pinguine sich näherten, hielten sie etwa 20 Meter vor der Küste kurz inne, hoben den Kopf und schätzten die Entfernung. Dann tauchten sie ab, schwammen unter Wasser mit unglaublicher Geschwindigkeit auf die Eiswand zu und kamen einen Augenblick später an die Luft geschossen, um dann mit ausgebreiteten Schwingen balancierend und sauber auf den Füßen zu landen. Gelegentlich vertaten sie sich bei der Wahl ihres Landeplatzes; so wie zum Beispiel ganz am Anfang, als einer, während wir mit dem Löschen der Ladung aus dem Walboot beschäftigt waren, auf Dads Rücken landete, der sich gerade nach einer Kiste bückte. Solche Sachen passierten Dad dauernd. Schwer zu sagen, wer damals am meisten erschrak, jedenfalls hastete der Vogel mit entsetztem Kreischen zurück zur Kante und sprang wieder ins Wasser. Bei den Sendemasten, die wir an Land zogen, täuschten die Pinguine sich auch öfter, denn sie versuchten mehrmals, darauf zu landen, fielen aber stets auf der anderen Seite wieder ins Wasser.

Die Erstankömmlinge schienen ausnahmslos Männchen zu sein; die Weibchen warteten, bis der Gatte das

Haus bestellt hatte. Der Reichtum eines Hausbesitzers war an der Anzahl der Steine abzulesen, die er besaß, deshalb trug fast jeder Vogel, der an Land kam, einen Stein im Schnabel, den er vom Meeresgrund mitgebracht hatte. Wenn er einen Brutplatz in der Kolonie gefunden hatte, legte er seinen Stein – und später seine Steine – fein säuberlich um sich herum und hockte sich hin, um die Ankunft seiner Partnerin abzuwarten. Ob die Pärchen länger als ein Jahr zusammen blieben, konnten wir nicht herausfinden; aber es schien schon einigen Zank um die Weibchen zu geben, als sie ankamen, und sie inspizierten oft auch mehrere Nester, bevor sie ihre Wahl trafen. Jedenfalls gab es viele Junggesellen und Jungfrauen, die noch nicht im Hafen der Ehe eingelaufen waren, und außerdem Witwen und Witwer, deren Ehegesponse zwischen den Kiefern von Seeleoparden und Killerwalen ein unzeitgemäßes Ende gefunden hatten.

Wenn die Weibchen ihre Partner gewählt hatten, demonstrierten die Pärchen ihre Zuneigung durch ein seltsames Gebaren. Brust an Brust standen sie einander stundenlang gegenüber, die Schnäbel senkrecht in die Luft gestreckt, der ganze Körper vollkommen steif. Es sah sehr unbequem und albern aus und schien, außer von der Meditation oder Seelenvereinigung, keinem bestimmten Zweck zu dienen. Nur die Schwingen bewegten sie, wenn sie so dastanden.

Die Nester in den Kolonien lagen oft weniger als einen halben Meter auseinander und die Nachbarn schienen sich ständig zu streiten, meist wegen irgendwelcher Grenzüberschreitungen. Diese Auseinandersetzungen wurden weiter kompliziert durch die Vögel, die auf dem Weg von und zu ihren Nestern vorbeigingen; ein Durchgangsverkehr, gegen den diejenigen, deren Revier verletzt wurde, lauthals protestierten. Über solche Dinge wurde unaufhörlich gezankt. Nun pochte in den

Ohren, wenn der Wind sich legte, nicht länger die Stille, sondern die heiseren Schreie der Pinguine erfüllten die Luft, bis nichts anderes mehr zu hören war. Leider muss ich auch berichten, dass diese Vögel gewohnheitsmäßige Diebe sind, und das stete Objekt ihrer Begierde sind … Steine. Glücklich das Pärchen, das ein gut eingefasstes Nest besaß, die Behausungen der Wohlhabenden bestanden aus hübsch in Kreisen ausgelegten gleich großen Steinen. Aber, wie bei jeder Art von Reichtum, erforderte der Erhalt doppelte Wachsamkeit, denn die Nachbarn auf allen vier Seiten lauerten ständig auf einen unbewachten Augenblick. Und wenn der kam, eilte einer herbei, nahm sich einen Stein und kehrte triumphierend mit seinem unrechtmäßig erworbenen Gut zu seinem eigenen Nest zurück. Pinguine können nicht zählen, deshalb wurde seine Freude über den erfolgreichen Raubzug auch nicht durch die Tatsache getrübt, dass ein anderer Vogel weiter hinten seine kurzfristige Abwesenheit dazu genutzt hatte, einen Stein aus seinem Nest zu stehlen. Und so ging es endlos weiter, ohne dass einer den anderen übertrumpfen konnte, doch waren alle offenbar davon überzeugt, dass ihr Wohlstand beständig zunahm.

Früh im November begannen die Vögel zu legen, und bald enthielt fast jedes Nest ein oder zwei grünliche Eier, die etwas größer als Enteneier waren. Sie sorgten für willkommene Abwechslung auf unserem Speiseplan, Spiegeleier und Omelettes kamen groß in Mode. Beim Omelette zubereiten war X ganz in seinem Element, und in den paar Tagen, die uns vor den Schlittenreisen noch blieben, wurde er ständig darum gebeten, ob er nun mit dem Kochen an der Reihe war oder nicht. Wir fanden die Eier sehr lecker, sie schmeckten kein bisschen nach Fisch, waren aber sehr groß; ein Ei ergab eine recht reichliche Mahlzeit.

Beim Bebrüten der Eier im Nest wechselten Männchen und Weibchen sich mit dem Sitzen oder besser Hocken ab, denn die Eier werden mit den weichen, flaumigen Federn zwischen den Beinen bedeckt. Während der eine Vogel brütete, watschelte der andere meist ins Meer, um Nahrung zu suchen, und schloss sich dabei der ständigen Prozession von Vögeln an, die auf dem Weg zur Eiskante waren. Dort am Rande des Wassers machten sie Halt. Die Prozedur war immer dieselbe. Jeder zögerte offenbar, als erster zu springen, und wenn einer bis zur Kante vorging und hinunterschaute, versuchten die anderen mit vereinten Kräften, ihn vorwärtszustoßen. Am Ende verlor einer die Balance und musste springen, dann spannte er sich kurz an, und tauchte unglaublich sauber mit dem Kopf voran ins Wasser, sodass es kaum aufspritzte. Sofort rannten alle anderen an den Rand und verrenkten sich die Hälse, um zu sehen, was passierte. Kam das Signal ›Alles klar‹, gab es kein Halten mehr und einer nach dem anderen sprang ins Wasser, um ein paar Minuten später auf dem Weg ins Meer wieder an die Oberfläche zu kommen.

Dieses für uns seltsame Verhalten hatte jedoch gute Gründe. Der natürliche Feind des Pinguins ist der Seeleopard, der genauso wild und gefräßig ist wie sein Namensvetter an Land und der die ausgesprochen hässliche Angewohnheit hat, unter dem Eisgürtel auf den ersten unglücklichen Vogel zu lauern, der ins Wasser hüpft. Dann wird das Wasser plötzlich aufgewirbelt, und der Pinguin verschwindet. Instinktiv besteht also eine große Abneigung dagegen, der erste zu sein; doch sobald sich gezeigt hat, dass keine Gefahr besteht, schwindet jede Angst, und die Vögel stürzen sich kühn ins Wasser.

Den größten Teil der Brutzeit waren die meisten von uns mit den Schlitten unterwegs, aber als ich Anfang Dezember 1912 zwischen zwei Fahrten ein paar Tage

Zeit hatte, konnte ich meine Bekanntschaft mit diesen interessanten Vögeln wieder auffrischen. Auch fanden wir ein paar Wochen später, als wir die Ostküste erkundeten, Eier, die gerade anfingen zu platzen. Die frisch geschlüpften Küken sind hübsche kleine Dinger, graue, flauschige Flaumbällchen etwa doppelt so groß wie Hühnerküken. Allerdings bleiben sie nicht lange so niedlich, da sie Tag für Tag in unglaublichem Tempo wachsen. Bald können sie bestenfalls noch mit formlosen grauen Säcken verglichen werden, die oben über einen stets offenen Schnabel mit grenzenloser Aufnahmefähigkeit verfügen. Dann müssen die armen Erwachsenen Überstunden machen. Einer ist immer im Meer, um Futter für die fordernden Jungen zu beschaffen, manchmal sogar beide. Wenn das passiert, gibt es in den Kolonien fast keine Erwachsenen mehr; die halb ausgewachsenen Vögel werden dann in kleinen Gruppen zusammengetrieben und von ein paar Wachen beaufsichtigt, die sie vor ihrem natürlichen Feind, der Skuamöwe, beschützen sollen. Die Skuas nisten immer in der Nähe der Pinguinkolonien und hüpfen stets lauernd herum, um ein Ei oder ein unbewachtes Küken zu erwischen.

Ob die Eltern in diesem wilden Durcheinander ihre eigene Brut wieder erkennen, ist unmöglich zu sagen; höchstwahrscheinlich ist die Fütterung in dieser Zeit eine Aufgabe der Allgemeinheit. Natürlich wird jeder Vogel, der aus dem Meer zurückkehrt, von einer ganzen Reihe von Küken mit lautem Gekreisch begrüßt, allesamt mit sperrangelweit aufgerissenem Schnabel. Er sucht sich eins aus, steckt seinen Kopf in den Schlund des Jungen und lädt dort seine Ladung vorverdauter Krabben ab. Für den Augenblick zufrieden, gibt das Junge Ruhe, doch sein Appetit ist unersättlich, und wenn der nächste Erwachsene naht, fängt es wie alle anderen voller Vorfreude erneut zu kreischen an. Der Erwachsene ruht sich nach getaner Arbeit ein wenig aus, gesellt sich zu den anderen, die ein Stück weit weg von der Kolonie auf dem Eis stehen, schläft, unterhält sich mit seinen Nachbarn, macht vielleicht noch einen kleinen Spaziergang und bereitet sich dann wieder darauf vor, zum Meer zurückzukehren.

Die Vögel nehmen rasch zu und sind Ende Januar praktisch ausgewachsen. Dann werden sie sich selbst überlassen, und ab Februar verschwinden die Alten einer nach dem anderen über das offene Meer und das Packeis nach Norden. Die Jungen folgen ihnen beizeiten, müssen allerdings erst noch die Mauser abwarten. Bis ihre Daunen von dem harten, schuppenartigen und wasserdichten Federkleid ersetzt sind, können sie nicht schwimmen und wandern einsam und traurig herum. Mit jedem Blizzard werden die Vögel an der Küste weniger, und am Ende sind nur noch ein paar Saumselige übrig. Nach einem Schneesturm sehen sie unbeschreiblich grotesk und elend aus; die Überreste ihrer Daunen sind mit Eis zu Klumpen verklebt und hängen oben auf den neu gewachsenen Federn. Dann, eines Morgens, nach einem heftigen Unwetter, gehen wir nach draußen und finden die Brutplätze verlassen, für die nächsten neun Monate gehört die Gegend wieder uns allein.

Die Kaiserpinguine sind nicht weniger interessant als die Adéliepinguine, aber wir sahen nur sehr wenige von ihnen. Ihre Angewohnheit, mitten im Winter in wenigen kaum zugänglichen Gegenden zu brüten, hat eigentlich jeden Versuch, ihr Verhalten zu studieren, unmöglich gemacht. Im Sommer kommen sie viel herum und sind schon Tausende von Kilometern von der nächsten Kolonie entfernt gesichtet worden. Wir sahen den ersten am 21. Oktober; Hunter und ich entdeckten einen, der gerade auf dem Eis des Bootshafens gelandet war. Pech für ihn, dass wir ganz wild auf ein Musterexemplar waren und ihn auf der Stelle erlegten. Kaiserpinguine sind sehr stark, und man muss darauf achten, nicht in die Reichweite ihrer Schwingen zu gelangen, denn sie könnten einem mit einem Schlag leicht den Arm brechen. Am Besten ist es, sie zu erschrecken, so-dass sie sich zur Flucht wenden; dann muss man sie von hinten angreifen, sich wie beim Rugby auf sie stür-zen, und sie solange festhalten, bis sie erledigt sind. Un-ser Exemplar war mehr als 1 Meter 20 groß und wog über 30 Kilo. Um eine Vorstellung davon zu vermitteln, welch große Kraft sie in ihren Schwingen haben, sei ge-sagt, dass ihre zwei Brustmuskel, nachdem wir sie ent-fernt hatten, 16 Kilo festes Fleisch auf die Waage brach-ten.

Damit die Vögel, die wir als Musterexemplare ver-wenden wollten, nicht beschädigt wurden, töteten wir sie, indem wir das Rückenmark durchbohrten, das heißt, wir stachen ihnen durch die Einbuchtung unten am Nacken einen Pfriem ins Hirn. Beim Kaiserpinguin musste man dabei sehr vorsichtig sein, sonst kam es zu einem Blutgerinnsel im Auge, das Lid spannte sich, und dann war die Haut ganz verzogen. Ich hasste diese Ar-beit, aber nachdem ich etwas Übung darin hatte, wurde sie meist mir übertragen, was immer noch besser war, als die Sache von ungeschickteren Händen verpfuschen zu lassen.

Ein paar Tage später bekamen wir noch zwei Exem-plare, dann sahen wir keine mehr, bis wir Ende Februar 1913 die Mannschaft der zweiten Basis abholten; da grüßten uns ein paar von der Eisscholle neben der Hüt-te.

Außer den Pinguinen leisteten uns während der Sommermonate auch noch andere Vögel Gesellschaft. Da wären natürlich zunächst einmal die Skuamöwen, die Räuber und Aasfresser des Südens. Die Skuas in Adélie-Land sehen trotz der großen Ähnlichkeit etwas anders aus als die auf Macquarie, es sind etwa falkengroße graue Vögel. Bei unserer Ankunft gab es rund um die Pinguinkolonien nur wenige, aber wenn wir eine Robbe erlegten, erschienen sie zuhauf und zankten sich unentwegt um jedes Stück, das sie kriegen konnten. Sie waren so dreist, dass man fast über sie stolperte, und versuchten sogar, dem Mann, der die Robbe zerlegte, Teile zu entreißen. Wenn wir den Kadaver liegen ließen, stürzten sie sich auf ihn und veranstalteten mit den Eingeweiden ein regelrechtes Tauziehen.

Ein Aasfresser wie die Skuamöwe ist auch der Riesensturmvogel, der an Land groß und unbeholfen wirkt, aber wie alle Seevögel im Flug ausgesprochen majestätisch und elegant erscheint. Er kommt nicht so häufig vor wie manche andere Arten, doch wir bekamen immerhin ein paar Objekte für unsere Sammlung. Der Riesensturmvogel demonstrierte uns als erster die der gesamten Sturmvogelfamilie eigene Angewohnheit, eventuelle Angreifer anzuspucken, eine Unart, die zu unserem Leidwesen bei manchen anderen Unterarten noch ausgeprägter war. Bei Gefahr können diese Vögel ihre halb verdaute Nahrung wieder hervorwürgen und manchmal recht weit spucken. Der Riesensturmvogel hat wegen seiner Unbeholfenheit an Land meist große Schwierigkeiten beim Abheben und legt halb rennend, halb flatternd eine ziemliche Strecke zurück, bevor er sich in die Luft erhebt. Wenn er bei diesen Gelegenheiten gejagt wurde, trennte er sich unweigerlich von mindestens einer vorherigen Mahlzeit.

Im Februar und März 1912 flogen zahlreiche Antarktissturmvögel und Kaptauben über die äußerste nördliche Spitze der Halbinsel, und zwar immer von Osten nach Westen. Sie näherten sich mit unglaublicher Geschwindigkeit quer zum Wind, ihre langen Schwingen bewegten sich kaum, wenn sie in niedrigem Flug vorüberzogen. Musterexemplare zu bekommen war schwierig, aber Dr. Mawson und Bickerton erwiesen sich mit dem Gewehr als recht gute Schützen und bescherten mir in den Wintermonaten viele Stunden Arbeit. Der Antarktissturmvogel ist ein wunderschönes Tier mit sattbraunem Kopf, Rücken und Flügeln und einer weißen Brust; die Kaptaube ist kleiner und braunweiß gesprenkelt. Keiner der beiden Vögel nistete am Kap Denison, aber ein Jahr später entdeckte die *Aurora* auf einem hohen Felsvorsprung fast 20 Kilometer weiter westlich Brutstätten des Antarktissturmvogels, und meine Schlittenmannschaft fand etwa dreißig Kilometer weiter östlich sehr viele Nester von Kaptauben und anderen Vögeln. Außerdem waren die Felsen in der Nähe der Hütte von einer Anzahl Schneesturmvögel bewohnt, den schönsten von allen; auch fand man dort die kleinsten, die Buntfüßigen Sturmschwalben, winzige Vögel, die Schwalben ähneln.

Alle Sturmschwalben hatten die Angewohnheit zu spucken, und manche waren wahre Meister dieser Kunst. Der Schneesturmvogel zum Beispiel überraschte alle, die ihn in den Felsspalten aufstöberten, in denen er sich eingerichtet hatte. Ein Ladung orangerotes fettiges Zeug, bestehend aus verdauten Krabben, wurde zielsicher über eine Entfernung von mehr als einem Meter gespuckt und hinterließ einen Fleck, der kaum zu entfernen war. Es ist schwer, einen Grund für diese Angewohnheit zu finden, außer dass die Vögel damit vielleicht die Skuas fern halten, die an Land die einzigen natürlichen Feinde sind. Selbstverständlich halfen sie sich damit auch gegen ihre eigene Art, wenn sie sich ärgerten. Einmal beobachteten mehrere von uns zwei Schneesturmvögel, von denen einer dem anderen seine Aufmerksamkeiten aufdrängte. Eine Zeit lang flatterten sie hin und her, schließlich drehte sich der Vogel, der den aufdringlichen Bewunderer nicht abschütteln konnte, herum, spuckte und traf den anderen direkt unter dem Auge. Das hatte den gewünschten Erfolg, denn während der Spucker triumphierend davonflog, rieb der traurige Möchtegern-Verführer beim vergeblichen Versuch, den hässlichen roten Fleck von seinem rein-weißen Gefieder zu entfernen, den Kopf kräftig im Schnee.

So schlimm der Schneesturmvogel in dieser Beziehung auch war, die Kaptaube übertraf ihn noch bei weitem, sowohl an Reichweite als auch an Kaliber und Zielsicherheit. Das erlebten wir später bei einer Schlittenfahrt, von der ich an geeigneter Stelle berichten werde. Selbst die kleine Buntfüßige Sturmschwalbe spuckte so gut sie konnte, und das verlieh diesen Aristokraten des Himmels, alles in allem betrachtet, doch einen plebejischen Anstrich. Der einzige andere Sturmvogel, der noch erwähnt werden soll, ist der Silbersturmvogel, den wir nur sehr selten zu sehen bekamen, allerdings fanden wir bei einer Schlittenreise auch von ihm ein paar Nester und konnten uns auf diese Weise sowohl Vögel als auch Eier verschaffen.

Sonst gibt es in der Gegend keine anderen Vögel irgendwelcher Art, doch bevor ich das Kapitel schließe, muss ich noch von dem Robbenjungen erzählen, dem einzigen, das wir während unseres gesamten Aufenthalts sahen. Am 18. Oktober kam eine Weddell-Robbe auf das Eis des Bootshafens und gebar dort ein Junges. Es war ein wunderschöner kleiner Kerl mit seidigem Haar, einem niedlichen runden Kopf und großen sanften Augen. Leider taugte der von der Mutter gewählte Platz nicht viel. Das Eis war schon vor langer Zeit zu großen Falten aufgetürmt worden, und bei Flut sickerte manchmal Wasser in die Senken und machte sie unten recht matschig. In einer dieser Vertiefungen kam das Junge zur Welt. Wir beobachteten es ein paar Tage, und sahen dann, dass die Wärme seines Körpers es einsinken und festfrieren ließ, sodass es sich weder befreien noch fressen konnte. Die Mutter war außer sich, aber wenn wir ihr zur Hilfe kommen wollten, ging sie verzweifelt auf uns los. Wieder und wieder versuchten wir, sie mit einer Schlinge zu fangen – ohne Erfolg. Schließlich erschossen wir die Mutter, aus purem Mitleid und um das Junge vor einem qualvollen Tod zu retten. Wir gruben den Heuler aus und trugen ihn zur Hütte, wo es ihm ein paar Tage recht gut zu gehen schien. In dieser Zeit gaben wir ihm die vorher abgezapfte Milch seiner Mutter aus der Flasche zu trinken, doch er war offenbar nicht mehr zu retten, deshalb mussten wir ihn zu unserem großen Bedauern einschläfern.

11. Kapitel

Schlittenreisen auf dem Plateau

Nur zögernd berichte ich ausführlich von meinen eigenen Erfahrungen bei den Schlittenreisen. Ich nahm nur an zwei Fahrten teil, und keine davon war sehr lang – die eine dauerte fast drei Wochen, die andere etwas mehr als vier – oder sehr wichtig im Vergleich mit den Zeit raubenderen und schwierigeren Reisen anderer Gruppen. Zu keinem Zeitpunkt wurde uns das Essen knapp; wenn wir überhaupt Schwierigkeiten hatten, dann waren sie von der alltäglichen Sorte, wie sie für alle Schlittenreisen typisch sind, und die Gefahren, die wir in Kauf nahmen, waren nicht besonders groß. Eigentlich wurde die einzige Situation, in der unsere gesamte Mannschaft nur um Haaresbreite einem Unglück entging, durch etwas heraufbeschworen, was mit dem Ort des Geschehens überhaupt nichts zu tun hatte. Solche Unfälle kommen in der zivilisierten Welt beinahe täglich vor.

Trotzdem ist es viel einfacher, von Dingen zu schreiben, die man selbst erlebt hat, auch wenn sie weder heroisch noch von besonderem Interesse gewesen sind. Außerdem standen die beiden Reisen, obwohl sie dicht aufeinander folgten, in krassem Gegensatz und zeigen in gewisser Weise die gesamte Bandbreite des Schlittenreisens. Sie stehen für die beiden Extreme – die erste war ein erbitterter Kampf gegen die Elemente, eine mühselige Schinderei, bei der es nur wenig zu sehen gab; die zweite fand unter viel besseren Bedingungen

143

statt, die Szenerie wechselte ständig und Tag für Tag gab es etwas Neues zu entdecken. Wenn ich sie richtig beschreibe, kam man durch meine Reisen vielleicht die weit größeren Leistungen der anderen Mannschaften besser würdigen. Die Leistungen gipfelten in der legendären Geschichte, deren Hauptakteur Dr. Mawson persönlich ist; ich werde davon in einem späteren Kapitel erzählen.

Nach den vier ruhigen Tagen Anfang September 1912 hegten wir große Hoffnung, dass der Sturm bald ein wenig nachlassen würde, daher machten sich drei Forschungsabteilungen bereit, nach Osten, Westen und Süden auszuschwärmen. Am 7. brach die erste Mannschaft auf, am 23. waren alle zurück. Jede Gruppe hatte eine Geschichte zu erzählen. Webb, McLean und Stillwell hatten sich 20 Kilometer nach Süden vorgekämpft und sich dann einen Schutz ähnlich wie Aladins Höhle gegraben, den sie ›Die Grotte‹ nannten. Weitere Versuche, gegen den Wind anzugehen, erwiesen sich als nutzlos, und nach drei Tagen in der Höhle, während derer Webb magnetische Beobachtungen anstellte, wurden sie von einem 126 Stundenkilometer-Wind buchstäblich zur Hütte zurückgetrieben.

Ninnis, Mertz und Murphy gelang es, in vier Tagen Kampf 30 Kilometer nach Südosten vorzudringen, allerdings wurde ihr Zelt dabei so schwer beschädigt, dass sie umkehren mussten. Beim Rückweg, auf dem wie üblich der Sturm tobte, wurde der Schlitten oft seitwärts auf breite Gletscherspalten geschleudert, die glücklicherweise zu diesem Zeitpunkt noch von tragendem Eis überbrückt wurden.

Die dritte Mannschaft, bestehend aus Madigan, Whetter und Close, schaffte es am weitesten, denn sie gelangte in elf Tagen über 80 Kilometer nach Westen und die gleiche Strecke wieder zurück, bei einer durchschnittlichen Windgeschwindigkeit von 100 Kilometern pro Stunde und Temperaturen bis zu minus 37 Grad Celsius. Es war eine schreckliche Zeit für sie und auf dem Rückweg erlebten sie auch noch eine unangenehme Überraschung, denn ihr Zelt brach zusammen und riss von oben bis unten. Glücklicherweise hatten sie die Vorsichtsmaßnahme getroffen, in ihren Burberries zu schlafen und waren obendrein kaum mehr als 20 Kilometer von Aladins Höhle entfernt, die sie nach einem anstrengenden Gewaltmarsch erreichten. Am nächsten Tag kehrten sie erschöpft und mit bösen Erfrierungen zur Hütte zurück. Nach diesen Erfahrungen war klar, dass die Schlittenreisen noch warten mussten.

Ein weiterer Monat ging vorüber, doch dann beschlossen wir, komme was wolle, dass alle Abteilungen sich Anfang November auf den Weg machen sollten. Tatsächlich dauerte es noch bis zum 7. des Monats, ehe die längeren Reisen begannen.

Davor jedoch wurde noch die Zusammensetzung der Schlittenmannschaften bekannt gegeben und wir legten die allgemeinen Verhaltensmaßregeln fest. Die Ostabteilung bestand aus Madigan, McLean und Correll. Ihr Ziel war es, die Küste östlich der großen Eisbarriere oder auch Gletscherzunge, welche die östliche Begrenzung des offenen Meeres vor Adélie-Land bildete, so weit wie möglich zu erforschen. Stillwell, Hodgeman und Close sollten sie einen Teil des Weges als Hilfsmannschaft begleiten und dann mit dem Erstellen einer detaillierten Karte der Küste direkt östlich des Winterquartiers beginnen, um gegen Ende November für weitere Arbeiten zur Hütte zurückzukehren. Bage, Hurley und Webb würden genau nach Süden in die Nähe des Magnetpols reisen, da das Ziel ihrer Abteilung hauptsächlich darin bestand, in jenem Gebiet magnetische Beobachtungen anzustellen. Murphy, Hunter und ich sollten ihnen als Hilfsmannschaft dienen, sie so weit wie möglich begleiten und gegen Ende November zur

Hütte zurückkehren. Bei unserer Rückkunft sollten die Mannschaften sich erneut aufteilen; Bickerton, Whetter und Hodgeman würden mit dem Motorschlitten und einem gewöhnlichen Schlitten im Schlepp so weit nach Westen vordringen, wie es ihnen ihre Benzinvorräte erlaubten, dann die Maschine zurücklassen und den Schlitten wieder nach Hause ziehen. Stillwell, Close und ich würden uns wieder gen Osten aufmachen, um die Karte der angrenzenden Küste zu vervollständigen. Dr. Mawson, Mertz und Ninnis bildeten mit den zwei Hundegespannen die Fernost-Abteilung; ihr Ziel war es, schnell und weit zu reisen, über die Grenzen der anderen hinaus, um das geographische Wissen über den Kontinent zum weitest möglichen Punkt auszudehnen. Es wurde beschlossen, dass alle Schlittenmannschaften bis zum 31. Dezember zurückkehren sollten, allerspätestens aber bis zum 15. Januar.

Bicks Motorschlitten tat, nebenbei bemerkt, derweil gute Kärrnerdienste. Anfang Oktober hatten wir ihn aus seinem Hangar gebuddelt, und bei der Versuchsfahrt brauste er kraftvoll den ersten steilen Hang hinauf. Damit die Propeller den Boden nicht berührten, war der Flugzeugmotor hoch oben an einem großen Schlitten angebracht worden, der eine recht beträchtliche Last transportieren konnte. Sein Einsatz erleichterte allen die Arbeit, denn er brachte bei jeder sich bietenden Gelegenheit eine Ladung zu Aladins Höhle, entweder Benzin zum eigenen Verbrauch oder auch Vorräte für die anderen Schlittenmannschaften.

Der November kam, und alle waren bereit für das große Abenteuer. Tag um Tag jedoch machten Sturmwinde und dichtes Schneetreiben den Aufbruch unmöglich. Am 7. endlich wurde das Wetter etwas besser und am Nachmittag beschlossen Murphy, Hunter und ich eine Pause einzulegen und den Versuch zu wagen, noch am gleichen Abend zu Aladins Höhle zu gelangen.

Daher waren wir die ersten, die aufbrachen, und die anderen kamen mit nach draußen, um uns gebührend zu verabschieden. Unser Schlitten war verhältnismäßig leicht, da wir unsere Nahrung und sonstiges Gepäck für die Hauptreise zum Magnetpol erst an der Höhle aufladen würden. Es war harte Arbeit von Anfang an, und darüber hinaus war unsere Kondition noch nicht gut, denn das lange Eingesperrtsein in der Hütte hatte ein wenig an unseren Kräften gezehrt. Gegen einen fast 70 Stundenkilometer starken Wind schafften wir es manchmal nur mit Mühe, den Schlitten überhaupt den steilen Hang hochzuziehen; oft mussten wir anhalten, um Atem zu schöpfen. Nach etwa drei Stunden, als wir kaum fünf Kilometer von der Hütte entfernt waren, gerieten wir in Treibschneewolken, in denen wir nur ein paar Meter weit sehen konnten. Es schien einfacher zu sein, zur Hütte zurückzukehren als ein Lager aufzuschlagen, also vertäuten wir den Schlitten und kletterten den Hügel wieder hinunter, sodass wir gerade rechtzeitig zum Abendessen wieder zurück waren und die Nacht gemütlich in den Kojen verbringen konnten.

Somit endete der Tag recht unrühmlich, aber am nächsten Tag hatte das Schneegestöber aufgehört, und obwohl der Wind, wie üblich, stark war, brachen wir erneut auf, und kurz danach auch alle anderen. Wir hatten keine Mühe, unseren Schlitten zu finden, und kamen gut voran auf dem Weg zu Aladins Höhle, wo bald auch Madigans und Stillwells Mannschaften zu uns stießen. Wieder hielt uns dichtes Schneetreiben von der Weiterreise ab, also verbrachten wir den Rest des Tages damit, die Höhle auszubauen, bis sie groß genug war, dass fünf Mann bequem darin schlafen konnten. Die anderen vier kampierten draußen in einem der Zelte.

Die erste Nacht in der Höhle war unheimlich. Es dauerte nicht lang, bis der enge Eingang ganz von Schnee verstopft war, und dann waren wir komplett von der Außenwelt abgeschnitten. Alles war vollkommen ruhig; auch von dem Sturm, der draußen wütete, bemerkten wir nichts. Wir saßen nicht im Dunkeln, denn es fiel Licht durchs Dach, ein seltsames blaues Licht, dass unseren Gesichtern ein geisterhaftes und fremdes Aussehen verlieh. Mit der Zeltplane auf dem Boden war es jedoch recht gemütlich, und nach unserer ersten Schlittenmahlzeit – Eintopf und Kakao so viel wir wollten, denn bislang hatten wir unsere Rationen noch nicht angerührt – krochen wir in unsere warmen Schlafsäcke, unterhielten uns noch ein wenig und schliefen schließlich ein. An dem Abend betrug die Temperatur minus 18 Grad Celsius.

Am Morgen des 9. waren wir immer noch vollständig eingeschneit und mussten uns einen Weg nach draußen frei schaufeln, damit wir nach dem Wetter Ausschau halten konnten. Um sechs Uhr morgens waren wir aufgestanden, nur um festzustellen, dass der Wind mit fast 120 Stundenkilometern heulte und dichtes Schneetreiben herrschte. Uns blieb nichts anderes übrig, als den Tag in der Höhle zu verbringen und auf besseres Wetter zu warten. Wir waren zu fünft – Madigan, Murphy, Hunter, Correll und ich – und unser Quartier schien etwas kleiner zu sein als vorher. Die meiste Zeit des Tages lasen wir abwechselnd *Die Virginier*, aber am Nachmittag erstickten wir fast, weil die kleinen Spalten im Eis, die uns mit Luft versorgt hatten, zugeschneit waren. Erste Anzeichen davon bemerkten wir, als Madigan versuchte, sich eine Zigarette anzuzünden und das Streichholz nicht brennen wollte, also machten wir ein Loch in den Eingang, um etwas frische Luft zu bekommen. Auch wurde unsere Kleidung feucht, nicht nur weil Schnee eingedrungen war, sondern auch weil unsere Körperwärme nicht verdunsten konnte und in unseren Wollsachen kondensierte. An diesem Tag betrug die Temperatur minus 24 Grad Celsius.

Am nächsten Morgen war das Wetter viel besser, wenig Schneetreiben, Windgeschwindigkeit etwa 70 Kilometer pro Stunde und eine Temperatur von minus 22 Grad Celsius, also erhoben wir uns zeitig und brachen um 9 Uhr 45 auf. So ein Aufbruch ist ein ziemliches Unterfangen, und wir lernten es vollauf zu würdigen, dass in weiser Voraussicht die Anzahl der notwendigen Verrichtungen reduziert worden war. Wenn wir aus unseren Schlafsäcken krochen, wechselten wir als erstes die Socken. Tagsüber hatten wir zwei oder drei Paar dicke Wollsocken an und nachts weiche, flauschige, die, wenn wir sie nicht brauchten, nah am Körper getragen wurden, damit sie trocken blieben. Dann holten wir den Kocher von draußen herein und teilten uns das Frühstück. Anschließend zogen wir die Burberries über und begannen den Schlitten zu beladen, das Zelt blieb bis zuletzt stehen. Alles in allem brauchten wir selbst bei gutem Wetter etwa zweieinhalb Stunden, bevor wir den letzten Strick festgebunden hatten und zur Weiterfahrt bereit waren. Meist mussten wir für das Mittagessen das Zelt wieder aufbauen, außer an den seltenen ruhigen Tagen, wenn der Primuskocher im Freien angezündet werden konnte.

Nun verabschiedeten wir uns von den anderen, und bald waren alle in verschiedene Richtungen unterwegs. Das Ziehen fiel jetzt sehr schwer, es ging immer noch bergauf, gegen den Wind und über weichen Schnee und Sastrugi. Unsere Ladung wog fast 300 Kilo und wir waren ein sehr leichtes Team, durchschnittlich brachten wir pro Mann nur etwa 65 Kilo auf die Waage. Bis ein Uhr mittags hatten wir fünf Kilometer und 100 Schritte geschafft und hielten zum Essen an. Am Nachmittag zogen wir weiter, hatten aber bald einen Unfall, bei dem sich unser Schlitten zwischen den Sastrugi verkeilte, sodass wir ihn abladen mussten. Dann überquerten wir viele kleine und ein paar größere Gletscherspalten von drei bis dreieinhalb Meter Breite. Bei den kleinen brach man oft mit dem Fuß ein, aber die großen schienen ziemlich sicher zu sein. Das Wetter war jetzt viel besser, und der Wind hatte sich weitgehend gelegt. Um 18 Uhr erreichten wir ›Die Grotte‹, die Höhle, die Webbs Mannschaft vor fast zwei Monaten angelegt hatte. Sie markierte den südlichsten Punkt, der bislang von der Expedition erreicht worden war; das bedeutete eine Tagesleistung von fast 11 Kilometern. Um 21 Uhr 45 stand das Zelt, und wir wollten gerade hineingehen, als wir im Norden, mehr als drei Kilometer entfernt, ein paar winzige schwarze Punkte entdeckten – das war die Hauptabteilung. Wir lagerten bereits am Treffpunkt und hatten den Eindruck, dass es bei ihnen sehr gut gelaufen sein musste, wenn sie an einem Tag so weit gekommen waren. Der Wind hatte sich jetzt gelegt, und obwohl die Temperatur minus 22 Grad Celsius betrug, war uns recht warm. Unser kleines Zelt sah in der großen Einöde geradezu einladend aus. Das Meer war jetzt nicht mehr zu sehen, und um uns herum gab es, so weit das Auge reichte, nichts als eine riesige weiße Ebene.

Bage, Hurley und Webb kamen gegen Mitternacht an, sie waren ziemlich erschöpft, denn sie hatten den Weg von der Hütte bis zum Treffpunkt an einem einzigen Tag zurückgelegt. Sie bildeten ein sehr starkes Team, alle wogen über 75 Kilo und waren kräftig gebaut. Am 11. ging es erst mittags los, diesmal allerdings fuhren beide Teams zusammen. Als wir ins Unbekannte vordrangen, sah das Wetter sehr schlecht aus, aber jeder Meter zählte, deshalb zogen wir weiter, solange wir konnten. Es war einer jener Tage, die wir ›schneeblinde Tage‹ getauft hatten, der Himmel war bewölkt, und über unseren Köpfen trieb der Schnee, sodass es keine Schatten gab. Das Licht war recht hell, doch wir bewegten uns in einer weißen Leere, in der nichts zu unterscheiden war; unmöglich zu sagen, wo die Eisoberflä-

150

che endete und die Luft begann. So fielen wir über Kämme, die wir nicht sehen konnten, und stolperten in Sastrugi, die bis zu anderthalb Meter hoch waren. An solchen Tagen waren Schneebrillen mit bernsteinfarbenen Gläsern notwendig, die allerdings sehr bald mit Eis verkrusteten, sodass wir dazu neigten, sie wieder abzunehmen und unsere Augen beim Ausspähen zu überanstrengen. Die Folgen sollten wir alle später noch zu spüren bekommen.

Die Oberfläche war schwer und weich und bald kam Wind auf, begleitet von Treibschnee, sodass die Sichtweite auf 20 Meter beschränkt war. Daraufhin tauschte Hurley eine Zeit lang mit Murphy den Platz, damit unser Team ein bisschen stärker wurde, denn für uns war es schwierig, mit den anderen Schritt zu halten. Um 16 Uhr, als wir wieder gezwungen waren, das Lager aufzuschlagen, hatten wir weitere drei Kilometer geschafft und befanden uns ungefähr 23 Kilometer südlich der Hütte. Das Schneetreiben nahm immer weiter zu, bis es fast so dick wie Erbsensuppe war, aber es blieb verhältnismäßig warm, und um 16 Uhr 30 betrug die Temperatur minus 16 Grad Celsius. Die Nacht verbrachten wir äußerst unbequem; unsere Kleidung war vom Schnee durchnässt, und ihre Feuchtigkeit kroch von innen in unsere Schlafsäcke, sodass wir darin froren und kaum Schlaf fanden.

Den 12. November verbrachten wir im Zelt, starker Wind und Schneetreiben machten wieder einmal den Aufbruch unmöglich. Es war schön warm, aber schrecklich feucht, die Temperatur lag bei minus 12 Celsius. Selbst den Kocher hereinzuholen war schwierig, daher nahmen wir nur eine Mahlzeit zu uns, allerdings eine reichliche, Eintopf und Kakao zum Mittagessen. Den Rest der Zeit lasen wir laut vor, dabei beendeten wir *Die Virginier* und fingen mit *Die Pickwickier* an. Später hörte es auf zu schneien und die Aussichten besserten sich, allerdings war am nächsten Tag mit einem sehr schweren Terrain zu rechnen. Mein Kinn war ziemlich wund, weil ich mir zwei Tage vorher Erfrierungen geholt hatte.

Der nächste Tag, der 13., sollte tatsächlich sehr schwierig werden. Wir waren alle um 8 Uhr wach und machten uns bei einer Windgeschwindigkeit von ungefähr 70 Stundenkilometern mit immer noch recht dichtem Schneetreiben um 11 Uhr 30 auf den Weg. Die Temperatur war auf minus 9 Grad Celsius gestiegen, und der schwere weiche Schnee des Vortages lag zentimeterdick. An dem Tag pausierten wir mittags nur 20 Minuten, um in den Windschatten unseres Schlittens geduckt einen kalten Imbiss zu uns zu nehmen. Obwohl der Wind später nur noch mit 40 Kilometern pro Stunde wehte, kamen wir nur sehr langsam voran und brauchten zehn Stunden, um neun Kilometer und 100 Meter hinter uns zu bringen, womit wir 32 Kilometer und 100 Meter von der Hütte entfernt waren. Mittlerweile hatten wir ein Stadium erreicht, in dem jeder Meter zählte. In jener Nacht war es so feucht wie noch nie, denn überall war Treibschnee eingedrungen. Das Fell an der Innenseite unserer Schlafsäcke hing voller Eisklumpen, die durch unsere Körperwärme tauten, sodass uns zwar beim Hineinkriechen noch recht warm war, wir aber zitternd aufwachten, wenn die Nässe durch die Kleidung drang und uns trotz Übermüdung kaum schlafen ließ.

Noch ein stürmischer Tag. Den ganzen 14. über tobte ein Blizzard, und wir konnten uns nicht aus dem Zelt rühren. Wir wurden nasser und nasser und unsere Schlafsäcke waren durch und durch feucht. Johnnie musste morgens nach draußen und kam eine Minute später mit Schnee bedeckt wieder zurück. Dann ging Herbert den Kocher holen und brachte noch mehr Schnee mit. Das Zelt wurde kleiner und kleiner, weil der draußen sich türmende Schnee es eindrückte; bald hatten wir nicht mehr genug Platz, um die Beine ganz auszustrecken. Eine warme Mahlzeit tröstete uns allerdings ein wenig. Der Krach, den das flatternde Zelt machte, hinderte uns daran vorzulesen, daher lagen wir die meiste Zeit einfach nur da und übten uns in Geduld. So verging ein weiterer Tag und eine weitere Nacht.

Am 15. heulte der Sturm immer noch, aber das Schneetreiben ließ nach. Wir lagen fast den ganzen Tag kläglich eng zusammengepfercht in unseren Schlafsäcken und versuchten, uns einen neuen Zeitvertreib auszudenken. Mittlerweile hatte unser Zelt mehrere Risse bekommen, somit gab es endlich etwas zu tun. Beim Ausbessern draußen wechselten wir uns ab: ein Gang, ein Stich. Der Mann drinnen stach die Nadel durchs Segeltuch und der Mann draußen schob sie auf der anderen Seite des Risses wieder ins Zelt. Dann kam er herein, und während das Gefühl in seine tauben Hände zurückkehrte, kroch der andere nach draußen und machte seinen Stich. So ging es weiter, bis die Arbeit getan war; allerdings dauerte es ein paar Stunden, ehe der letzte Riss geflickt war.

Am 16. wehte der Wind immer noch kräftig, aber das Schneetreiben hatte aufgehört, und es war recht klar. Wir standen früh auf, froh, unser beengtes Quartier verlassen zu können, aber wir brauchten lange, bis wir startklar waren, und fuhren erst mittags los. Alle Burberries, Kopfbedeckungen, Hüte und Fausthandschuhe waren bretthart gefroren, und wir brauchten Zeit und Geduld, bis wir sie schließlich anziehen konnten. Im Laufe des Tages besserte das Wetter sich rasch, und um 18 Uhr war es fast totenstill bei einer Temperatur von minus 20 Grad Celsius, eine wundervolle Erholung nach unseren vorherigen Erlebnissen. Um 20 Uhr hatten wir neun Kilometer und 280 Meter geschafft, da begann es wieder zu schneien, und wir beschlossen, das Lager aufzuschlagen.

Unsere Sachen waren jetzt etwas trockener, denn wir hatten unsere Schlafsäcke tagsüber mit der Innenseite nach außen auf dem Schlitten ausgebreitet, aber ich stellte fest, dass meine Pelzfäustlinge, die ich am Schlittenmast festgebunden hatte, verschwunden waren; der Lampendocht, der sie verband, war zerrissen. Von da an musste ich mit meinen wollenen Fausthandschuhen auskommen, was unangenehm war, weil sie schnell steiffroren.

Mit dem klareren Wetter weitete sich auch unser Horizont, und wir konnten wenigstens etwas von dem Land sehen, durch das wir zogen. Nicht dass es viel zu sehen gegeben hätte. Die Ebene vor uns führte immer noch bergan, auf einer endlosen weißen Schneefläche, in die der Wind unzählige Rillen und Sastrugi gefräst hatte. Außer dem eintönigen Plateau gab es nichts, gar nichts. Unsere Entfernung von der Hütte betrug mittlerweile 41 Kilometer und 100 Meter.

Die Nacht war schlimm für uns alle, denn trotz der Trocknungsversuche waren unsere Schlafsäcke nasser als sonst, und wir schliefen sehr wenig. Als wir am 17. um 7 Uhr aufstanden, herrschte draußen Schneetreiben, trotzdem machten wir uns um 10 Uhr auf den Weg. Bis 14 Uhr hatten wir fast sieben Kilometer geschafft, das Zelt wieder aufgeschlagen und uns einen Tee gebraut. Am Nachmittag hatten wir gerade erst anderthalb Kilometer zurückgelegt, als uns auffiel, dass hinten auf unserem Schlitten zwei Benzinkanister fehlten. Das war ein schlimmer Verlust, deshalb gingen Murphy und ich über vier Kilometer in unseren Spuren zurück, um nach ihnen zu suchen. Glücklicherweise fanden wir beide wieder, sie lagen mehr als einen Kilometer auseinander. Ohne einen schweren Schlitten im Schlepp war das Gehen ein richtiges Vergnügen, insbesondere da der Wind sich weitgehend gelegt hatte. Bei unserer Rückkehr stellten wir fest, dass die anderen die Schlitten noch ein

154

Stück weiter gezogen und dann das Lager aufgeschlagen hatten. Insgesamt hatten wir jetzt 50 Kilometer und 230 Meter zurückgelegt. Die Temperatur betrug minus 20 Grad Celsius. In der Nacht gelang es uns, die Schlafsäcke ein bisschen trockener zu bekommen, indem wir die Feuchtigkeit, die innen wie Puder kristallisiert war, einfach ausbürsteten. Wir waren todmüde, denn das Ziehen im weichen Schnee war sehr anstrengend gewesen, trotzdem schlief ich nur wenig, weil ich vor lauter Nässegefühl fror.

Endlich einmal ein perfekter Tag. Als wir am 18. aufstanden, herrschte beinahe Totenstille, und um 9 Uhr waren wir unterwegs. Bis Mittag hatten wir sieben Kilometer und 400 Meter geschafft, so schnell waren wir noch nie vorwärts gekommen. Im Laufe des Tages wurde es wärmer und wärmer und die Sonne schien hell vom wolkenlosen Himmel. Nach und nach legten wir unsere Kleidungsstücke ab – Burberries, Mützen, Jacken und Handschuhe – und knöpften an den restlichen Sachen so viel wie möglich auf. Die Temperatur im Schatten stieg von minus 22 auf minus 12 Grad Celsius, und wir litten großen Durst. Dieser Durst beim Schlitten ziehen ist seltsam; durch Lutschen von Eis oder Schnee ist er nicht zu stillen, Mund und Hals sind nachher sogar noch trockener als vorher. Mittags legten wir eine Pause ein, und da das Wetter so schön war, zündeten wir den Primuskocher im Freien an. Wie wir diese Mahlzeit genossen! Mit einer Tasse Tee vor uns saßen wir da und knabberten abwechselnd an einem Stück Schokolade in der einen bloßen Hand und einem Stück Butter in der anderen. Wenn alle Schlittenreisen so verliefen, wären sie das reinste Vergnügen. Am Nachmittag machten wir uns wieder auf, denn wir wollten das schöne Wetter so gut wie möglich ausnutzen. Um 18 Uhr legten wir eine Teepause ein, dann fuhren wir weiter bis 20 Uhr 15, was eine Tagesstrecke von 19 Kilometern und 700 Metern ergab. Die letzten sieben Kilometer waren erheblich flacher gewesen, doch das Ziehen fiel trotzdem nicht viel leichter, weil der Schnee sehr weich war. Die Sastrugi waren allerdings erheblich niedriger, und überhaupt sah es so aus, als hätten wir den Küstenwindgürtel durchquert und wären in etwas ruhigere Regionen vorgedrungen.

Am Morgen des 19. standen wir beizeiten auf, aber ich fühlte mich sehr müde, denn trotz des warmen Schlafsacks hatte ich ausgesprochen schlecht geschlafen. Der Tag war wieder perfekt, und obwohl die Temperatur morgens minus 18 Grad Celsius betrug, kam es uns der Windstille wegen recht warm vor. Wenn man vom Morgen spricht bedeutet das nicht, dass die Sonne gerade aufgegangen ist; um diese Jahreszeit hatten wir fast ständig Tageslicht. Gegen Mitternacht versank die Sonne für etwa eine Stunde im Süden, dann glitt sie in einem großen Bogen über den Horizont, wobei sie am Mittag mit etwa 45 Grad ihre höchste Erhebung erreichte. Um 9 Uhr 30 zogen wir los und hielten bis 20 Uhr durch, dabei legten wir genau die gleiche Strecke zurück wie am Tag zuvor, 19 Kilometer und 700 Meter. Wieder legten wir verschiedene Kleidungsstücke ab und fanden die Hitze am Nachmittag ziemlich bedrückend, das Thermometer zeigte minus 10 Grad Celsius. Das Sonnenlicht ließ unsere Augen schmerzen, und obwohl wir alle Schneebrillen trugen, wurden sowohl Murphy als auch Bage schneeblind. In der Nacht schmerzten Murphys Augen so stark, dass Johnnie sie mit Zink und Kokaintabletten behandelte. Es war ein harter Tag gewesen, wir hatten den Schlitten die ganze Zeit über weichen Schnee gezogen. Unsere Entfernung von der Hütte betrug jetzt 90 Kilometer und 75 Meter. Die Szenerie hatte sich nicht verändert, abgesehen vom Horziont weit zu unserer Linken, wo wir eine Art Eis- oder Schneeklippe in östlicher Richtung entdeckten.

Das Fehlen jeglicher Perspektive machte es schwer zu raten, was das wohl war – vielleicht ein Berg in mehr als 80 Kilometer Entfernung. Jedenfalls bot es Abwechslung, und auf dem Plateau war jede Abwechslung mehr als willkommen.

Als wir am 20. aufwachten, stand es um Herberts Augen noch schlimmer, und er konnte überhaupt kein Licht mehr ertragen; also brauchte er einen Verband, was es für uns alle noch schwerer machte. Das Wetter war wieder prächtig und wir brachen früh auf. Johnnie und ich mussten jetzt allein ziehen. Herbert tat sein Bestes, tappte blind mit und fiel ständig über Unebenheiten, aber er konnte nur sehr wenig Gewicht in sein Geschirr legen. Johnnie ging vor ihm, und zusammen konnten wir den Schlitten so gerade eben voranziehen. Immer wieder blieb er an einer weicheren Stelle hängen und kam zum Stillstand. Dann musste ich ihn vorn anheben, ein paar Meter Anlauf nehmen und mich, während Johnnie sich bemühte, ihn weiter richtig hochzuhalten, fest in mein Geschirr werfen, um ihn wieder flott zu bekommen. Das passierte ungefähr alle 20 Meter, und so sehr wir uns auch anstrengten, wir konnten mit der anderen Mannschaft trotz ihres noch schwereren Schlittens nicht mithalten. Dann und wann warteten sie auf uns, und gelegentlich halfen sie uns auch, aber es blieb eine Quälerei. Am Abend war Johnnie sehr müde und ich war völlig erschöpft. Wir kampierten ein wenig früher, nachdem wir 16 Kilometer und 400 Meter geschafft hatten, mehr als acht Kilometer davon noch vor dem Mittagessen. Die Temperatur betrug morgens minus 16 Grad, mittags minus 10 und abends minus 17 Grad Celsius.

Der 21. war der letzte Tag unserer Reise. Ich hatte eine bessere Nacht und fühlte mich am Morgen sehr erfrischt. Das Terrain des Plateaus schien an dieser Stelle aus langen, niedrigen Wellen zu bestehen, die in Ost-

157

West-Richtung verliefen. Am Tag zuvor war es eine Zeit lang ein wenig bergab gegangen, doch vor uns erhob sich das Land wieder zu einem dieser Kämme, und wir erreichten seinen Grat schon nach einer kurzen Reise von knapp sieben Kilometer. Von dort oben hatte man einen weiten Ausblick über die Ebene, daher schien uns die Stelle gut geeignet für ein Depot. Die Entfernung zur Hütte betrug 113 Kilometer und 200 Meter. Wir beschlossen also, uns dort von unseren Kameraden zu verabschieden, die dann so lange allein weiterziehen würden, wie es ihnen ihre Vorräte erlaubten. Den Rest des Tages verbrachten wir damit, einen drei Meter hohen Schneehügel anzulegen, auf dessen Gipfel wir einen Mast mit einer schwarzen Flagge pflanzten, die kilometerweit zu sehen sein würde. Zu seinen Füßen lagerten wir unseren überflüssigen Proviant, den die Magnetpol-Abteilung auf ihrem Rückweg zur Hütte aufzehren würde. In jener Nacht war der Sonnenuntergang um Mitternacht wunderschön, das ganze Plateau glühte rosarot.

Am nächsten Tag, dem 22. November, waren wir 15 Tage unterwegs. Wir legten einen Bummeltag ein, und während Webb eine Reihe magnetischer Beobachtungen machte, schütteten die anderen etwa anderthalb Kilometer östlich und westlich des Haupthügels noch zwei Schneehügel auf. Sie sollten als zusätzliche Landmarken zur Lokalisierung des Depots dienen. Dann verteilten wir die Vorräte, behielten eine Wochenration für unseren Rückweg zur Hütte und überließen dem weiterreisenden Team alles von unserer Ausrüstung, was sie noch gebrauchen konnten. Eine letzte gemeinsame Mahlzeit, dann zogen wir Seite an Seite die australische und die englische Flagge auf, um auf diese Weise die Inbesitznahme des Plateaus kundzutun. Hurley machte ein paar Fotos und dann schüttelten wir uns alle die Hand. Es war ein feierlicher Moment, dieser Ab-

158

schied in der Wildnis. Wir befanden uns auf dem Rückweg zur bequemen Hütte; die anderen hatten noch eine lange und schwierige Reise vor sich, die sie an die Grenzen ihrer Kräfte führen würde. Um 19 Uhr drehten wir unseren Schlitten herum, ein letzter Blick auf Hurleys fröhliches Grinsen als Erinnerung, dann befanden wir uns auf dem Heimweg.

Das war etwas ganz anderes als der hart erkämpfte Hinweg.

Unser Schlitten war leichter, und wir hatten schwachen Rückenwind. Herberts Augen ging es besser, und obwohl er wegen des Zinks und der Kokainmixtur alles verschwommen sah, konnte er doch genug erkennen, um seinen Anteil an der Arbeit zu leisten. Um 21 Uhr 45 hatten wir fast 11 Kilometer geschafft, aber da sich eine Brise mit etwas Schneetreiben erhob schlugen wir das Lager auf und krochen um 23 Uhr 45 in unsere Schlafsäcke. Es war recht warm, die Temperatur betrug minus 15 Grad Celsius.

Am nächsten Tag tobte ein Sturm mit dichtem Schneetreiben, und in der Nacht fragten wir uns, ob unser Zelt dem Anprall standhalten würde. Um 15 Uhr aßen wir unseren Eintopf, und da das Wetter etwas besser wurde, bereiteten wir alles so vor, dass wir jederzeit aufbrechen konnten. Allerdings fuhren wir erst am nächsten Morgen los; nach dem Aufstehen um fünf Uhr machten wir uns bei immer noch schlechtem Wetter um 7 Uhr 40 auf den Weg. Mit dem Wind im Rücken kamen wir jetzt gut voran und um 18 Uhr hatten wir schon fast 28 Kilometer geschafft. Genauer konnten wir es nicht sagen, weil unser Schlittenrad kaputtgegangen war. Mittlerweile hatten wir uns alle wieder erholt; auch Herberts Augen ging es immer besser, nur meine Lippen taten sehr weh, da sie im heißen Sonnenschein der vorangegangenen Tage rissig geworden waren.

Die folgenden zwei Tage ähnelten dem letzten, abgesehen davon, dass der Schnee sehr weich war, was das Ziehen trotz des Rückenwindes schwer machte. Wir schafften durchschnittlich etwa 28 Kilometer am Tag, obwohl wir häufig mit hohen Sastrugi zusammenstießen, die wir ohne Schatten nicht sehen konnten. Am Abend des 26. erblickten wir am Horizont das Meer; jetzt wussten wir, dass wir bald Zuhause sein würden. Das Wetter besserte sich im Laufe des Tages und am Nachmittag war es wunderschön warm und sonnig. Offenbar waren wir aber ein wenig vom Kurs abgekommen, denn wir gerieten in eine Gegend mit großen Gletscherspalten und mussten viele Umwege machen, obwohl wir einige überquerten, indem wir einen Mann mit einem Kletterseil gesichert weit voran schickten. Wir vermuteten, dass wir zu weit nach Westen abgekommen waren und dass die Hütte etwa 17 bis 20 Kilometer nordöstlich zu finden sein würde. Nur noch einmal kampieren, dann konnten wir sie erreichen. Der 27. war in der Tat unser letzter Tag draußen. An jenem Tag wurde Johnnie schneeblind, seinen Augen ging es ziemlich schlecht und auch meine schmerzten. Da ereignete sich ein kleiner Vorfall, der verdeutlicht, wie schwer es auf dem Plateau fällt, Größe und Entfernung einzuschätzen. Wir waren noch keine anderthalb Kilometer gegangen, als wir, nach Landmarken Ausschau haltend, am nördlichen Horizont etwas Schwarzes entdeckten. Wir überlegten, was das wohl sein könnte. Von weitem sah es aus wie ein Berg, aber in der Richtung gab es keine Berge, daher ließ ich nach einigem Hin und Her die anderen zurück und ging darauf zu, um herauszufinden, ob ich nicht von irgendwo einen besseren Blick darauf werfen könnte. Aber schon nach wenigen Schritten war alles klar; es handelte sich um einen Proviantsack, den Mawson im Herbst an einer Stelle 13 Kilometer südwestlich der Hütte zurückgelassen hatte.

Die Oberfläche war jetzt gut befahrbar, das Wetter

schön, und es dauerte nicht lange, bis wir Aladins Höhle erreichten. Die letzten neun Kilometer waren nur noch ein Klacks, unser Schlitten fuhr von ganz allein, mit zwei Männern hinten zum Bremsen und dem anderen vorn zum Steuern. Um 15 Uhr kam die Hütte in Sicht, und ein paar Minuten später saßen wir gemütlich im Warmen und erzählten Hannam, Whetter und Bickerton, die die Stellung gehalten hatten, unsere Abenteuer.

Hannam fungierte in jener Nacht als Koch, und das Abendessen, das er uns vorsetzte, war so köstlich, dass ich es nie vergessen werde. Ich übernahm freiwillig die Nachtwache, um mich baden zu können, aber wir blieben alle noch lange auf, wuschen uns und schwelgten nach Herzenslust im Luxus.

12. Kapitel

Zum Magnetpol

Um auf Bage, Webb und Hurley zurückzukommen: nach unserer Abfahrt standen ihnen acht weitere Wochen auf dem Plateau bevor, unter weit schwierigeren Bedingungen als wir sie angetroffen hatten. Wenn ich auf den vorangegangenen Seiten aus meinem Tagebuch zitiert habe, dann geschah das nicht, um unseren eigenen Anteil am Unternehmen hervorzukehren, sondern nur um einen kleinen Eindruck davon zu vermitteln, was die Magnetpol-Abteilung auf ihrer mehr als 1000 Kilometer langen Reise durchmachte.

Ein Großteil ihrer Geschichte ist eine Wiederholung der ersten zwei Wochen, sie erzählt von täglichen Stürmen, schlechten Oberflächen, Temperaturen unter minus 18 Grad Celsius, langen, mühseligen Tagen, Schneeblindheit, erfrorenen Fingern, magnetischen Beobachtungen trotz akuter körperlicher Schmerzen und schließlich von einem verfehlten Depot und einem erbitterten Wettlauf mit dem Tod, das Gespenst des Verhungerns vor Augen.

Zum Vergleich muss man bedenken, dass bis zu dem Zeitpunkt, an dem wir sie verließen, keine Veranlassung bestand, an Nahrung zu sparen; später musste sie sorgfältig rationiert und jedes Gramm verwertet werden, damit die Männer bei ihrer Reise möglichst weit kamen und sicher zurückkehren konnten. Unser Zelt war schwer und winddicht, ihres war kleiner, leichter und zugig. Wir hatten Ersatzkleidung dabei; sie ließen am Depot alle Sachen zurück, die sie nicht unbedingt brauchten. Auch gingen sie viel größere Risiken ein. Wir waren schlimmstenfalls ein paar Gewaltmärsche von der Hütte entfernt, aber sie mussten in einer Wildnis ohne Landmarken auf dem Rückweg dieses winzige Depot wieder finden, und ebenfalls andere ähnliche Depots, die weiter südlich noch angelegt werden sollten. Eins dieser Depots zu verfehlen fiele bei dichtem Schneetreiben und eingeschränkter Sicht gar nicht schwer, doch die Folgen wären verhängnisvoll.

Im Expeditionsbericht hat Bage die Geschichte dieser Reise geschrieben, doch seiner eigenen Leistung ist er darin nicht gerecht geworden. Nur die, die ihn kannten, können ermessen, wie hilfreich seine stumme Entschlossenheit, seine Zielstrebigkeit und seine Voraussicht gewesen sein müssen. Ich kann Badget immer noch vor mir sehen, mit seiner stämmigen Figur, dem dünner werdenden Haar und der alten Pfeife. Eine Pfeife gehörte einfach zu ihm, er hatte selbst dann eine im Mund, wenn er nicht rauchte. Als seine Lieblingspfeife kaputtging, reparierte er sie mit Klebeband. Er war immer guter Dinge, stets hilfsbereit, und trotzdem einer der am wenigsten auffälligen Männer der Expedition. Wenn er eine Aufgabe übernahm, ging er mit der für ihn charakteristischen Ruhe und Gründlichkeit ans Werk, und wenn die Arbeit getan war, gab es daran nichts auszusetzen. Bage war der geborene Führer. Sein Tod ist typisch für sein Leben. Im bald folgenden Weltkrieg, in den frühen Tagen von Gallipolli, wies die australische Front einen vorspringenden Winkel auf, der als ›Der Pickel‹ bekannt war. Um ihn von den Seiten weniger angreifbar zu machen, wurde es nötig, vor dem bereits existierenden Schützengraben einen neuen anzulegen, und Bage bekam den Befehl, ihn zu markieren, bei hellem Tageslicht und in Sichtweite der Türken, die etwa 250 Meter entfernt lagen. Das bedeutete praktisch den sicheren Tod, doch er erledigte den Auftrag, bevor eine Maschinengewehrsalve ihn tötete und fast alle Männer der kleinen Einheit verwundete, die abkommandiert worden war, ihm Feuerschutz zu geben. Ich weiß es von einem, der bei ihm war, als er den fatalen Befehl erhielt – er ging ruhig und ohne zu zögern in den Tod. So einer war Bage.

Auch Frank Hurley würde selbst dem Tod noch ins Gesicht lachen. Je schlimmer es stand, desto fröhlicher wurde er und desto mehr amüsierte er sich über alles und jeden. Aufgrund seiner Körperkräfte war er der ideale Gefährte für eine solche Reise. Sein wacher Verstand und seine blühende Fantasie konnten noch der schlimmsten Situation etwas Lustiges abgewinnen, und er brachte es fertig, selbst solchen Dingen wie einem Weihnachtspudding aus Pemmikanfett, zerriebenem Milchzwieback, Rosinen, Milchpulver und Zucker, der in einem alten Tuch über dem Primus gekocht worden war, einen Hauch von Romantik zu verleihen. Unter seiner Anleitung wurde einmal aus etwas purem Alkohol, vermischt mit gekochten Rosinen, ein Göttergetränk, und bei dieser und jeder sich bietenden Gelegenheiten verfasste er fantastische und alberne Gedichte. Wenn Frank dabei war, konnte man einfach nicht niedergeschlagen sein, selbst wenn es ganz schlimm stand.

Webb war vollkommen anders. Von Natur aus eher ernst, arbeitete er sehr gewissenhaft und ausgesprochen tüchtig. Gleichgültig, welche Bedingungen herrschten, er ließ sich durch nichts von der Arbeit abhalten. Er war ein Mann, dessen Zuneigung sich auf Respekt gründete; Freundschaften schloss er nur langsam, aber er gehörte zu den zuverlässigen Menschen, die nie jemanden im Stich lassen würden. In Frankreich hatte er den Ruf, so etwas wie ein Leuteschinder zu sein, aber seine Männer hatten vollstes Vertrauen in seine Fähigkeiten, und er verlangte nie etwas, was er nicht selbst zu tun bereit war. Die drei bildeten ein großartiges Team.

Bage schreibt in seinem Tagebuch, dass sie uns mit gemischten Gefühlen hinterher sahen und dass das Plateau nach unserem Verschwinden seltsam verlassen wirkte. Das war am 22. November 1912, und am 23. zwang sie der Schneesturm, der uns ein paar Kilometer weiter nördlich aufhielt, ebenfalls zum Rasten. An dem Tag hatte Webb Geburtstag und sie feierten, indem sie einige Extrastückchen Zucker in ihren Tee taten.

Am 24. gingen sie bei schlechtem Licht in einem 85 Stundenkilometer-Wind weiter. An dem Tag schafften sie fast 15 Kilometer und waren vollkommen erschöpft. Von da an bis zum 28. war es immer dasselbe – sie kämpften sich gegen einen Wind von 70 bis 100 Kilometer pro Stunde nach Süden vor, dazwischen gab es einen Tag, an dem sie überhaupt nicht vorankamen. Einmal bewältigten sie eine Tagesstrecke von 20 Kilometern, ein anderes Mal waren sie schon nach knapp acht Kilometern völlig erledigt. Sie hatten sich nun ungefähr 170 Kilometer von der Hütte entfernt, in einem Klima, das immer kälter wurde, je weiter sie nach Süden vordrangen. An dieser Stelle lag die Temperatur bei minus 26 Grad Celsius. Im Lager stellten sie eine Reihe von magnetischen Beobachtungen an, und die Deklination zeigte 88°54′, eine erfreuliche Zunahme gegenüber der an der Hütte, die 87°27′ betrug. Zur näheren Erklärung wurde schon früher gesagt, dass die frei schwingende Magnetnadel in dieser Gegend auf einen Punkt unterhalb der Erdkruste deutet und, wenn man sich direkt über diesem Punkt befindet, genau senkrecht stehen müsste, das heißt bei völlig ebener Oberfläche in einem Winkel von 90 Grad. Jede Zunahme des Winkels zeigte daher eine Annäherung an den Magnetpol an und wurde von den Schlittenfahrern sorgfältig registriert. Tatsächlich stand ihnen eine Enttäuschung bevor, denn später spielte die Nadel verrückt; sie wich, nachdem sie sich auf einer kurzen Strecke der erwarteten Stellung stark angenähert hatte, wieder ab, und blieb dann für fast 110 Kilometer so gut wie unverändert, ehe sie sich allmählich wieder einzuregulieren begann. Diese Beobachtungen deuteten offenbar auf einen zusätzlichen Pol neben dem Hauptpol hin.

In den nächsten vierzehn Tagen schafften sie noch einmal 170 Kilometer und legten 340 Kilometer von der Hütte entfernt ein Depot an. In der Zeit wurden ihnen drei gute Tage beschert, von denen zwei zu den seltenen windstillen, sonnigen Tagen gehörten, die das Schlittenreisen zu einem Vergnügen machen. Bei Temperaturen, die von minus 19 auf minus 10 Grad Celsius stiegen, wurde ihnen unangenehm warm, und im Zelt fing es doch tatsächlich an zu tauen. Wenn sie im Sturm kampierten, machten sie es sich schon seit längerem etwas angenehmer dadurch, dass sie eine Wand aus Schnee errichteten, die das Zelt nicht nur vor dem Wind, sondern auch vor möglichen Schäden schützte und als nützliche Landmarke für die Heimreise dienen konnte.

Die ganze Zeit über gab es keine Abwechslung in der monotonen Szenerie des Plateaus, bis sie am 3. Dezember ein Tal in einer seltsamen Bodenfalte hinaufstiegen, die am nördlichen Ende steil abbrach. Darin erhoben sich drei große, mehr als 60 Meter hohe Hügel, die von riesigen, bis zu 12 Meter breiten Gletscherspalten durchzogen waren, von denen sie viele überqueren mussten. Diese Formation nannten sie ›Die Klümpchen‹, und etwa 35 Kilometer weiter südwestlich konnten sie eine ähnliche Falte ausmachen. Es war ungewöhnlich, so fern der Küste ein Gebiet mit so vielen Gletscherspalten zu finden. Eine mögliche Erklärung wäre, dass die Eisdecke in diesem Gebiet sich über die Gipfel verborgener Berge hinzieht, wird sie dabei zu Falten aufgetürmt, bilden sich riesige senkrechte Risse.

Das zweite Depot wurde am 12. Dezember auf einer Höhe von fast 150 Metern über dem Meeresspiegel angelegt. Dort befreiten sie den Schlitten von allem Entbehrlichen und machten sich mit ausreichend Nahrung für 17 Tage auf die letzte Etappe ihrer Erkundungsfahrt. In den folgenden sieben Tagen legten sie mehr als 140 Kilometer zurück, meist bei gutem Wetter und hellem Sonnenschein, allerdings litten alle an Schneeblindheit. Nun betrug die Neigung der Nadel 89°35′, und es war offensichtlich, dass das Gebiet, in dem sie genau senkrecht stehen würde, eben am Magnetpol selbst, nicht ganz erreicht werden konnte. Trotzdem zogen sie weiter bis zum 21. Dezember, an dem sie, nachdem sie das Lager aufgeschlagen hatten, den Schlitten noch solange schleppten, bis das Messrad 500 Kilometer anzeigte.

Das war der äußerste Punkt, der bei dieser Reise erreicht wurde. Die Höhe des Plateaus betrug an der Stelle 1798 Meter, und die Tagestemperatur lag bei minus 32 Grad Celsius, obwohl es Hochsommer war. Die Neigung zeigte 89°43,5′, also befanden sie sich nur etwas mehr als 80 Kilometer vom Magnetpol entfernt. Wären sie noch etwa 300 Kilometer in der gleichen Richtung weitergezogen, hätten sie den Punkt erreicht, an den Mawson bei der Shackleton-Expedition drei Jahre zuvor gelangt war.

Jetzt begann die Heimreise. Sie hatten noch Proviant für acht Tage dabei; am 340 Kilometer-Depot lagerten Vorräte für zehn Tage, und weitere warteten im ersten Lager. Vorausgesetzt das Wetter war einigermaßen gut und sie fanden die Depots wieder, würden sie keine Schwierigkeiten haben, zur Hütte zurückzukehren; aber es bestand natürlich immer die Gefahr, zu lange von heftigen Schneestürmen aufgehalten zu werden oder die Depots bei dichtem Schneetreiben ganz zu verfehlen.

Mit dem leichter gewordenen Schlitten und dem Wind im Rücken kamen sie ausgezeichnet voran, legten täglich bei jedem Wetter zwischen 25 und 35 Kilometer zurück, ob es sich nun um schöne sonnige Tage handelte oder um solche, in denen der Wind mit Sturmkraft blies und Treibschnee die Sicht beeinträchtigte. In dieser Zeit war die Schneeblindheit der schlimmste Feind; meist hatten ein oder zwei von ihnen darunter zu leiden, daher war der Bedarf an Zink und Kokaintabletten groß.

Am Tag nach Weihnachten erreichten sie das 340 Kilometer-Depot und nahmen ein verspätetes Weihnachtsessen zu sich, das hauptsächlich aus einem Weihnachtspudding bestand, den Hurley aus den Überresten ihrer Rationen im Kocher über dem Primus kreiert hatte. Zur Feier des Tages tranken sie auf den König und rauchten Zigarren.

Am 28. Dezember legten sie eine Rekordstrecke zurück, bei aufgezogenem Segel und Rückenwind schafften sie sagenhafte 70 Kilometer in 24 Stunden. Damit waren sie ihrem Plan so weit voraus, dass sie Proviant für viereinhalb Tage übrig hatten, eine Tatsache, die ihnen letztlich das Leben rettete. Sie beschlossen, in der kommenden Woche größere Rationen auszuteilen und für den Notfall Proviant für drei Tage zurückzulegen.

So ging die Reise weiter. Am 31. machte Hurley die Schneeblindheit schwer zu schaffen, und als er sich am nächsten Tag etwas erholt hatte, ging es Bage so schlecht, dass er nach 34 Kilometern nicht mehr weiterziehen konnte und die restlichen sechs Kilometer auf dem Schlitten mitfahren musste. In der Nacht konnte er vor Schmerzen nicht schlafen. Glücklicherweise ging es die ganze Zeit bergab. Am nächsten Tag war Bage wiederum gezwungen mehr als anderthalb Kilometer auf dem Schlitten zu fahren, aber als seine Augen sich etwas besserten, konnte er wieder ziehen helfen. Am 3. Januar waren sie weniger als 20 Kilometer vom Depot entfernt und kürzten ihre Rationen für den Fall, dass sie es verfehlen sollten.

Das war der schwierigste Teil der ganzen Reise, denn am nächsten Tag nahm der Wind mit jedem Kilometer zu, und der Treibschnee wurde dichter und dichter. Das Schlittenrad war schon vor langer Zeit zerbrochen, und die einzige Möglichkeit, die Entfernung zu schätzen, bestand darin, sich an die Schneehügel der Außenlager zu halten und die geographische Breite durch Höhenmessungen der Sonne zu ermitteln. Sie wussten, dass sie sich in der Nähe des Depots befanden und es bei klarem Wetter wahrscheinlich sogar zu sehen sein würde, also blieb ihnen nichts anderes übrig, als zu kampieren und abzuwarten.

Der nächste Tag war der 5. Januar und es schneite ununterbrochen; allerdings klarte es gegen 21 Uhr weit genug auf, um den Himmel zu sehen, der ihnen enthüllte, dass sie sich nur knapp sieben Kilometer südlich des Depots befanden. Am 6. zogen sie weiter, und als sie gegen Mittag kurz die Sonne zu Gesicht bekamen, stellte sich heraus, dass sie sich exakt auf dem Breitengrad befanden, auf dem auch das Depot lag. Aber sie konnten nichts sehen, und die weiße Wand, die sie umgab, entzog den Hügel und die Flagge, mit der die Lagerstätte der so dringend benötigten Lebensmittel markiert war, konstant ihren Blicken. Den ganzen Tag über forschten sie systematisch in östlicher und westlicher Richtung, zogen den Schlitten ein Stück vor und suchten dann rundherum alles ab, wagten es allerdings nicht, sich zu weit davon zu entfernen, aus Angst, einander in dem dichten Schneetreiben zu verlieren.

Jetzt befanden sie sich in einer wirklich misslichen Lage. Reichliche Vorräte lagerten fast in Reichweite; das gelegentliche Auftauchen der Sonne über ihnen zeigte, dass nur dicht an der Oberfläche Schneetreiben herrschte, doch es reichte aus, um sie so blind herumtappen zu lassen wie in dunkelster Nacht. Auch spitzte die Situation sich rasch zu. Wer in einem solchen Klima von halben Rationen lebt, verliert schnell die Kraft, und das konnte ihnen, wenn sie das Depot nicht bald fanden, bei einem Gewaltmarsch zur fast 120 Kilometer entfernten Hütte noch zum Verhängnis werden.

Weitere 24 Stunden verstrichen, doch das Schneetreiben hörte immer noch nicht auf. Wenn sie fünf Minuten oder auch nur einen Augenblick freie Sicht gehabt hätten, wären sie in Sicherheit gewesen, aber dieser Moment stellte sich einfach nicht ein. So kam und ging der 7. Januar, ohne dass sich an dem zermürbenden Zustand etwas änderte. Es war drei Uhr nachts, als sie endlich beschlossen, zur Hütte zu marschieren. Bei der Überprüfung ihrer Vorräte ergab sich, dass sie noch eine volle Tagesration hatten, außerdem genug Pemmikan für einen halben Topf Suppe, neun Rosinen, sechs Stück Zucker, Kerosin für zwei ganze Tage und einen halben Liter reinen Alkohol. Das teilten sie in fünf Portionen, die für fünf Tage reichen sollten. Alles Unnötige wurde vom Schlitten genommen, um ihn leichter zu machen: der Spaten, der Eispickel, die Ersatzkleidung, sogar die Kamera und die wissenschaftlichen Instrumente blieben zurück, und um sieben Uhr morgens brachen sie auf.

Pro Tag wollten sie mehr als 30 Kilometer schaffen – keine große Schwierigkeit bei Rückenwind, aber die Wartetage bei halber Ration hatten ihnen viel Kraft geraubt. Auch waren sie unsicher, ob es ihnen möglich wäre, auf kürzestem Weg zu ihrem Ziel zu gelangen. Darüber hinaus zwangen außergewöhnlich starke Schneestürme sie womöglich irgendwann zum Lagern, was verhängnisvolle Folgen haben konnte. Die üblichen Schneestürme zählten sie dabei gar nicht mit. Sie hatten ja bereits den gesamten Weg bei einem Wetter zurückgelegt, das man normalerweise als zu schlecht für eine Schlittenreise betrachten würde, und nur etwas wirklich Außergewöhnliches konnte sie noch zum Halten bringen.

Das Weitermachen forderte ihre ganze Kraft. Wenn sie eine Stunde marschiert waren, hielten sie fünf Minuten an, dann ging es eine Stunde weiter, wieder fünf Minuten Pause, und so fort, bis sie sich einig waren, dass sie mehr als 15 Kilometer geschafft hatten, dann machten sie zum Mittagessen Rast. Ihre Mahlzeit bestand aus einem Zwiebackdrittel und zehn Gramm Butter, die sie mit einem Becher warmem Wasser hinunterspülten, in das sie einen Löffel Zucker und einen Löffel Alkohol gemischt hatten. Nach einer Stunde Rast brachen sie wieder auf und zogen, bis sie glaubten, ihre Tagesstrecke von 30 Kilometern geschafft zu haben, dann kampierten sie. Abends waren sie so erschöpft, dass sie kaum das Zelt aufstellen konnten. Der wässerige Eintopf und das warme Wasser mit dem Alkohol trugen nur wenig dazu bei, den Hunger zu stillen oder die Körper zu wärmen, die von Unterkühlung und Nahrungsmangel geschwächt waren, doch Hurley verlieh dem Essen mit seinem üblichen Grinsen und seinen spaßigen Bemerkungen eine Atmosphäre, als wären sie zum Dinner im Ritz, und die anderen waren dankbar für seine Bemühungen. In den Schlafsäcken gab es in jener Nacht keine Wärme. Man braucht warmes Essen, und zwar viel davon, damit das Blut weiter durch die Adern rinnt, daher schliefen sie nur wenig, lagen zitternd da und warteten auf den Morgen des Tages, der ihr Schicksal besiegeln könnte.

Er begann mit einem 100 Stundenkilometer-Wind und dichtem Schneetreiben – so einen Tag verflucht der Schlittenreisende. Doch sie zogen weiter. Es war harte Arbeit, sich in die gefrorenen Burberries zu zwängen und in die Finnenschuhe, die längst keine Haare mehr hatten und bretthart waren. Harte Arbeit auch, im heulenden Wind das zusammenklappende Zelt fest zu halten; harte Arbeit, die Schnüre am Schlitten festzuzurren, das Segel zu setzen und es zu reffen, damit sie nicht zu schnell fuhren und umkippten; harte Arbeit, den Schlitten zu lenken, damit er nicht zu sehr vom Kurs abkam. Die Richtung hielten sie mit Hilfe der Sastrugi, der vom Wind geformten Rillen, deren gleich bleibende Ausrichtung in diesen einförmigen Gegenden eine große Hilfe ist. Der Wind war grausam, allerdings nicht so wie auf der Hinreise, als er ihnen direkt ins Gesicht geblasen und den Schlitten trotz der kläglichen Anstrengungen der Ziehenden zurückgetrieben hatte. Jetzt schien er zu sagen: »Wenn ich diese armseligen Sterblichen nicht vernichten kann, will ich sie wenigstens aus meinem Reich verjagen.« Das Segel blähte sich, und der Schlitten fuhr weiter, vor und neben ihm gingen seine Begleiter, fielen über Sastrugi, die sie nicht sehen konnten, standen wieder auf und stapften erschöpft voran, Kilometer um Kilometer, Stunde um Stunde, eine unendliche Schinderei, bis ihre müden Glieder nicht mehr konnten und sie zum Mittagessen notgedrungen anhalten mussten. An dem Tag aßen sie um 18 Uhr zu Mittag, und danach zogen sie weiter bis Mitternacht. Bestimmt 30 Kilometer, bis plötzlich unter ihren Füßen hartes blaues Eis erschien anstatt des bisher vorherrschenden Schnees. Sie schätzten die Entfernung zur Hütte auf 45 Kilometer, aber bei der Hinreise hatte dieses Eis nach etwas mehr als 20 Kilometern aufgehört. Wahrscheinlich waren sie zu weit nach Osten geraten, aber vielleicht hatten sie auch eine größere Strecke zurückgelegt als sie gedacht hatten.

Während des Nachtlagers hegten sie große Hoffnungen, und als der Morgen anbrach, mit klarem Himmel und leichtem Wind, spürten sie, dass dies der letzte Tag ihrer Prüfungen sein würde. Das Meer war in Sicht, als sie nach Nordwesten aufbrachen, aber sie gerieten - sofort in eine von zahllosen Gletscherspalten durchzogene Senke und mussten lange und mühsam hügelan ziehen, bevor sie wieder gutes Terrain fanden. Mittlerweile war ihr Körperzustand noch schlechter geworden, und sie kamen nur langsam voran. Hurley war schneeblind und hatte ein Auge fest verbunden. Bage konnte ebenfalls kaum noch sehen, und Webb bewegte sich so mechanisch wie ein Schlafwandler. Sie erklommen den Grat und Bage, der voranging, erkannte in der Ferne die Mackellar-Inseln. Er drehte sich zu den anderen um und stürzte, noch während er das den anderen zurief, durch den Schnee in eine Gletscherspalte hinein.

Das war das letzte Abenteuer. Sein Schlittengeschirr hielt, und bald hatten die Gefährten ihn aus seiner gefährlichen Lage befreit. Von nun an ging alles glatt. Mit letzter Kraft schleppten sie sich nach Westen und um Mitternacht kam Aladins Höhle in Sicht, eine wahre Oase in der Wüste.

Solange sie nach einem Proviantsack gruben, dienten ihnen ein paar Hundekuchen, die auf dem Boden lagen, als erste Stärkung; dann bereiteten sie sich ein richtiges warmes Essen zu.

Das war wirklich das Ende ihrer Reise. Gekräftigt nach einem tiefen Schlummer und reichlich Essen machten sie sich auf den Weg hinab zur Hütte, die sie um 17 Uhr am 11. Januar 1913 erreichten, nach einer der anstrengendsten Reisen, die je von einer Schlittenmannschaft unternommen wurde. Nur ihrer Ausdauer und Entschlossenheit ist es zu verdanken, dass sie überhaupt durchkamen. Darüber hinaus trugen die Beobachtungen ihrer Reise ganz wesentlich zum wissenschaftlichen Gesamtergebnis der Expedition bei. Sie gaben nicht nur Aufschluss über die Bodenbeschaffenheit bis zu 500 Kilometer landeinwärts, sondern auch die von Webb und seinen Gefährten angestellten magnetischen Beobachtungen erwiesen sich als außergewöhnlich wertvoll. Ihre Resultate sind, zusammen mit den Aufzeichnungen aus dem Hauptquartier und denen des zweiten Lagers mehr als 2500 Kilometer weiter westlich, mittlerweile von Webb selbst in einem ausführlichen Bericht zusammengefasst worden. Welchen Einfluss dies letztlich auf das weite Forschungsfeld des Erdmagnetismus haben wird, ist noch gar nicht vollständig zu ermessen.

13. KAPITEL

SCHLITTENREISEN AN DER KÜSTE

Nach einer Schlittenreise kommen einem die ersten Tage in der Hütte wie purer Luxus vor. Es ist ein wunderbares Gefühl, an einem Tisch zu sitzen und eine richtige Mahlzeit vor sich zu haben. Es ist wunderbar, Burberries und Handschuhe ablegen und sich in aller Ruhe dem Schreiben oder Lesen widmen zu können. Es ist wunderbar, die Kleider auszuziehen, in einen bequemen Schlafanzug zu schlüpfen und sich in warme Decken zu kuscheln, die kein bisschen feucht sind. Es ist wunderbar, sich sicher zu fühlen – vor Gletscherspalten, Frostbeulen oder Hunger keine Angst mehr zu haben.

Direkt nach unserer Rückkehr litt ich unter einem schweren Anfall von Schneeblindheit, die mir bis dahin weniger zu schaffen gemacht hatte als den anderen. Dabei handelt es sich um ein sehr schmerzhaftes Übel, bei dem man sich, wenn es ganz schlimm kommt, fühlt als wären die Augen voller Kies. Normalerweise nahmen wir dagegen Zink und Kokaintabletten, die erstaunliche Verzerrungen der Augenlinse bewirkten, sodass man nur noch unscharf sehen konnte. Mich machten sie weitsichtig, und ein paar Tage lang war alles, was weniger als einen Meter entfernt war, nur verschwommen zu erkennen. Aber das besserte sich natürlich allmählich.

Als Stillwell, Hodgeman und Close aus dem Osten zurückkehrten, wurde es Zeit für uns, erneut aufzubrechen. Hodgeman würde mit Bickerton und Whetter nach Westen ziehen und ich sollte Stillwell und Close nach Osten begleiten, um einen Teil der Küstenlinie zu erkunden und zu kartografieren. Auf der ersten Reise hatte Stillwell den Küstenabschnitt vermessen, der an die Gletscherzunge grenzte, die aus einem Tal im Plateau floss. Nun sollten wir die Lücke zwischen dem bereits verzeichneten Abschnitt und dem östlichen Ende der Commonwealth-Bucht schließen, das nur etwa 35 Kilometer Luftlinie von der Hütte entfernt lag. Aber um dorthin zu gelangen, mussten wir einen erheblichen Umweg durch das Inland machen, um das äußerst gefährliche zerklüftete Gebiet an der Küste zu umgehen. Unser Aufbruch verzögerte sich ein wenig, weil Stillwells Schlitten auf rauem Eis schwer beschädigt worden war und wir einen anderen aus Eukalyptusholz herrichten mussten. Der, den wir bei unserer Reise nach Süden benutzt hatten, war für die Westabteilung vorgesehen, von der wir uns am 3. Dezember 1912 verabschiedeten. Es war beeindruckend zu sehen, wie der große Motorschlitten mit dem anderen Schlitten im Schlepp den steilen Hang hochbrauste; tatsächlich wurden wir alle ganz neidisch.

Das Wetter war wunderbar warm geworden, die Temperaturen bewegten sich um die 18 Grad minus, die Kraft der Sonne ließ den Schnee auf den Felsen schmelzen und verwandelte die Senken in richtige Seen. Doch als wir startklar waren, kam der übliche Schneesturm, und dichtes Schneetreiben verhinderte unsere Abfahrt bis zum 9. Dezember. Das war mein Geburtstag, und Frank Stillwell schenkte mir einen kleinen Gedicht band von Tennyson, den ich mit auf die Reise nahm. Nach dem Mittagessen brachen wir auf, und Hunter, Hannam und Murphy kamen mit nach draußen, um uns Lebewohl zu sagen.

Wieder einmal zogen wir unseren Schlitten den Hang hoch, nur um schon nach kurzer Strecke von Schneetreiben empfangen zu werden. Es wurde schlimmer und schlimmer je höher wir kamen, sodass wir die 3- und 5-Kilometer-Flagge glatt verpassten, und als das Schlittenrad neun Kilometer anzeigte, tappten wir gänzlich im Dunkeln. Das Problem bestand darin, Aladins Höhle zu finden. Da sich in der Nähe zahlreiche Gletscherspalten auftaten, kamen wir zu dem Schluss, dass wir uns östlich davon befinden mussten. Nachdem wir uns über zwei Stunden langsam nach Westen durchgekämpft hatten, hielten wir den Schlitten alle hundert Meter an, und jeder suchte dann in einer anderen Richtung, wobei wir unsere Schritte zählten, damit wir auch wieder zum Schlitten zurückfanden. Endlich wurde zu unserer Erleichterung durch das Schneetreiben undeutlich der Flaggenmast des Depots sichtbar. Es dauerte nicht lang, bis wir gemütlich in der Höhle saßen, und nach einer guten heißen Mahlzeit krochen wir um ein Uhr morgens in unsere Schlafsäcke. Im Hinblick auf das schöne Wetter, das wir während der Ruhezeit in der Hütte gehabt hatten, waren anscheinend alle Schlittenmannschaften dazu verdammt, am ersten Reisetag auf schlechte Bedingungen zu treffen – so als hätte das Plateau etwas gegen ihre Anwesenheit und täte sein Äußerstes, um sie zu entmutigen.

Als wir am Morgen des 10. erwachten, fühlten wir uns warm und geborgen und dachten gar nicht daran, dass uns etwas zustoßen könnte. Komplett eingeschneit, schien die Höhle seltsam abgeschnitten von der äußeren Welt, nur das blaue Licht, das durch das Eis fiel, zeigte an, dass über uns ein wenig die Sonne herauskam. Wir hatten keine Ahnung, wie das Wetter draußen war, doch da wir den Primus und den Kocher mit hineingenommen hatten, wollten wir erst nach dem Frühstück nachsehen. Frank hantierte mit dem Kocher, während Close und ich auf unseren Schlafsäcken hockten und ihm dabei zuschauten. Wir aßen unseren Eintopf, und während ich darauf wartete, dass der Kakao heiß wurde, begann ich, meine Schlafsocken gegen die zu tauschen, die ich tagsüber trug. Genau in diesem Augenblick beklagte Frank sich darüber, dass ihm schwindlig sei, und bat Close, den Eingang zu öffnen. Close stand auf und stieß in aller Ruhe seinen Eispickel in den Schnee, wobei er ein kleines Loch machte, das uns wahrscheinlich rettete. Denn bevor er noch mehr tun konnte, gab es einen dumpfen Schlag, und als wir uns umdrehten, war Frank auf dem Boden zusammengesunken. Erschrocken eilten wir zu ihm, da fiel Close der Länge nach über ihn, so als wäre er mit einer Streitaxt gefällt worden. Auch ich fühlte mich plötzlich schwach und matt, und der nur wenige Schritte entfernte Eingang schien weit, weit weg zu sein. Wenn ich ihn nicht erreichte, waren wir alle verloren, dieser Gedanke beherrschte mich, also begann ich, ganz langsam darauf zuzukriechen, Zentimeter um Zentimeter. Endlich gelang es mir, mich an der Eingangswand abzustützen und den Eispickel durch den Schnee zu stoßen, sodass das bereits vorhandene Loch größer wurde. Dann kam mir Stillwell zu Hilfe, ebenfalls kriechend, und kletterte auf mich, um etwas Höhe zu gewinnen und die Arbeit vollenden zu können. Close erwachte aus seiner Ohnmacht, und als die kalte Luft hereinströmte, erholten wir uns allmählich und brachten es fertig, über das Geschehene nachzudenken. Der Primus war ausgegangen und auf dem Kakao, der im Augenblick der Katastrophe kurz vor dem Aufkochen gewesen war, bildete sich bereits eine dicke Eiskruste. Mein Fuß fühlte sich sehr kalt an und ich stellte fest, dass er nackt war. Dann fiel mir ein, dass ich im Augenblick des Unglücks gerade dabei gewesen war, meine Socken zu wechseln. Glücklicherweise war der Fuß wohl auf einen der Schlafsäcke zu liegen gekommen, sonst wären mir Frostbeulen sicher gewesen. Alles war ganz plötzlich geschehen, ohne jede Vorwarnung. Ich selbst war ich in den bangen Momenten, in denen ich glaubte, ich würde ohnmächtig, eigentlich gerade dabei, wieder zu mir zu kommen. Nur Frank hatte sich vorher etwas schwindlig gefühlt. Anhand unserer Uhren stellten wir fest, dass wir alle über zwei Stunden bewusstlos dagelegen hatten und zweifellos durch das kleine Loch gerettet worden waren, das Close gebohrt hatte.

Als wir später darüber diskutierten, kamen wir zu dem Schluss, dass diese Beinahekatastrophe durch eine Vergiftung mit Kohlenmonoxid ausgelöst worden war, einem tödlichen Gas, das geruchlos ist, keine Erstickungsgefühle hervorruft und ohne irgendwelche Vorwarnung seine Wirkung entfaltet. Andere Mannschaften hatten in der Höhle geschlafen und gekocht, ohne Schaden zu nehmen, aber seither hatte der Treibschnee offenbar die kleinen Risse und Spalten verstopft, die für die Belüftung sorgten. Alles war gut gegangen, bis der Primus mit seiner Flamme den Sauerstoff in der Atmosphäre aufgezehrt und das Kohlenmonoxid produziert hatte. Stillwell, der über ihn gebeugt saß, war der erste, der zusammenbrach, während ich als letzter umfiel, weil ich am weitesten entfernt war. Das Einströmen der Frischluft hatte das tödliche Gas vertrieben und dem Primus erlaubt, normal weiterzukochen, bis er seinen Brennstoff verbraucht hatte und ausging. Unser Schicksal hatte tatsächlich auf Messers Schneide gestanden und es ist schon seltsam, dass die größte Gefahr, in die wir während der gesamten Expedition gerieten, auf eine völlig unvorhergesehene Ursache zurückzuführen war, die mit den üblichen Risiken einer Polarexpedition gar nichts zu tun hatte.

Lange fühlten wir uns zu schwach zum Aufstehen, daher krochen wir für ein paar Stunden in unsere Schlafsäcke zurück. Dann hatte Close sich ausreichend erholt, um nach draußen gehen zu können und die Medizinkiste hereinzuholen. Für den Notfall führten wir einen kleinen Vorrat an Brandy mit und der möbelte uns auch ein wenig auf, danach halfen ein paar Koffeintabletten, unseren Puls zu beschleunigen, der noch sehr schwach und langsam schlug. Noch später krochen wir alle nach draußen und bauten, entschlossen keine weitere Nacht in der Höhle zu verbringen, unser Zelt auf; aber zunächst schrieben wir eine Warnung, die alle anderen Schlittenmannschaften vor ähnlichen Erfahrungen schützen sollte.

Nachdem wir einen Tag und eine Nacht gerastet hatten, brachen wir am 11. Dezember das Lager ab, verteilten unsere Vorräte und zogen um 10 Uhr 40 los; der Wind wehte stark, mit fast 70 Stundenkilometern und gelegentlichem Treibschnee und die Temperatur betrug minus sieben Grad Celsius. Wir waren alle sehr müde, denn wir litten noch unter den Nachwirkungen des gestrigen Morgens, und es fiel uns sehr schwer, den Schlitten über den weichen Schnee zu ziehen, da der Wind uns auch noch teilweise entgegenkam. Trotzdem hatten wir bis 18 Uhr 30 14 Kilometer und 210 Meter geschafft und krochen todmüde in unsere Schlafsäcke. Am nächsten Tag war es dasselbe, der Wind wehte ein bisschen schwächer mit sehr wenig Schneetreiben, und wir fühlten uns mit jeder Stunde besser. Diesmal kamen wir 17 Kilometer weit, immer noch auf schwerer Oberfläche, das Meer im Norden blieb gerade noch sichtbar. Am Nachmittag erfreute uns der Besuch einer Buntfußsturmschwalbe, die ein paar Minuten über uns kreiste und dann weiterflog. Es tat gut, in dieser öden Gegend ein anderes Lebewesen zu sehen. Was uns an dem Tag störte war, dass unser Schlitten schwer beschädigt wurde, ein mehr als ein Meter langes Stück brach aus einer der Kufen, und auch unser Schlittenrad sah traurig aus, ihm fehlten zwei Speichen. Das war eine ernste Panne, denn von ihm hing die gesamte Vermessungsarbeit ab. Wir brachten es zwar mit dem Hammer wieder ein wenig in Form, aber es blieb ziemlich wacklig.

Am folgenden Tag, dem 13. Dezember, herrschte ›Erbsensuppen-Drift‹, die uns zum Rasten zwang; aber der nächste Tag war wunderschön, und bis zum Nachmittag hatte der Wind sich vollständig gelegt. Bei Temperaturen, die von minus elf auf minus vier Grad Celsius anstiegen, wurde uns beim Schlitten ziehen auf der schweren Oberfläche sehr warm, aber es war ein Vergnügen, die Burberries, Handschuhe, Unterjacken und Steigeisen ablegen zu können. Nun hielten wir Ausschau nach dem Madigan-Nunatak, der vor ein paar Wochen bei der ersten Reise von Stillwells Mannschaft entdeckt worden war. Ein Nunatak ist eine Felsnadel, die aus der alles bedeckenden Eiskappe emporragt. Zunächst sahen wir sie nur als einen kleinen schwarzen Punkt in der Ferne, doch um 18 Uhr kampierten wir bereits in ihrem Windschatten.

Es war nur ein kleines, verwittertes Stück Fels, etwa 160 Meter lang, 30 breit und fast 20 Meter hoch, doch bot es auf dieser endlosen weißen Fläche eine willkommene Abwechslung. Selbst wenn man erst wenige Tage auf dem Plateau unterwegs war, tat es gut, festen Boden unter den Füßen zu spüren, wieder ein Gefühl für Form und Masse zu bekommen und für die Endlichkeit der Dinge. Die Eiswelt erscheint manchmal nicht nur unendlich, sondern auch unwirklich, und so verlassen, dass man meint, im ganzen Universum existiere kein einziges anderes Lebewesen.

Den Abend verbrachten wir damit, Fotos zu machen und den Nunatak zu erforschen. Wir fanden heraus, dass er aus Gneis bestand, ähnlich wie die Felsen am Kap Denison. Der aus geologischer Sicht interessanteste Punkt war, dass das Gestein keine Anzeichen von Vergletscherung aufwies, was bedeutete, dass die Eisdecke, wenn überhaupt, schon seit langer Zeit nicht mehr darüber hinweggeglitten war. Stattdessen verwitterte der Stein durch Frost mit der Zeit zu bizarren Formen; die Oberfläche war schrundig und brüchig, und die Risse waren mit Gesteinsresten angefüllt. Auf einigen Felsstücken gediehen ein paar dürftige Flechten, die einzige Vegetation in diesem Teil der Welt, daher nahmen wir ein paar Proben. Eine Buntfußsturmschwalbe flog über unsere Köpfe hinweg, gefolgt von zwei großen grauen Vögeln, die wir noch nie gesehen hatten.

Der nächste Tag war prächtig, und wir nutzten den Morgen zum Sammeln von Gesteinsproben. Dann, nachdem Frank den Breitengrad bestimmt und ich noch ein paar Fotos gemacht hatte, zogen wir nach Norden, auf das Meer zu. Das Terrain war schwierig, aber ein leichter Rückenwind ermutigte uns, das Segel zu setzen, und wir kamen so gut voran, dass wir bis 20 Uhr 30 fast 17 Kilometer geschafft hatten. Nach unseren bisherigen Erfahrungen war das eine Schlittenreise *de luxe*. Nun war das Meer wieder in Sicht, und weiße Punkte am Horizont zeigten weit entfernte Eisberge an. Wir freuten uns geradezu auf den kommenden Tag, der uns neue Aussichten und Entdeckungen versprach.

Am 16. Dezember, einem weiteren wunderschönen Tag, badeten wir im Sonnenschein. Auf guter Oberfläche kamen wir schnell voran und hatten schon nach drei Stunden mehr als 10 Kilometer geschafft. Dann hielten wir zum Mittagessen an – einem Mittagessen im Freien, das wir mit bloßen Finger einnahmen, während der Primus in der stillen Luft ruhig vor sich hinkochte. Es war richtiges Picknickwetter. Das Meer fast direkt zu unseren Füßen erschien jetzt viel klarer und diente als blauer Hintergrund für die großen Eisberge und die Treibeismassen. Beim Weitermarsch am Nachmittag, der immer weiter bergab führte, kamen zahlreiche kleine Inseln in Sicht, einige mit Eis bedeckt, andere aus nacktem Fels bestehend. Die eisbedeckten Inseln erinnerten ein wenig an große Pilze, obenauf lag die im Winter gefrorene Haube aus Gischt, die mittlerweile von Wellen unterhöhlt worden war, sodass sie rundherum überstand.

Über eine leicht abwärts geneigte, mit Schnee bedeckte Oberfläche kamen wir bis auf weniger als einen Kilometer an die Küste heran. Dann fiel der Abhang vor uns steil ab und war von zahlreichen Gletscherspalten durchzogen, bis er zum Meer hin in den üblichen Eisklippen abbrach. Ein kleiner Felsvorsprung etwas weiter westlich schien durch einen Eisdamm mit dem Land verbunden zu sein, und außerdem war er an dieser Stelle offenbar der einzige Fels, der zugänglich war. Wir drehten unseren Schlitten herum und fuhren parallel zur Küste exakt einen Kilometer ab, der uns als Basis für unsere Vermessungen dienen sollte; dann bauten Close und ich das Zelt auf und wärmten den Eintopf, während Frank mit seinem Theodoliten die Winkel vermaß.

Nach dem Abendessen wanderten Frank und ich zur Küste hinunter und kletterten auf den bereits erwähnten Felsvorsprung. Wir stellten fest, dass er aus granathaltigem Gneis bestand, der von Basaltadern durchzogen war und von einer großen Kolonie Adéliepinguine bewohnt wurde, die ein großes Theater machten, als wir an ihren Nestern vorbeigingen. Auf einem kleinen Eisfuß rasteten zwölf Riesensturmvögel, einer davon ein Albino. Auch sahen wir dort einen Antarktissturmvogel und eine Buntfußsturmschwalbe, außerdem zwei Skuamöwen-Nester mit je zwei Eiern darin. Eines raubten wir aus, obwohl wir dabei heftig attackiert wurden. Als ein Vogel sich auf mich stürzte, schlug Frank mit dem Eispickel nach ihm, und wir dachten schon, er wäre tot, doch er erholte sich bald wieder und flog fort. Auf unserem Rückweg zum Zelt trug Frank die Eier in seiner Schlafanzugjacke, und als wir ankamen, stellte er fest, dass eins zerbrochen war. Das ergab eine große

Schweinerei, und da der arme Kerl gegen Fluchen war, konnte er sich nicht einmal abreagieren.

Am nächsten Tag blieben wir an Ort und Stelle und beschäftigten uns mit Vermessen, Kartografieren, Gesteinsproben sammeln und Fotografieren. Es war sehr warm, minus zwei Grad Celsius am Mittag, und in der Sonne taute alles. Am folgenden Tag wollten wir nach Westen ziehen und die Küste weiter vermessen, dann landeinwärts gehen, unseren bisherigen Weg kreuzen und weiter östlich wieder an die Küste gelangen. Direkt im Osten des Lagers lag ein sehr gefährliches Gebiet mit zahlreichen Gletscherspalten, und um das zu vermeiden, würden wir diesen Umweg machen müssen.

Der Morgen des 18. war zu windig für korrektes Arbeiten mit dem Theodoliten, daher blieb ich im Zelt und wechselte die Platten der Kamera, während Frank nach Osten ging und ein paar Schneehügel zum Vermessen aufschüttete. Wir aßen früh zu Mittag und brachen dann nach Osten auf. Dabei gingen wir folgendermaßen vor: Zunächst zogen wir den Schlitten ein Stück weiter, anschließend ging ich voran zu einem auffälligen Punkt, wie etwa dem Grat eines Kammes, und stellte dort zur Markierung eine Eisaxt oder eine Bambusstange auf. Währenddessen ging Close zurück, um die alte Markierung zu holen, und Frank nahm mit dem Theodoliten Peilungen vor. Dann zogen wir alle zusammen den Schlitten weiter und fingen wieder von vorne an. Auf diese Weise erhielten wir eine vollständige Karte mit allen Einzelheiten. Die Arbeit ging allerdings nur langsam voran, und bis Mitternacht hatten wir erst knapp sechs Kilometer geschafft. Doch das Wetter war herrlich und die ständig wechselnde Szenerie wunderschön. Zu unserer Rechten lag das Meer, leuchtend blau und so weit das Auge reichte übersät mit Tausenden von Eisbergen und Eisschollen jedweder Form und Größe. Jeder Kamm eröffnete einen neuen Ausblick auf bisher unentdeckte Eisberge oder Inseln, die zu Füßen der großen Barriere lagen.

Manchmal mussten wir unseren Kurs wegen der Gletscherspalten ändern, die wir meist mieden, indem wir einen Umweg über das Inland machten. Gletscherspalten sind steil senkrecht abfallende Risse in der Eisdecke, die dadurch entstehen, dass das Eis über den unter ihm begrabenen unebenen Felsgrund gleitet; sie können zwei Zentimeter, aber auch über 30 Meter breit sein. Ihre Tiefe hängt von der Dicke des Eises ab, und an manchen Stellen wird sie wohl fünfzig wenn nicht gar Hunderte von Metern betragen. Sie treten nur sehr selten offen zu Tage, denn meist sind sie unter einer Eisbrücke versteckt, die tragend sein kann – oder auch nur wenige Zentimeter dick und so brüchig, dass sie bei der kleinsten Belastung nachgibt. Wenn man in die Spalten hineinschaut, sieht man nur zwei senkrechte Wände, die sich in einem azurblauen Nichts verlieren. Manchmal bestehen die Wände aus glattem Eis, manchmal sind sie von Eiskristallen oder Stalaktiten überzogen und weisen hier und da einen Vorsprung oder eine Schneewächte auf. Sie sind der Albtraum eines jeden Schlittenreisenden; nicht so sehr auf hartem Gletschereis, in dem sie deutlich erkennbar sind, sondern in den Gebieten, in denen frisch gefallener Schnee liegt, da sie darunter oft gänzlich verborgen und daher sehr gefährlich sind. Wenn wir alle am Schlitten angeseilt waren, fürchteten wir sie nicht so sehr, aber wenn wir allein gingen, mussten wir ausgesprochen vorsichtig sein. Nahe der Eiskante gab es sehr viele Spalten, daher konnten wir bei unseren Ausflügen nur selten näher als 100 Meter an die Küste herangehen.

Wieder einmal erlebten wir einen ruhigen, heißen Tag – wunderbar nach dem ewigen Wind. Da wir 24 Stunden Tageslicht hatten, arbeiteten wir zu allen möglichen Zeiten. So schliefen wir bis 10 und arbeiten dann wieder bis halb zehn Uhr abends, nachdem wir um zwei Uhr morgens zu Bett gegangen waren. An jenem Tag vermaßen wir fast dreieinhalb Kilometer bis zu einem Punkt, von dem aus wir die Felsen nahe unseres Hauptquartiers und die Mackellar-Inseln 30 Kilometer weiter westlich sehen konnten. Bei Ausflügen zur Küste entdeckten wir, dass sie wie üblich in steilen Eisklippen endete, die nah am Rand sehr gefährlich waren, und dass es keine Felsvorsprünge gab, auf die wir hinuntersteigen konnten. Vor diesem Küstenabschnitt trieben sehr viele Eisschollen – große, flache Stücke von bis zu 400 Metern Durchmesser, die aus geschichtetem Schnee bestanden und drei bis vier Meter hoch aus dem Wasser ragten. Wir schlossen daraus, dass es sich um Überreste des zwischen den Inseln gefrorenen winterlichen Meereises handeln musste, auf dem sich der vom Plateau gewehte Schnee angehäuft hatte.

Dieser Punkt bildete die westliche Grenze unserer Vermessungen. Am 20. wandten wir uns dem Inland zu und von da wieder nach Osten. Nach einem schweren Wegstück bergan näherten wir uns erneut der Küste, kreuzten den Weg, den wir vor ein paar Tagen gekommen waren, und kampierten schließlich, nach einer Tagesstrecke von 15 Kilometern, etwa 400 Meter von der Eiskante entfernt. An einer Stelle überquerten wir einen Kamm, der von riesigen Gletscherspalten durchzogen war, die sich rundherum zu einer Reihe von Terrassen anordneten, wobei die oberen Ränder jeweils ca. einen Meter höher lagen als die unteren. Frank und ich gingen näher heran und stellten fest, dass manche Spalten mehr als 30 Meter breit waren und weit offen standen. Ihr Aussehen gefiel uns gar nicht, denn obwohl sie hinten wieder enger wurden, schienen einige direkt unter dem Schneefeld zu verlaufen, über das wir gerade gezogen waren. Das Gelände war sehr schlecht und wir hatten unser Zelt bereits aufgebaut, als wir herausfanden, dass es halb auf einer Brücke über eine mehr als dreieinhalb Meter breite Spalte stand, die glücklicherweise alt zu sein schien und mit Schnee angefüllt war. Trotzdem zogen wir an einen besseren Platz um. Offenbar war rund um uns herum alles voller Gletscherspalten, und von da an gingen wir nur noch selten ungesichert. Wir hatten einen sehr warmen Tag hinter uns; mittags war die Temperatur bis auf minus 6 Grad Celsius gestiegen, und alle waren von der Sonne verbrannt.

Dieses Lager brachen wir erst am Mittag des 21. ab, da Frank den Morgen damit zubrachte, eine Inselgruppe direkt unter uns zu kartografieren. Close und ich gingen vor, um für unsere Weiterfahrt auf einer Strecke von mehr als zwei Kilometern Schneehügel aufzuschütten. Nach dem Mittagessen zogen wir unseren Schlitten, immer noch Schneehügel anhäufend, fast sieben Kilometer nach Osten. Leider war die Sicht durch Wind und Schneetreiben an der Oberfläche eingeschränkt, deshalb mussten wir dieses Gebiet noch einmal vermessen. Das war eine sehr schwierige Arbeitsphase, weil uns eine Reihe gähnender Spalten den Weg versperrte. Einige zwangen uns wieder zu Umwegen, andere überquerten wir an Stellen, an denen aus fest gefrorenem Schnee eine tragende Brücke entstanden war. Bei diesen Gelegenheiten ging immer ein Mann mit einem Kletterseil gesichert weit voran, und wenn er heil auf der anderen Seite angekommen war, rannten die anderen beiden, gefolgt vom Schlitten, ebenfalls hinüber. Gelegentlich brachen wir mit dem Fuß ein, aber von einem Unglück blieben wir verschont. Einmal war die Spalte so breit, dass wir alle drei mitsamt dem Schlitten gleichzeitig auf der Brücke standen – ein äußerst gefährliches Vorgehen.

Die Küste vor uns machte einen Bogen nach Süden, sodass eine große Bucht entstand, deren Ostküste Stillwell bereits kartografiert hatte. Die Spitze dieser Bucht markierte die Grenze unseres augenblicklichen Aufgabengebiets. Den ganzen Tag über zeigten strahlende Zirruswolken über uns und graue Regenwolkenbänke im Norden an, das unsere Schönwetterperiode zu Ende ging, daher sicherten wir das Zelt vor dem Schlafengehen doppelt.

Und tatsächlich brachte der folgende Morgen den unvermeidlichen Schneesturm mit einem 85 Stundenkilometer-Wind und dichtem Schneetreiben. Wir lagen den ganzen Tag im Zelt, lasen ein bisschen, erzählten uns Geschichten oder lauschten dem Flattern der Zeltwände und dem Fauchen des Schneesturms, der sich anhörte wie ein Sandstrahlgebläse. Am Morgen des 23. war das Wetter etwas besser, aber wegen starker Bewölkung, Wind und Schneetreiben an der Oberfläche immer noch zu schlecht für die Arbeit mit dem Theodoliten. Nach dem Essen gingen wir drei so nah wie möglich an die Eiskante heran und errichteten an markanten Punkten ein paar Eishügel, wanderten dann weiter nach Osten und bauten auf einem fast zwei Kilometer entfernten Kamm noch einen. Die Küste hatte sich nicht verändert, die Felsinseln waren sogar noch zahlreicher, aber wir konnten keine zugänglichen Felsen finden. Die Spalten waren schlimm, und dummerweise hatten wir uns beim Aufbruch nicht angeseilt. Schließlich stürzte Close bis zur Taille in eine, die wir nicht gesehen hatten, weil sie teilweise mit Schnee gefüllt war, und danach gingen wir kein Risiko mehr ein. Stillwell brach mit dem Fuß in eine andere unsichtbare Spalte ein, und dann war ich an der Reihe. Wir zerstörten ein paar Brücken und schauten uns die Spalten an. Eine fanden wir besonders schön; ihre Wände waren mit makellosen zarten Eiskristallen besetzt, von denen einige mehrere Zentimeter groß waren. Nach unserer Rückkehr zum Zelt verschlechterte sich das Wetter und wurde bis zum Nachmittag so miserabel, dass wir nicht mehr hinausgehen konnten.

Heiligabend bescherte uns einen weiteren schlechten Tag und bis 17 Uhr konnten wir uns nicht bewegen; dann legte der Wind sich plötzlich, und der Himmel im Osten klarte auf. Wir arbeiteten bis ein Uhr nachts, bis zum wirklichen Weihnachtsmorgen, und vermaßen die Entfernung zwischen den verschiedenen Schneehügeln, während Frank mit seinem Theodoliten die Winkel bestimmte. Als wir ins Zelt krochen sah es so aus, als kündige sich ein schöner Tag an.

Am Morgen des ersten Weihnachtstages war der Himmel so schwarz wie Tinte, es schneite stark, und ein mäßiger Wind trieb den Schnee vor sich her. Weihnachten – wir dachten an die Heimat und auch an die anderen kleinen Gruppen, die Hunderte von Kilometern weit verstreut waren und zweifellos allesamt ähnliche Gedanken hegten. Wie so oft fragten wir uns, ob alle in Sicherheit waren und tranken mit einem *café au lait*, den wir extra für diese Gelegenheit aufgespart hatten, auf ihre Gesundheit. Lange verharrten wir so im Zelt, aber da das Wetter besser wurde, gingen Frank und ich mit dem Theodoliten schließlich nach draußen und wanderten fünf Kilometer zurück, um die Vermessung dieses Teilstücks abzuschließen. Am Nachmittag klarte der Himmel wie durch Zauberhand auf, aber es pfiff ein hässlicher Wind, der die Arbeit mit dem Theodoliten zu einer sehr kalten Angelegenheit machte.

Dieses Weihnachten wäre fast mein letztes gewesen, und ich kam nur um Haaresbreite davon. Sicherheitshalber hatten wir uns angeseilt, aber um Zeit zu sparen machte ich mich von Frank los, weil ich zu einem 800 Meter entfernten Schneehügel gehen wollte, der zusammengebrochen war. Ich hatte erst die Hälfte der Strecke zurückgelegt, als ich ganz plötzlich spürte, wie ich ins Leere stürzte. Glücklicherweise fiel ich nach vorn und konnte mich am Rand einer fast anderthalb Meter breiten Gletscherspalte festklammern, während ein Zeh auf einem vorspringenden Stück Eis Halt gefunden hatte, das allerdings unter meinem Gewicht langsam von der Wand abzubröckeln begann. Der andere Fuß trat ins Leere. So hing ich ein paar Sekunden, mit dem Kopf auf Bodenhöhe. Ich schrie, aber Frank war außer Hörweite; glücklicherweise hatte er jedoch meinen Sturz gesehen und rannte bereits auf mich zu. Noch bevor er mich erreichte, war es mir gelungen, mich vorsichtig wieder auf festes Eis zu ziehen. Ich hatte Glück gehabt, dass ich quer in die Spalte gestürzt war und nicht schräg, denn wenn der Winkel nur ein klein wenig anders gewesen wäre, hätte ich die Wand ganz verfehlt. Wir schauten durch das Loch in den blauen Abgrund unter uns und warfen Eisstückchen hinunter, um herauszufinden, wie tief er reichte. Es klirrte, wenn sie weit unten die Wand berührten, dann wurde das Klimpern schwächer und schwächer, bis wir es nicht länger hören konnten.

Das Weihnachtsessen an jenem Abend war ein Fest, das ich wegen seiner abenteuerlichen und kameradschaftlichen Atmosphäre nie vergessen werde. Der Eintopf schmeckte besser als jede Weihnachtsgans, und der Kaffee war so anregend wie Champagner. Dann gab es noch Franks Kuchen. Bevor wir die Hütte verließen, hatte ich extra für dieses Fest einen gebacken, aber er war zu groß, deshalb aßen wir ihn vorher auf, und Frank versuchte es mit einem neuen. Der war wirklich gut, doch trotzdem debattierten wir lange darüber, welcher besser geschmeckt hatte. Dann verzehrten wir ein paar Feigen, Mandeln und Rosinen und eine Dose feiner Plätzchen. Wir tranken auf den König, unsere Familien und Freunde, auf unsere Kameraden und auf uns selbst, und schließlich krochen wir zufrieden mit der Welt in unsere Schlafsäcke.

Am Morgen des 26. war das Wetter immer noch schlecht, bei schwerem Sturm und Schneetreiben an der Oberfläche verbrachten wir die Zeit damit, unser Schlittenrad zu reparieren, das ziemlich lädiert war. Den Kranz, dem ein großes Stück fehlte, flickten wir mit Bambussplittern aus unserem Mastbaum, die wir mit Kupferdraht befestigten. Kupferdraht benutzten wir auch, um einige der zerbrochenen Speichen zu ersetzen, und alles in allem machten wir unsere Sache recht gut. Bei der Überprüfung unserer Vorräte ergab sich, dass wir mit der letzten Wochenration neun Tage ausgekommen waren und sogar noch ein wenig Pemmikan und Zwieback übrig hatten, zusätzlich zu einer unangetasteten vollen Wochenration – genug also für weitere neun Tage: fünf um unsere Vermessungen zu vervollständigen und vier für den Rückweg zur Hütte. Da das Schlittenrad repariert war konnten wir es am Nachmittag wieder befestigen und die am Vortag begonnene Arbeit beenden; doch am Abend war das Wetter erneut sehr schlecht.

Am 27. wurden wir einmal mehr durch das Wetter aufgehalten und brachen erst gegen Mittag auf; dann vermaßen wir weitere fünf Kilometer vollständig, was uns, einschließlich zweier Ausflüge zur Küste, bis halb zwei Uhr morgens beschäftigte. Wir hatten aber das Glück, wieder eine zugängliche Felsgruppe zu finden. Der Weg dahin führte allerdings über zahlreiche Gletscherspalten und dann 30 Meter einen 45 Grad steilen Eishang hinunter, in den wir, mit dem Kletterseil gesichert, auf dem größten Teil der Strecke Stufen hineinhackten. Eine weitere Erkundung des Gebiets wurde auf den nächsten Tag verschoben.

Am Morgen wanderten Frank und ich wieder zur Küste hinunter, wo wir mehrere Stunden damit verbrachten, Gesteinsproben zu sammeln. Die Felsgruppe war die größte, die wir je betreten hatten – etwa 260 Meter lang und 18 Meter hoch. Das Gestein bestand aus sehr grobem Gneis mit großen Granateinschlüssen, die manchmal einen Durchmesser von fast fünf Zentimetern hatten. Den meisten Platz nahm eine vielköpfige Pinguinkolonie ein, und in fast jedem Nest hockten ein oder zwei Junge, manche frisch geschlüpft, andere schon neun oder zehn Tage alt. Buntfußsturmschwalben, Antarktis- und Schneesturmvögel flatterten herum, Küken waren aber nicht zu finden. Etwas weiter östlich konnten wir eine andere, noch größere Felsgruppe sehen, die zugänglich zu sein schien. Am Nachmittag nahmen wir unsere Traverse wieder auf und vermaßen fünf Kilometer ohne Zwischenfall. An diesem Abend aßen wir Pinguinsteaks, die wir im Deckel des Kochers gebraten hatten, der mit einem Stück Kupferdraht als Griff zur Pfanne umfunktioniert worden war. Sie bildeten eine willkommene Abwechslung auf unserem Speiseplan und schmeckten uns ganz vorzüglich. Wir arbeiteten noch lange, und als ich mit dem Plattenwechseln der Kamera fertig war, ging es auf zwei Uhr nachts.

Genau in diesem Augenblick hatten wir das Glück, Zeugen zu werden, wie ein Eisberg geboren wurde. Gerade als wir in unsere Schlafsäcke kriechen wollten, veranlasste uns ein plötzlich einsetzendes langes Krachen, auf die Füße zu springen und nach draußen zu eilen. Weit zu unserer Rechten, direkt hinter der Krümmung der Bucht war die Küste in Sicht, und ungefähr anderthalb Kilometer entfernt spritzten Gischtschleier auf. Eine riesige Eismasse, die von der Kante gebrochen war, stieg hoch aus den Wellen und sank wieder herab, bis sie fast vollständig untergetaucht war. Dann kam sie erneut ans Licht, erst die eine Seite, dann die andere, während die ganze Zeit krachendes Dröhnen wie von konzentriertem Artilleriefeuer die Luft erfüllte. Wir sahen dem Berg eine halbe Stunde lang zu, bis seine Bewegungen etwas ruhiger geworden waren, aber noch lange nachdem wir in unsere Schlafsäcke gekrochen waren ging der allmählich abnehmende Lärm weiter, ehe er endlich ganz aufhörte. Für einen Eisberg war er nicht besonders groß, trotzdem freuten wir uns, dass wir das Ereignis miterlebt hatten, auch wenn es zum Fotografieren zu weit weg gewesen war.

In den nächsten beiden Tagen machten wir die wichtigsten Entdeckungen unserer Reise. Wir zogen bei prächtigem Wetter zur Küste und fanden leichten Zugang zu den früher entdeckten riesigen Felsmassen, die sich als höchst interessante Objekte entpuppten. Es gab zwei große Vorsprünge, beide etwa 300 Meter breit, die an der Landseite durch einen Schneedamm verbunden waren, den zahlreiche Pinguine als Weg benutzten. An der dem Meer zugewandten Seite endeten die Felsen in bis zu 30 Meter hohen Klippen, auf denen wir mehr Vögel sahen als jemals zuvor. Zuerst fanden wir auf einem Felsband hoch über dem Meer zwei Nester des großen Silbersturmvogels und in beiden lagen Eier. Es war schwierig, dort hochzukommen, aber ich schaffte es und machte (während meine Beine von einem schmalen Sims baumelten) ein Foto, fing auch einen der Vögel und holte mir zwei Eier für unsere Sammlung. Das war auf der westlichen Seite; an der Ostseite entdeckten wir eine große Kaptaubenkolonie. Dort sicherten wir uns sieben Musterexemplare und ungefähr 40 Eier. Beide Funde waren sehr wichtig, denn bis zu diesem Zeitpunkt war noch nie eine Brutstätte des Silbersturmvogels gefunden worden, und Kaptauben hatte man nur in viel weiter nördlich gelegenen Breiten entdeckt. Auch fanden wir reichlich Nester des Schneesturmvogels, doch keine vom Antarktissturmvogel oder der Buntfußsturmschwalbe, obwohl wir lange Zeit suchten.

Die Nester zu fotografieren und auszurauben war gar nicht so einfach. Ich habe ja schon erwähnt, dass Sturmvögel die Angewohnheit haben zu spucken, und jetzt sahen, oder vielmehr spürten wir das natürlich am eigenen Leib. Auf den schmalen Felsbändern sitzend, die Füße oftmals über einem steilen Abgrund baumelnd, gab es kein Entrinnen, und schon bald sahen Frank und ich furchtbar aus. Die Kaptauben waren mit Abstand die schlimmsten, sowohl was ihre Reichweite als auch ihre Zielsicherheit anbetraf, aber der Schneesturmvogel folgte gleich auf dem zweiten Platz. Zwei Meter waren ein Klacks für ersteren, und ein kleiner Kerl gleich rechts von mir traf mich jedes Mal, wenn ich mich rührte, am Kopf. Ich fotografierte gerade eine Gruppe von Nestern direkt vor mir und musste mich deshalb auf meine Arbeit konzentrieren.

Was diese beiden Spezies spuckten, bildete farblich einen starken Kontrast, denn der Schneesturmvogel spuckte Rot, während die Kaptaube ein leuchtendes Gelb bevorzugte. Ihre vereinten Anstrengungen gaben uns bald von Kopf bis Fuß das Aussehen von Clowns.

Geologisch betrachtet waren diese Felsen denen, die wir bereits untersucht hatten, sehr ähnlich; sie gehörten offenbar zu derselben Gneisformation, die auch am Winterquartier zutage trat. In der Mitte jedoch fiel ein riesiger eingebetteter Basaltlagergang auf, der den Gneis in einem Winkel von 45 Grad zerteilte und von dem aus zahlreiche kleine Gangstöcke in alle Richtungen den umgebenden Fels durchdrangen. Beladen mit Gesteinsproben, Vögeln, Eiern und Fotos kehrten wir zum Zelt zurück; unsere Arbeit war jetzt eigentlich getan.

Am 30. Dezember um 15 Uhr waren wir bereit, zur Heimreise aufzubrechen, aber erst wollte Stillwell die Traverse noch bis zum Madigan-Nunatak vorantreiben, also bauten wir auch auf dem Weg bergan Schneehügel. Am nächsten Morgen war der Himmel bewölkt, und nach drei Kilometer fing es heftig an zu schneien, also schlugen wir das Lager auf. Viel mehr gibt es nicht zu berichten. Dieser Schneesturm hielt uns drei Tage fest, es gab zwar nur wenig Wind, aber der Schnee fiel so dicht, dass die Sichtweite auf ein paar Meter beschränkt blieb. Es war warm – eigentlich zu warm; ungefähr minus vier Grad Celsius draußen, aber im Zelt stiegen die Temperaturen über den Gefrierpunkt und es fing an zu tauen. Alles wurde nass und unser Unbehagen steigerte sich noch durch das Gewicht des sich anhäufenden Schnees, der die Zeltwände eindrückte und den Raum beengte, bis wir uns schließlich gar nicht mehr richtig ausstrecken konnten.

Alle Schlittenmannschaften sollten Ende Dezember zurück sein, daher beschlossen wir am 3. Januar, die Traverse zum Nunatak aufzugeben und uns beim ersten Anzeichen für schöneres Wetter auf den Heimweg zu machen. Am nächsten Tag trat eine Wetterbesserung ein, es gab keinen Schnee und nur wenig Wind, und so war es eine Freude, endlich wieder unterwegs zu sein. An dem Tag schafften wir fast 20 Kilometer über sehr schweres Gelände und waren deshalb sehr müde, als wir das Lager aufschlugen. Drei Tage verkrampft in einem Schlafsack zu liegen, verbessert die Kondition nicht gerade. Wir verfügten immer noch über reichlich Proviant: die letzte Wochenration hatte acht Tage gehalten, und uns blieb, wenn nötig, noch genug für vier oder fünf weitere Tage; das einzige, was knapp geworden war, war der Kakao. Den Nunatak hatten wir links liegen lassen, und mittlerweile waren wir nur noch 40 Kilometer von der Hütte entfernt.

Der nächste Tag, der 5. Januar 1913, war unser letzter Reisetag. Um sechs Uhr morgens brachen wir auf und trafen auf eine weiße Schneewand, die die Sastrugi verbarg und es schwer machte, die Richtung zu halten. Doch wir kämpften uns durch, und dann wurden sowohl Wetter als auch Oberfläche besser, sodass wir gut vorankamen und beschlossen, zur Hütte zu gehen, ohne das Zelt noch einmal aufzuschlagen. Spät am Nachmittag sichteten wir die Mackellar-Inseln, aber da wir zu weit nach Norden abgekommen waren gerieten wir in ein großes, wild zerklüftetes Amphitheater, das in steilen, von Gletscherspalten durchzogenen Terrassen abbrach. Unser Schlittenrad war schon wieder kaputtgegangen, daher hatten wir keine Möglichkeit, Entfernungen zu schätzen. Um aus diesem Gebiet herauszukommen, mussten wir drei Kilometer fest bergan ziehen, bis wir endlich auf den Grat des Kamms gelangten, der etwas unterhalb von Aladins Höhle lag.

Wir fühlten uns alle noch recht frisch, obwohl Close sich auf dem rauen Eis die Füße wund gelaufen hatte und unsere Lippen von Sonne und Wind spröde und rissig geworden waren. Die letzte Etappe verlief problemlos, und als wir den Abhang zur Hütte hinuntergingen, blickten wir hoffnungsvoll aufs Meer hinaus. Wir hielten Ausschau nach einem Rauchzeichen von der *Aurora*, die um diese Zeit zurückerwartet wurde. Somit endete unsere Schlittenreise um 23 Uhr nach einer letzten Etappenleistung von 42 Kilometern in 17 Stunden.

14. Kapitel

Letzte Tage in Adélie-Land

Unsere Arbeit war nun beendet und uns blieb eigentlich nichts anderes mehr zu tun, als auf die Rückkehr der anderen Schlittenmannschaften und die Ankunft der *Aurora* zu warten. Als die Magnetpol-Abteilung wiederkam, waren wir in der Hütte zu neunt. Jetzt suchten wir Tag für Tag den nördlichen Horizont nach der Rauchfahne ab, die das Kommen der *Aurora* und der Briefe aus der Heimat ankündigen würde. Im Lager herrschte eine gelöste Stimmung und plötzlich wurde uns bewusst, dass es noch eine Welt außerhalb der Antarktis gab. Über ein Jahr lang hatten wir so selbstgenügsam gelebt, dass es uns vorkam, als wäre es schon immer so gewesen. Erinnerungen an ein anderes Leben waren verdrängt worden, kehrten aber nun mit der Aussicht auf baldige Heimkehr wieder an die Oberfläche des Bewusstseins zurück.

Wir freuten uns am warmen Sonnenschein und dem einfachen Leben, obwohl es immer noch viel zu tun gab. Fotos mussten entwickelt werden und ich stellte begeistert fest, dass ich von unserer letzten Schlittenreise um die 70 Negative mitgebracht hatte. Johnnie Hunter und ich hatten auch noch vieles einzupacken; wir waren eifrig damit beschäftigt, unsere zoologischen Sammlungen zusammenzustellen und zum Verschiffen vorzubereiten.

Mit der Zeit machte sich ein wenig Nervosität breit, weil die anderen Schlittenmannschaften nicht wiederkamen und auch weil die *Aurora* noch nicht aufgetaucht

197

war. Ihre tatsächliche Ankunft überraschte dennoch alle. Eines Tages ging Walter Hannam während des Mittagessens für einen Moment nach draußen und kehrte sofort wieder zurück, um uns mitzuteilen, dass das Walboot soeben in den Bootshafen einlaufe. Offenbar hatte das Schiff schon um zwei Uhr morgens die Küste erreicht und im Windschatten der Barriere im Westen geankert. Dort war es wegen eines Felskamms von der Hütte aus nicht zu sehen, und obwohl wir den ganzen Morgen über oftmals die Augen suchend über das Meer im Norden schweifen ließen, war niemand auf die Idee gekommen, einen kleinen Spaziergang zu unternehmen, der uns die Ankunft der *Aurora* verraten hätte.

Das Mittagessen war auf der Stelle vergessen, und als das Walboot am Landeplatz anlegte, wurde es lauthals begrüßt: Um Kapitän ›Miesepeter‹ Davis zu zitieren: »Wir wurden sehr herzlich empfangen von neun wild aussehenden Männern, von denen einige vom Wetter gegerbte Bärte trugen. In Anbetracht des strengen Winters sahen sie alle recht gesund und munter aus, wie sie da so in freudiger Erregung herumrannten.«

Hinter dem Kapitän sprang als nächster Eitel an Land, der Sekretär der Expedition, und nachdem er jedem die Hand geschüttelt hatte, holte er einen großen Stapel Briefe, Päckchen und Zeitungen aus dem Boot. Wir legten sie für einen Moment beiseite, um unsere Besucher voller Besitzerstolz herumführen zu können; aber als dann das Beiboot mit einer Ladung gesammelter Artefakte wieder zum Schiff zurückfuhr, lasen wir unsere Post. Briefe enthalten natürlich sehr persönliche Dinge, die für den Adressaten von großem Wert sind, aber was Zeitungen anbelangt war es erstaunlich, wie wenig Interessantes wir zu lesen fanden. Die meisten Nachrichten sind nur von vorübergehendem Aufmerksamkeitswert, sodass sie, wenn man sie nicht tagtäglich verfolgt, in der Rückschau keinen Wert mehr haben. Australien hatte die Cricket-Weltmeisterschaft verloren; die *Titanic* war gesunken und hatte viele Menschen in den Tod gerissen; auf dem Balkan war Krieg ausgebrochen; Scott verbrachte noch ein Jahr in der Antarktis – das war alles, was in unserer Abwesenheit passiert zu sein schien, obwohl nach unserer Rückkehr bei Unterhaltungen mit anderen Menschen unsere Wissenslücken in weltlichen Dingen doch manchmal auffielen.

Am Abend luden wir ein paar Gäste vom Schiff zu einem besonderen Abendessen ein, bei dem wir unsere neu erworbenen Kochkünste unter Beweis stellten, und nach den üblichen Fragen zur Reise wollten unsere Besucher gern Geschichten über das schwierige Leben an der Küste hören. Unter ihnen war auch mein alter Schulkamerad Fletcher, den ich seit vielen Jahren nicht mehr gesehen hatte und der jetzt Erster Maat auf der *Aurora* war.

Nachdem die erste Aufregung sich gelegt hatte, gab es bis zur Rückkehr der anderen Schlittenreisenden nichts zu tun, als haufenweise Proben und sonstige Ausrüstung zum Schiff zu schicken. Tag um Tag verstrich und die Sorge wuchs. Kapitän Davis wollte unbedingt vor dem 30. Januar abfahren, weil er noch das zweite Lager, mehr als 2500 Kilometer weiter westlich, erreichen musste.

Jetzt erst erfuhren wir von der recht prekären Lage, in der er unsere Kameraden zurückgelassen hatte. Als die *Aurora* ein Jahr zuvor Adélie-Land verließ, hatte man gehofft, diese Basis 700 oder 800 Kilometer entfernt an der Küste errichten zu können, und sogar ein Treffen der Schlittenmannschaften aus beiden Lagern war für möglich gehalten worden. Tatsächlich aber hatten sich die Küsten westlich der Commonwealth-Bucht als ebenso unzugänglich erwiesen wie die im Osten. Ein breiter Gürtel aus dichtem Packeis lag vor der Küste, und trotz vieler Versuche, ihn zu durchdringen, wurde die *Aurora* immer weiter nach Westen und sogar nach Norden abgedrängt. Gerade als es so aussah, als müsse alle Hoffnung auf eine Landung aufgegeben werden und das Schiff wieder Kurs auf Australien nahm, wurde ein Eisschelf ähnlich dem vor Adélie-Land entdeckt, an dessen Westseite es offenes Wasser gab. Anders als in der Commonwealth-Bucht jedoch reichte das offene Wasser nicht bis ans Land heran; das Schiff wurde von einer Treibeisdecke fern gehalten, die vom letzten Winter übrig geblieben und noch nicht zerbrochen war.

Die Zeit drängte zu verzweifelten Maßnahmen: entweder man gab die Errichtung einer zweiten Basis auf oder die Gruppe versuchte eine Landung weit vor der Küste. An der Stelle, an der das Meereis sich mit den Klippen der Eiskante traf, führten Schneerampen nach oben. Es war ein gefährliches Experiment, denn noch nie hatte eine Expedition erwogen, auf der unsicheren Oberfläche einer Eisbarriere zu überwintern. Solche Barrieren sind unweigerlich von zahlreichen Spalten durchzogen, und ständig brechen große Teile ab, aus denen neue Eisberge entstehen. Überdies betrug die Entfernung zum Land mehr als 25 Kilometer, und alle Schlittenmannschaften würden dieses gefährliche Gebiet überqueren müssen, bevor sie überhaupt mit ihren Forschungen beginnen konnten. Die acht Männer des Teams waren allerdings einstimmig dafür, diese Chance zu ergreifen, also wurden sie mit ihrer gesamten Ausrüstung auf dem Treibeis neben der Eiskante abgeladen. Mit Scherenkran und Flaschenzug schaffte man alles nach oben und ein Stück von der Kante weg, dorthin, wo die Hütte errichtet werden sollte. In dieser Situation hatte man unsere Kameraden sich selbst überlassen, und natürlich machte Kapitän Davis sich nun Gedanken darüber, wie es ihnen wohl ergangen war. Nur ein paar Kilometer weiter westlich war die deutsche Expedition unter Drygalski recht früh im Jahr eingefroren, und wenn er die zweite Besatzung während der kurzen Sommerzeit noch abholen wollte, durfte er den Versuch nicht zu spät zu wagen.

So war in diesen Tagen des angstvollen Wartens der Stand der Dinge. Das Wetter zeigte sich zwischendurch immer wieder von seiner guten Seite. Aus der Sicht derer, die an der Küste gelebt hatten, gehörten die gelegentlichen Stürme nun schon so sehr zum normalen Klima, dass ich sie in meinem Tagebuch gar nicht mehr erwähnte. Aber für das Schiff war das etwas anderes. Ständig musste die Besatzung aufpassen, dass es nicht an die Küste oder auf die Felsinseln und Riffe vor dem Winterquartier getrieben wurde.

Am 16. Januar 1913 tauchten auf dem Abhang hinter der Hütte drei Gestalten auf, und ein paar Minuten später konnten wir Madigan, Dad McLean und Correll begrüßen, die fast zehn Wochen fort gewesen waren.

Sie hatten eine spannende Geschichte von einer höchst erfolgreichen Reise ungefähr 450 Kilometer nach Osten zu erzählen. Da dieses Buch hauptsächlich ein persönlicher Bericht ist, möchte ich ihre Abenteuer nur in groben Zügen schildern, obwohl die detaillierte Beschreibung meiner eigenen Ost-Reise vielleicht einen allgemeinen Eindruck davon vermittelt, welche Bedingungen sie antrafen. So wie die Magnetpol-Abteilung mussten auch sie weiter und schneller reisen als ihre Hilfsmannschaft, an Proviant sparen und eine weit größere Strecke schwierigen Geländes bewältigen. Um ihre Reise zu verstehen, muss man eine Karte dieses Teils der Antarktis studieren, wobei diese Karte natürlich im Wesentlichen das Ergebnis der von ihnen gesammelten Informationen ist.

Wie das mit Eis bedeckte Plateau mehrere hundert Kilometer südlich der Hütte beschaffen ist, wurde ja bereits beschrieben, außerdem ist bekannt, dass dieses Plateau sich nicht nur nach Westen, sondern auch nach

Osten erstreckt, wo es schließlich an der hohen Gebirgskette endet, welche die Westküste des mehr als 1000 Kilometer entfernten Ross-Meeres bildet. Grob gesprochen fällt dieses Plateau allmählich zum Meer hin ab, doch etwa 70 Kilometer östlich der Hütte liegt das erste von zwei breiten Tälern, die in Nord-Süd-Richtung verlaufen. Durch diese Täler schiebt sich das Eis mit erhöhter Geschwindigkeit in Form von zwei riesigen Gletschern, die als große, schwimmende Eiszungen ins Meer drängen. Der erste dieser Gletscher wurde später ›Mertzgletscher‹ genannt, der zweite ›Ninnisgletscher‹, nach unseren beiden Kameraden, die an ihren Hängen den ewigen Schlaf schlafen. Durch die Gletscherzungen wird das Packeis zurückgehalten, das im Meer weiter östlich aufkommt, und das wiederum hindert die im Winter gefrorenen Schollen daran, vom Land fortzudriften, sodass die Küste fast gänzlich vereist und für Schiffe unzugänglich ist. Der westliche Rand des Mertzgletschers bildet die Grenze zum offenen Meer hin, durch das die *Aurora* zu unserem Winterquartier kam. Die gesamte Oberfläche beider Gletscher ist von einem Labyrinth aus Presseisrücken und Gletscherspalten durchzogen, die zu überqueren eine sehr heikle und gefährliche Angelegenheit war.

Durch dieses Gelände hatte Madigans Mannschaft sich gemüht. Südöstlich des Madigan-Nunatak legten sie ihr erstes Depot an, unterhalb des Mount Murchison, einer auffälligen Landmarke neben dem ersten großen Gletscher. Von dort stiegen sie durch ein Seitental hinab auf den Gletscher. Das war ein sehr gefährliches Gebiet, und prompt fiel Correll auch in eine Spalte; später brauchte Madigan die gesamte Länge seines Kletterseils. Madigans Sturz war riskant, denn sie gingen gerade bergab; Madigan war vorn und die anderen beiden bremsten den Schlitten von hinten. Madigan stürzte etwa vier Meter tief, blieb schließlich am Ende des Seils im Schlittengeschirr hängen und spürte, wie der Schlitten oben ihm langsam folgte. Den beiden anderen gelang es, ihn mit einem Eispickel zu stoppen, dann zogen sie Madigan wieder hoch, unverletzt, aber noch atemlos von dem plötzlichen Schock. Corrells Abenteuer verlief ähnlich, und es war typisch für McLean, dass er gegen Ende der Reise fast beleidigt war, als Einziger keinen Unfall auf dem Gletscher vorweisen zu können.

Im Tal gleich am Rande des Gletschers, lag ein hoher Berggipfel, den sie ›Mount Aurora‹ nannten, die erste von vielen interessanten Entdeckungen. An der Oberfläche des Berges traten Felsen zutage, und in dieser Eiswelt war jede Gesteinsformation unschätzbar wertvoll, weil sie Licht auf den geologischen Aufbau des Kontinents warf. Sie ließen das Zelt in etwa drei Kilometer Entfernung zurück und gelangten zum Gipfel, indem sie Stufen ins Eis hackten, bis sie von schlechten Sichtverhältnissen und Schneefall überrascht wurden. Den Abstieg schafften sie nur mit größter Mühe, und im zunehmenden Schneetreiben fanden sie das Zelt nur noch, weil sie zufällig auf ihre eigenen Spuren stießen, in denen sie dann zurückeilten. In einem so trügerischen Klima ist es bei jedem Wetter riskant, sich zu weit vom Lager zu entfernen.

Das Überqueren des Mertzgletschers war ein sehr schwieriges Unternehmen, und sie mussten sich zwischen den gähnenden Spalten auf beiden Seiten einen Weg über schmale Grate suchen. Dieser Teil des Gletschers schwamm auf dem Wasser, und erst als sie den östlichen Rand erreichten, kamen sie auf festes Gletschereis, das ihnen mehrere Tage gutes Terrain bot. Zur Rechten erschien die Küste, die hier und da große Felsvorsprünge aus Granit aufwies, die auf dem Rückweg erkundet wurden. Über die Ninnis-Gletscherzunge kamen sie wieder auf das vereiste Meer, fast 70 Kilometer vom Land entfernt, auf das sie mit dem Schlitten zuhielten, nachdem sie an einem herausragenden Punkt ein Depot angelegt hatten.

Dabei machten sie die größte Entdeckung ihrer gesamten Reise; sie trafen nämlich auf eine gigantische, über 300 Meter hohe und fast sieben Kilometer lange Felsküste, die von steil aufragenden Klippen aus säulenförmigem Dolerit noch um fast 200 Meter überragt wurde. Die perfekt geformten Säulen sahen wie eng beieinander stehende riesige Orgelpfeifen aus und boten einen Ehrfurcht gebietenden Anblick. Am Abhang zu Füßen der Klippe traten horizontale Sandsteinschichten unbekannten geologischen Alters zutage, und die darin eingeschlossenen fossilen Pflanzenreste erzählten von einer fernen Zeit mit einem weniger strengen Klima, das an genau der Stelle Sträucher und vielleicht sogar Bäume gedeihen ließ. In anderen Teilen der Antarktis gibt es weitere Hinweise darauf, dass der Kontinent nicht immer von Eis bedeckt war, und vor den Küsten des Ross-Meeres liegen außerdem Korallenbänke, die von anderem Sedimentgestein durchzogen sind.

Das war der äußerste Punkt, den Madigans Mannschaft erreichte. Sie drehten dort, mehr als 450 Kilometer von der Hütte entfernt, schließlich um.

Nahe der Küste war das Meereis sehr dünn und es gab zahlreiche offene Wasserstraßen, daher die große Zahl von Adéliepinguinen, die ihre Brutplätze auf den umliegenden Felsen hatten. Weiter hinten entdeckten sie Nistplätze von Kaptauben, ähnlich denen, die wir auf unserer Schlittenreise gefunden hatten, dazu mehrere Nester des Silbersturmvogels, sowie kleine, milbenähnliche Insekten, die im feuchten Moos auf der Unterseite von Steinen herumkrochen. Das waren die einzigen echten Landlebewesen, die wir während der gesamten Expedition zu Gesicht bekamen.

Die restliche Geschichte der Heimreise dieser Gruppe ist die gleiche wie bei allen anderen Schlittenreisen.

Gute und schlechte Tage; Tage, an denen auf guter Oberfläche 20 bis 25 Kilometer geschafft wurden; Tage, an denen um jeden Meter gekämpft werden musste und das Schlittenrad nach stundenlanger Plackerei am Ende doch nur ein erbärmliches Tagesergebnis anzeigte. Es gab die üblichen Zwangspausen, wenn dichtes Schneetreiben die Weiterreise vollkommen unmöglich machte, sowie andere Phasen, in denen das blasse, ungewisse Licht des bewölkten Himmels Anfälle von Schneeblindheit brachte.

Sie überquerten den Mertzgletscher und erreichten die Sohle des Tals, das zum Mount Murchison führte, auf dessen Gipfel sich das letzte Depot befand, in dem reichlich Proviant für den Rückweg zur Hütte lagerte. Ihre Nahrungsvorräte waren praktisch aufgebraucht, obwohl sie noch fast anderthalb Pfund Pinguinfleisch hatten, das sie sich an der Küste besorgt hatten. Sie hatten nur noch 13 Kilometer vor sich – ein vergleichsweise einfacher Tagesmarsch. Doch da fingen ihre Probleme an. Wo es vorher harte Sastrugi gegeben hatte, war jetzt nur noch weicher Schnee, in dem sie bis zu den Hüften einsanken und selbst dann keinen festen Halt unter den Füßen bekamen. Wenn sie den Schlitten vorn etwas hochhoben, kamen sie ein paar Zentimeter vorwärts, aber als sie nach vielen Stunden vor lauter Erschöpfung kampieren mussten, hatten sie trotz aller Mühen den ganzen Tag über nur drei Kilometer geschafft. Am nächsten Tag war es sogar noch schlimmer, daher versuchten sie, den Schlitten vorwärts zu bekommen, indem sie einen Großteil der schweren Ausrüstung abluden, die sie später nachholen wollten. Auf diese Weise schafften sie fast zwei Kilometer, bevor ihre Kräfte sie verließen. In dieser Zeit lebten sie von einer Brühe aus zerkleinertem Pinguinfleisch, die aber jetzt zu Ende ging, sodass sie dem Verhungern nahe waren, obwohl kaum acht Kilometer entfernt Proviant lagerte.

Einer musste allein hingehen, daher beschloss Madigan, den Versuch zu wagen, und ließ die anderen in ihren Schlafsäcken zurück. Es war ein langer, mühseliger Marsch. Stunde um Stunde kämpfte er sich durch hüfthohen Schnee, und als er den Gipfel endlich erreichte, war er vollkommen erschöpft. Das Depot lag ihm buchstäblich zu Füßen. Was einmal ein fast zweieinhalb Meter hoher Eishügel gewesen war, ragte jetzt nur noch einen halben Meter aus dem Schnee heraus, aber obenauf flatterte noch tapfer die Flagge. In den wenigen Wochen ihrer Abwesenheit waren zwei Meter Schnee gefallen, die sogar an dieser windumtosten Stelle liegen geblieben waren. Glücklicherweise hatte Madigan den Spaten dabei und konnte sofort beginnen, den so bitter benötigten Proviantsack auszugraben. Nachdem er sich ein wenig gestärkt hatte, machte er sich gleich auf den Rückweg, und da er seiner eigenen Spur folgte, kam er besser voran. Trotzdem war er sehr langsam; als er nicht mehr weit vom Zelt entfernt war, konnte er den anderen zurufen, sie sollten schon einmal den Kocher mit Schnee füllen und den Primus anzünden. Schließlich kroch er ins Zelt, und da war das Wasser zur Vorbereitung des sehnsüchtig erwarteten Essens schon geschmolzen. Er fand McLean und Correll frierend und elend vor, es war ihnen nicht möglich gewesen zu schlafen. Sein 13 Kilometer langer Marsch hatte elfeinhalb Stunden gedauert.

Gestärkt durch Essen und Schlaf nahmen sie ihre Reise wieder auf, und da der Schlitten von allem Entbehrlichen befreit war, konnten sie ihn schließlich zum Gipfel schaffen. Von da an ging alles glatt, und nach zwei langen Märschen von jeweils über 30 Kilometern erreichten sie Aladins Höhle, wo sie einen Haufen Orangen vorfanden und eine Nachricht, die besagte, dass das Schiff eingetroffen sei.

Nach der Rückkehr von Madigans Mannschaft waren nun nur noch zwei Gruppen unterwegs. Um ein Uhr am 18. kamen Bickerton, Whetter und Hodgeman aus dem Westen zurück, wo sie einen Punkt in 270 Kilometer Entfernung erreicht hatten. Sie waren die ganze Zeit über auf dem Plateau geblieben, zu ihrer Rechten fast immer das Meer in Sicht, und hatten keine landschaftlich markanten Punkte von geographischem Interesse gefunden. In der von ihnen eingeschlagenen Richtung erstreckte sich nur die öde Ebene, ohne dass Berge oder Täler sie unterbrochen hätten und außerhalb der Grenzen der Commonwealth-Bucht umgürtete festes Packeis das Land, so weit das Auge reichte. Die meiste Zeit hatten sie ihren Schlitten selber gezogen. Bereits 30 Kilometer von der Hütte entfernt war der Motorschlitten defekt geworden, und weil er nicht mehr repariert werden konnte ließen sie ihn zurück und machten von da an genauso weiter wie alle anderen Mannschaften. Sie erzählten die alte Geschichte von unterschiedlichem Gelände, Schneetreiben und Schneestürmen, Gletscherspalten und schlechter Sicht, und von vereinzelten ruhigen Tagen mit Sonnenschein, in denen es eine Freude war, den Schlitten zu ziehen. Immerhin hatten sie, indem sie den Küstenverlauf kartografierten, den bereits erfassten Konturen des antarktischen Kontinents einen weiteren Abschnitt hinzugefügt.

Alles in allem leistete unsere Expedition einen wesentlichen Beitrag zur geographischen Bestandsaufnahme. Fast 700 Kilometer Küste wurden erforscht und kartografiert, die Beschaffenheit der Oberfläche bis zu 500 Kilometer landeinwärts war erkundet worden, und dazu kamen noch die Ergebnisse der zweiten Basis, die sicherlich umfangreich waren. Bickertons Mannschaft hatte einen interessanten Fund gemacht: einen seltsamen schwarzen Stein, der oben auf dem Eis gelegen hatte. Er war etwa 13 Zentimeter lang und jeweils acht

Zentimeter hoch und breit. Mittlerweile hat man herausgefunden, dass er von einem Meteor stammt – es handelte sich also um den ersten Meteorit, der in der Antarktis gefunden wurde.

Wir waren sehr erleichtert über Bickerton Rückkehr; jetzt fehlte nur noch Dr. Mawsons Mannschaft. Der letzte Tag, an dem alle Schlittenabteilungen zurück sein sollten, war der 15. Januar, und als Tag um Tag verstrich, wuchs die Befürchtung, dass etwas Schreckliches passiert war. Das freudige Gefühl der Befreiung, das die Ankunft des Schiffes hervorgerufen hatte, wich allmählich einer nagenden Angst.

Falls ihm irgendetwas zustieße, sollte nach Dr. Mawsons Anweisungen Kapitän Davis die Führung übernehmen, und als der Doktor eine Woche überfällig war, rief der Kapitän Bage und Madigan zur Beratung. Dabei wurde beschlossen, alle Vorbereitungen dafür zu treffen, dass eine Gruppe einen weiteren Winter in Adélie-Land verbringen konnte, um im Südosten so weit wie möglich nach Spuren der vermissten Männer zu suchen. Die Auswahl derjenigen, die bleiben sollten, war schwierig, denn die Aussicht auf noch so einen Winter, wie wir ihn gerade erlebt hatten, war alles andere als angenehm; besonders da es keine Hoffnungen und Ziele mehr gab, die bislang so viel dazu beigetragen hatten, die Stimmung hochzuhalten. Außerdem würden viele gute Kameraden fehlen, und überdies hatte uns mit dem Schiff der Ruf der Heimat erreicht.

Kapitän Davis fiel die wenig beneidenswerte Aufgabe zu, die auszuwählen, die bleiben mussten. Madigan wurde die Leitung übertragen, und ihm zur Seite standen Bage, Bickerton, Hodgeman und McLean, während Jeffries, der gerade erst mit dem Schiff gekommen war, sich freiwillig als Funker meldete. Wenn Mawson bis zum 30. nicht zurückkehren sollte, würde das Schiff losfahren, um die Besatzung der zweiten Basis abzuholen.

Mit Hilfe der Matrosen vom Schiff wurde der Haupttelegrafenmast, der im September vom Wind umgeweht worden war, wieder aufgerichtet, frische Vorräte und Kohle wurden angelandet, Pinguine und Robben geschlachtet, und alles getan, damit die Zurückbleibenden ein weiteres Jahr gut überstehen konnten. In dieser Zeit ging uns die Arbeit nur schwer von der Hand, denn diejenigen, die abreisen durften, fühlten sich fast schuldig, dass sie ihre Kameraden so einfach im Stich ließen.

Als der 30. Januar kam, war von Dr. Mawson und seinen beiden Begleitern immer noch nichts zu sehen. Bis zum letzten Augenblick klammerten wir uns an die schwache Hoffnung, dass ein kleineres Missgeschick sie so lange aufgehalten hatte, doch diese Hoffnung mussten wir widerwillig aufgeben. Ihre Vorräte waren begrenzt, und es gab mittlerweile bereits Anzeichen dafür, dass die kurze Sommersaison sich ihrem Ende zuneigte. Tag um Tag wehte der Wind mit wechselnder Kraft, doch selbst wenn das Wetter um die Hütte klar war, zeigten die wirbelnden Schneewolken auf dem Plateau, dass die Atempause nur kurz sein würde. Suchmannschaften waren fast bis zum Madigan-Nunatak ausgeschwärmt und hatten nichts gefunden, doch sie errichteten mehrere Schneehügel, auf die sie Proviant legten für den Fall, dass zufällig ein hungriger Wanderer darauf stieß. Jetzt konnten wir nichts anderes mehr tun als Abschied zu nehmen. Selbst dabei tat das Wetter sein Möglichstes, um es uns schwer zu machen. Sieben Tage lang heulte der Schneesturm, und sieben Tage lang kreuzte die *Aurora* dagegen an, um ihre Position vor der Küste zu halten. Alle Anker gingen verloren, und mit voller Maschinenkraft dampfte sie gegen den Wind. Manchmal konnten wir sie in der aufgewühlten See gerade noch sehen, wie sie im etwas ruhigeren Windschatten der Eisbarriere dem Sturm trotzte; manchmal wurde sie auch aufs Meer hinausgetrieben, kämpfte sich aber immer wieder zurück. Erst am 7. Februar legte sich der Wind für ein paar Stunden, was es dem Walboot ermöglichte, zur Küste zu fahren.

Es dauerte nur Minuten, bis wir an Bord waren. Die zurückbleibende Rettungsgruppe kam mit uns nach draußen, um einen letzten Blick auf das Schiff zu werfen. Es blieb keine Zeit für lange Abschiedsszenen. Wir sprachen nur wenige Worte, aber der letzte Händedruck sagte, was die Lippen nicht aussprechen konnten.

Mein letzter Gruß galt Dad, der einen Augenblick lang so aussah, als wolle er einfach an Bord klettern; dann wandte er sich ab, drehte sich aber wieder um und winkte uns nach, solange das Walboot noch in Sicht war.

Innerhalb einer Stunde war der verschwommene Umriss des Plateaus im Süden verschwunden.

15. KAPITEL

AUF DER HEIMREISE

Als wir an Bord kamen, glich die *Aurora* einem einzigen Eisklumpen. Gischt war über das Deck gesprüht und gefroren, bis das Schiff aussah wie die Schaufensterdekoration eines Zuckerbäckers. Weiß glitzerte die Takelage bis hoch zur Mastspitze und das Vorderdeck war von einer mehr als 30 Zentimetern dicken Eisschicht bedeckt. Die Offiziere auf der Brücke hatten eine furchtbare Zeit hinter sich, denn sie besaßen keine Burberries, und ihre Kleidung war für solche Wetterverhältnisse nicht geeignet. Die Wachen wurden schon nach zwei Stunden abgelöst – länger konnte niemand durchhalten.

Während das Schiff nach Norden dampfte, machten sich alle Mann daran, so viel Eis wie möglich abzuschlagen, und als wir in ruhigere Gewässer gelangten, mussten wir die Takelage gut im Auge behalten, denn beim Tauen fiel das Eis in großen Stücken auf das Deck herab und brachte die unten Arbeitenden in Gefahr.

Wir hatten eine kleine Funkempfangsanlage, an der Hannam an jenem Abend um 20 Uhr 30 zufällig etwas aufschnappte. Es wurde nämlich gerade eine Botschaft durchgegeben. Sie lautete kurz und tragisch: »Mawson zurück. Mertz und Ninnis tot. Kehrt sofort um und holt uns.«

Der Schock lähmte uns alle. Nachdem wir alle Hoffnung aufgegeben hatten, waren wir natürlich sehr froh, den Doktor in Sicherheit zu wissen, aber dass der Cherub und X tatsächlich tot sein sollten, schien einfach unglaublich. Die Einzelheiten kannten wir nicht, nur die nackten Tatsachen; es gab nichts zu diskutieren, und doch versammelten wir uns in kleinen Gruppen und überlegten, was passiert sein könnte.

Das Schiff dampfte erneut nach Süden, und gegen Morgen befanden wir uns wieder vor Kap Denison. 170 Kilometer weiter nördlich waren wir bei warmem Sonnenschein über eine unbewegte See gefahren; hier fegte der Wind so heftig wie eh und je die Eiskante herab. Den ganzen Tag über nahm er zu, bis er am Abend Orkanstärke erreichte und das Schiff wieder mit Gischt überzog, der schon beim Niedergehen gefror. Das Barometer fiel noch niedriger als sonst in der Gegend üblich, denn dort erreicht es sowieso nie die Werte anderer Breitengrade. Durch den Sprühregen war die Küste kaum auszumachen.

Kapitän Davis kam in die Messe und rief die ganze Landmannschaft zusammen. Er hatte Mühe, seine Gefühle zu beherrschen, nie zuvor hatten wir ihn so betroffen gesehen. Leise und in knappen Worten erklärte er uns, dass auf ihm eine schwere Verantwortung laste; bevor er eine Entscheidung treffe, wolle er uns ins Vertrauen ziehen und gern unsere Meinungen und Vorschläge zur weiteren Vorgehensweise hören. Er betonte, dass er eigentlich sehr gern bleiben und jene aufnehmen würde, die an der Küste ausharrten, dass er sich aber auch große Sorgen um das Schicksal der Besatzung der zweiten Basis mache. Er hatte sie in einer sehr schwierigen Lage zurückgelassen, die bis dahin in der Antarktis nicht vorstellbar gewesen war, und es konnte durchaus sein, dass sie genau in diesem Augenblick in großen Schwierigkeiten steckten. Zudem war der Sommer schon weit fortgeschritten, und die Drygalski-Expedition hatte das Meer um diese Jahreszeit bereits vereist vorgefunden. Andererseits waren die in Adélie-Land Zurückgelassenen mit einer sicheren Hütte und reichlich Proviant für mindestens ein weiteres Jahr gut ausgestattet. Wir wüssten ja besser als er, wie es sich mit dem Wetter verhalte; es sei zwar möglich, dass wir den Rest unserer Besatzung innerhalb von 24 Stunden an Bord nehmen könnten, aber ebenso gut könne es auch sein, dass wir wochenlang warten müssten. Außerdem war nicht mehr allzu viel Kohle in den Bunkern – kaum genug, um uns zur zweiten Basis und wieder zurück nach Hobart zu bringen. Wir hatten hier und jetzt zu entscheiden, ob wir noch eine Zeit lang warten oder sofort Wilds Mannschaft zur Hilfe eilen wollten. Im letzteren Fall konnten Dr. Mawson und seine Gefährten erst im nächsten Sommer erlöst werden.

Es blieb eine Weile still, und nur der Wind, der in der Takelage heulte, schien die Antwort zu geben. Dann ergriff einer von uns das Wort, ich weiß nicht mehr, wer es war. Seine Meinung fand einhelligen Beifall. Wir hätten größtes Vertrauen in Kapitän Davis, und was immer er auch entscheide, wir würden es ohne Murren akzeptieren und ihn unterstützen, wenn er jemals für sein Handeln zur Verantwortung gezogen werden sollte.

Er seufzte erleichtert und sagte dann einfach: »Nun, meine Herren, meiner Meinung nach sollten wir auf der Stelle Wilds Mannschaft holen.«

Fast genau in diesem Augenblick ließ Dr. Mawson über Funk eine Botschaft an uns senden, die wir nicht erhielten. Darin emfahl er Kapitän Davis, in dieser Angelegenheit nach eigenem Gutdünken zu verfahren und, wenn er es für nötig hielt, sofort nach Westen aufzubrechen. Hätten wir die Nachricht erhalten, wäre die Last der Verantwortung für den Kapitän nicht mehr gar so erdrückend gewesen.

Aufs Neue richtete sich der Bug der *Aurora* gen Norden, sodass sie bald aus der Sturmzone in die weit ruhigeren Gewässer gelangte, die vor uns lagen. Die Reise nach Westen ähnelte in vielerlei Hinsicht unserer Annäherung an Adélie-Land im Jahr zuvor. Meistenteils dampften wir über ein blaues Meer voller Eisberge und Eisschollen; manchmal bahnten wir uns einen Weg durch lange Bänder aus losem Treibeis, auf dem Weddell- und Krabbenfresserrobben, Seeleoparden und zahlreiche Pinguine ruhten. Schwärme von Seevögeln umkreisten uns, Wale tauchten gelegentlich unter unserem Bug hindurch oder bliesen in der Ferne, und einmal fingen wir mit dem Handnetz einen kleinen toten Fisch einer unbekannten Spezies, der auf der Wasseroberfläche trieb und sofort als Muster in einen Behälter kam, um unsere Sammlung zu vervollständigen.

Am ersten Tag nach unserer Abreise aus Adélie-Land segelten wir stundenlang an einem gigantischen Eisberg vorbei, der fast 70 Kilometer lang war und sich an einer Stelle befand, an der vor einem Jahr noch offenes Wasser gewesen war. Es handelte sich offensichtlich um die Eismasse, die wir damals für ein festes Hindernis gehalten und auf dem Weg nach Süden umschifft hatten. Nach dem Losbrechen von der Mertz-Gletscherzunge war sie nun innerhalb von zwölf Monaten fast 170 Kilometer nach Westen getrieben.

Dann kam ein Tag, an dem wir südwärts am Rande einer anderen Eiskante entlangsegelten, ähnlich der, die wir mehr als 2500 Kilometer weiter östlich hinter uns gelassen hatten. Während wir Kap um Kap passierten und Bucht um Bucht, standen alle Mann an Deck und hielten Ausschau nach Wild und seinen Männern, die wir schon so lange nicht mehr gesehen hatten. Der Dritte Maat, De La Motte, stand im Krähennest, und der Kapitän rief ihm zu:

»Können Sie die Hütte sehen, Mr. De La Motte?«

»Noch nicht, Sir, aber bald.«

Der darauf folgende Heiterkeitsausbruch von Miesepeter brachte uns zum ersten Mal seit geraumer Zeit wieder zum Lachen.

Am Fuße der Eiskante verlief ein schmaler, fast 100 Meter breiter Sims aus Meereis. An seinem Rand standen ein paar Gestalten, von denen einige wild mit den Armen ruderten. Wir rieben uns die Augen und zählten noch einmal nach. Beim Näherkommen dann teilten sich die Gestalten in zwei Gruppen. Acht waren Menschen, die anderen Kaiserpinguine.

Also waren alle wohlauf. Uns fiel ein Stein vom Herzen. Wir hatten die Tragödie im Hauptquartier noch so frisch in Erinnerung, dass wir diesen Moment unbewusst fast gefürchtet hatten, vor lauter Angst zu erfahren, dass uns neues Unglück beschieden war.

Das Schiff machte gleich neben dem Sockel fest, und während die Leinen vertäut wurden, kamen die acht an Bord und alle schüttelten sich die Hand und redeten durcheinander. Für eine Weile herrschte leichte Verwirrung, denn wenn Haare und Bart ein Jahr ungestutzt geblieben sind und man ein Jahr lang unter extremen Bedingungen gelebt hat, fällt es schwer, einander wieder zu erkennen.

Wir gingen von Bord und kletterten über eine Schneerampe auf das Eisschelf. Weit weg von der Kante stand die Hütte, die unter dem Winterschnee immer noch halb begraben war. Wie Höhlenmenschen hatten sie hier gelebt. Tunnel führten in die Schneewehen zu allen Seiten – Tunnel, die zur Lagerung des Proviants benutzt worden waren, damit man sich die endlose Arbeit ersparen konnte, die Vorräte aus dem Schnee zu buddeln. Wir gingen aufs Meereis zurück und interviewten die Kaiserpinguine, die in Gruppen zusammenstanden und über das riesige Ungetüm diskutierten, das ganz in der Nähe lag, und auch über die seltsamen Aktivitäten dieser anderen Pinguine, die aus seinen Eingeweiden kamen. Sie watschelten langsam auf uns zu, stellten sich in Reih und Glied auf und verbeugten sich feierlich zur Begrüßung. Ihr Benehmen war sehr ernst und würdevoll, ganz ohne die aufgeregte Wichtigtuerei der Adéliepinguine.

Gern würde ich die Geschichte der zweiten Basis ganz erzählen. In einigen Fällen glichen ihre Erfahrungen den unseren, in anderen unterschieden sie sich sehr stark davon. Doch nur ein Mitglied ihrer Besatzung könnte der Sache gerecht werden, deshalb möchte ich mich auf eine Zusammenfassung der Ereignisse beschränken.

Was mir damals am meisten auffiel, war die unverhohlene Bewunderung, die alle anderen für Frank Wild, den Leiter, hegten. Es war sogar mehr als nur Bewunderung, es war fast schon Verehrung. Ich hatte nie das Glück, näher mit Wild bekannt zu werden, aber die anderen erzählten uns, dass er ein großartiger Anführer sei. Eigentlich war er keine auffällige Erscheinung, doch in seinem Auftreten lag etwas, das Vertrauen einflößte. Wie Kiplings Seemann war er ein ›Mann von unendlicher Kraft und Weisheit‹, und in diesem Fall konnte man getrost noch das Wort ›Erfahrung‹ hinzufügen. Dies war seine dritte Reise in die Antarktis und er hatte die Lektionen, die ihm bei früheren Expedition erteilt worden waren, bestens begriffen. Außerdem verlor er nie auch nur für einen Augenblick seine heitere Ruhe, seine Weitsicht und die freundliche Rücksichtnahme auf seine Begleiter. Er war in der Tat der beste Mann für diese Aufgabe.

Wenn Adélie-Land, grob gesagt, das schlimmste Klima der Welt hat, dann ist das Klima in der Nähe des Davis-Meeres das zweitschlimmste. Es stimmt zwar, dass die Schneestürme nicht so oft oder so heftig wüten, aber auf der anderen Seite verführten die häufigeren Schönwetterperioden die Mannschaft auch dazu, sowohl im späten Herbst als auch im beginnenden Frühjahr auf Schlittenreise zu gehen. Bei all diesen Gelegenheiten bescherten die schlimmen Schneestürme, die unweigerlich dazwischen kamen, den Schlittenreisenden bei sehr niedrigen Temperaturen einige Erfahrungen, um die niemand sie beneidete.

Einmal waren Jones, Dovers, Harrison, Moyes und Hoadley bei Wind und dichtem Schnee ganze 17 Tage in ihrem Zelt gefangen. Das geschah gegen Ende November, als sie südwestlich über das Meereis gezogen waren, um an der Küste ein Depot für die Schlittenmannschaft anzulegen, die im Sommer nach Westen vordringen sollte.

Eine schlimme Erfahrung ganz anderer Art machte Ende August eine östliche Hilfsabteilung, bestehend aus Wild, Jones, Moyes, Harrison, Dovers und Watson. Als sie über das Shackleton-Eisschelf nach Südwesten zogen, entdeckten sie verschiedene Inseln und Nunataks und kampierten schließlich etwa 400 Meter entfernt von einer hohen, mit Schnee bedeckten Felsböschung. In der Nacht ging eine gewaltige Lawine nieder, die bis auf etwa 100 Meter an die Zelte herankam und noch von anderen gefolgt wurde, was der gesamten Mannschaft eine sorgenvolle und schlaflose Nacht bereitete. Im Dunkeln war es unmöglich umzuziehen, und morgens, als sie gerade im Aufbruch waren, zerriss eine plötzliche fürchterliche Bö Wilds Zelt und machte es unbrauchbar.

Sie waren nicht, wie wir, auf die Idee verfallen, die Stangen an den Zeltwänden zu befestigen und hatten oftmals erhebliche Schwierigkeiten, weil die Zelte zusammenbrachen oder rissen. Nebenbei bemerkt hatten sie hierbei, wie auch in anderen Dingen, erhebliche Nachteile dadurch, dass sie keine Nähmaschine besaßen; die zu ihrem Gebrauch bestimmte war nämlich versehentlich im Hauptquartier gelandet.

In diesem Fall wütete der Sturm fünf Tage, während derer sie sich zum Schutz im Eis eingraben und die ganze Zeit dem Donnern der unaufhörlichen Lawinen lauschen mussten, die von oben herunterkrachten. Die Temperatur sank derweil auf minus 34 Grad Celsius.

Die großen Sommer-Schlittenreisen fügten der geographischen Ausbeute der Expedition weitere 500 Kilometer Küstenlinie hinzu. Zwischen den Kriegen haben zwei Sommerexpeditionen unter der Führung von Sir Douglas Mawson die Lücke zwischen den beiden Lagern weitgehend vermessen und kartografiert, sodass durch seine Forschungsfahrten das Wissen über die Küste der Antarktis um insgesamt fast 3400 Kilometer erweitert wurde.

Die Ostabteilung, bestehend aus Wild, Watson und Kennedy, brach Ende Oktober auf. Begleitet wurden sie von Harrison, der sich freiwillig als Helfer angeboten hatte und bis zu einem Schlitten mitkommen wollte, der an einem Nunatak etwa 100 Kilometer weiter östlich zurückgelassen worden war. Harrison hatte die restlichen Hunde dabei, das heißt alle, die im Winter nicht den verschiedenen Unfällen erlegen waren, und sah für seine einsame Rückreise keinerlei Schwierigkeiten voraus. Aber, wie das Leben so spielt, war der gesuchte Schlitten von einem Schneesturm fortgerissen worden, und weil die Mannschaft keinen anderen Schlitten entbehren konnte, musste Harrison nun mitkommen. Da Jones, Dover und Hoadley mittlerweile nach Westen aufgebrochen waren, stand Moyes eine lange und einsame Wacht in der Hütte bevor, wobei er die ganze Zeit glaubte, Harrison sei verschollen.

Wilds Mannschaft konnte nicht sehr weit nach Osten vordringen. Die große Eisdecke des Shackleton-Eisschelfs breitete sich zwar vor ihnen aus und grenzte, so weit das Auge reichte, an die Küste. Der Weg wurde ihnen aber abgeschnitten durch einen gewaltigen Gletscher, der ein Tal im Plateau herunterfloss und die Eisdecke über dem Meer zerriss. Wochenlang versuchten die Männer, eine Passage darüber zu finden, aber ohne

Erfolg. Wo der schnell gleitende Gletscher mit der Kraft von Billionen Tonnen Eis im Rücken auf die feste Eisbarriere traf, herrschte unglaubliches Chaos. Wie ein riesiger Pflug hatte er das Eis zu beiden Seiten zerbrochen und zu hohen Furchen und Gräben aufgetürmt, die für Schlitten vollkommen unpassierbar waren. An seinem Rand klaffte ein großer Riss von mehr als 300 Metern Breite und mehreren hundert Metern Tiefe; vor und neben ihm war das Eis zerfetzt und zu unregelmäßigen Bruchstücken zertrümmert, zwischen denen bodenlose Abgründe gähnten. Es war eine großartige Szenerie, gewaltig und Ehrfurcht gebietend, doch für den Forscher bildete sie eine unpassierbare Grenze. Die Männer versuchten, den Gletscher einige Kilometer weiter nördlich zu überqueren, aber nachdem sie sich viele Tage in einem verworrenen Labyrinth von Gletscherspalten und *séracs* bewegt hatten, waren sie gezwungen, vorsichtig in den eigenen Spuren zurückzugehen. Jetzt zogen sie nach Süden und erstiegen, in dem Bemühen, den Gletscher zu überqueren, sogar das Plateau, aber dort war es auch nicht viel besser. Von einem über 1200 Meter hohen Berg (Mount Barr Smith) bot sich ihnen ein guter Ausblick auf die Küste unten, auf die von den Abhängen ein weiterer Gletscher zufloss, den sie ›Scottgletscher‹ nannten. Da sie ihre Zeitgrenze erreicht hatten, drehten sie um und kehrten nach den üblichen Schlittenabenteuern zur Hütte zurück. Es war eine äußerst erfolgreiche Reise, auch wenn sie alle enttäuscht darüber waren, nicht weiter nach Osten vorgedrungen zu sein.

In der Zwischenzeit zogen Jones, Hoadley und Dovers am westlichen Rand des Plateaus entlang. Zahllose Eisfälle an den Grenzen einander kreuzender Täler zwangen sie, im Inland zu bleiben, durchschnittlich etwa 17 Kilometer von der Küste entfernt. Wie bei allen anderen Mannschaften waren Gletscherspalten und

Schneestürme eine ständige Quelle der Gefahr und der Sorge. Ihre interessanteste Entdeckung war eine Insel vor der Küste, die sie über die vereiste Meeresoberfläche erreichen konnten. Sie nannten sie ›Masson-Insel‹ und entdeckten dort neben einer großen Kolonie von Kaiserpinguinen auch Brutstätten des Antarktis- und des Silbersturmvogels. Der Antarktissturmvogel bereicherte die Farbpalette der Sturmvogelspucke, zusätzlich zu der in Adélie-Land angetroffenen gelben und roten Färbung, um ein leuchtendes Grün.

Die Fahrt erreichte ihren äußersten westlichen Punkt am Gaußberg, einem erloschenen Vulkan, den die deutsche Expedition unter Drygalski 1902 entdeckt hatte. Dieser Berg, der sich etwa 430 Meter hoch über den Meeresspiegel erhebt, hat die Form einer Halbinsel, die mit dem Festland durch einen fast 200 Meter hohen Eisdamm verbunden ist. Als sie den Gipfel erreichten, fanden sie noch Steinhaufen und andere Dinge vor, die vom Besuch der deutschen Wissenschaftler zeugten.

Zu der einsamen, neun Wochen langen Wacht, die Moyes in der Hütte hielt, muss ich auch noch ein Wort sagen. Als Harrison nicht zurückkam, hielt er ihn für vermisst, daher machte er sich schließlich mit Proviant für vierzehn Tagen ganz allein auf die Suche nach ihm. Als er die riesige Fläche des Shackleton-Eisschelfs vor sich liegen sah, erkannte er die Sinnlosigkeit seines Tuns und kehrte zur Hütte zurück, um die Rückkehr der anderen Schlittenmannschaften abzuwarten. In dieser Zeit führte er alle notwendigen wissenschaftlichen Aufzeichnungen allein durch. Es war ein trübseliges Warten, dass noch durch die Trauer über das, was er für Harrisons Schicksal hielt, verschlimmert wurde. Als Wilds Mannschaft zurückkam und er erfuhr, dass Harrison gar nichts zugestoßen war, kannte seine Freude keine Grenzen.

Bei der zweiten Basis wurde das Schiff am 30. Januar

1913 erwartet, und als dieses Datum gekommen und verstrichen war, machte sich Angst breit. Zum tatsächlichen Zeitpunkt unserer Ankunft, am 23. Februar, waren alle Mann damit beschäftigt, einen Vorrat an Robben- und Pinguinfleisch anzulegen und sich darauf vorzubereiten, einen zweiten Winter im Eis zu verbringen. Etwas Schwarzes über der nördlichen Eiskante, das aussah wie ein Pinguin, sich aber bald als der Hauptmast der *Aurora* entpuppte, war das erste Anzeichen unserer Annäherung, daher häuften sich, schon lange bevor wir anlegten, Ausrüstung und Proben an der Wasserkante.

Es war keine Zeit zu verlieren. Mit vereinten Kräften schafften beide Besatzungen in ein paar Stunden alles an Bord, die Vertäuung wurde gelöst, und die *Aurora* kam frei vom Sockel. Hier mussten wir von niemandem Abschied nehmen. Über dem Heck, am Ende des rauschenden Kielwassers, verschwamm eine kleine Gruppe von Kaiserpinguinen schnell zu schwarzen Punkten und verschwand dann ganz. Wir waren auf der Heimreise.

Von der Rückfahrt gibt es nicht viel zu berichten. Einige hundert Kilometer weit führte unser Kurs durch ein Meer, das mit Myriaden von Eisbergen und zerbrochenen Eisschollen bedeckt war. Die schnell länger werdenden Nächte machten die Navigation schwierig und gelegentlich sogar gefährlich, aber die Sorgen des Kapitäns und seiner Offiziere drangen nicht bis zur Messe vor, in der die Landmannschaften sich viel über die Erlebnisse des letzten Jahres zu erzählen hatten. Dann kam das offene Meer, mit Westwinden und riesigen mitlaufenden Seen, Wasserwogen, die von Kamm zu Kamm mehr als 800 Meter maßen und beim Herabstürzen aussahen, als würden sie uns unter ihrem Gewicht zermalmen. Jedes Mal hob das Heck der *Aurora* sich höher und höher; sie ließ sich mit vollen Segeln und Volldampf von den Wellen treiben und ritt auf den Kämmen, bis sie wieder in das Tal dahinter sank. Doch der Wind flaute ab, und als wir fast Zuhause waren, wurden wir von Gegenwind aufgehalten, der sich erst nach zwei Tagen wieder legte.

Schließlich kam der Moment, in dem bei ruhiger See direkt vor uns in der Ferne die Umrisse von Land auftauchten. Als wir in den Hafen von Port Esperance einliefen, kamen grüne Hügel in Sicht. Ein seltsamer Geruch lag in der Luft, den die baumentwöhnten Männer gierig aufsogen. Es war der Duft der Gummibäume, der vom Land herüberwehte. Zwischen den Bäumen waren jetzt auch Häuser zu erkennen, dann lief eine Welle der Erregung durch die Männer, die an der Reling aufgereiht standen. Die wenigen Ferngläser an Bord richteten sich auf eine Gestalt, die im Vorgarten eines Häuschens stand, und man reichte die Gläser weiter, bis alle sich satt gesehen hatten. Ja – es gab keinen Zweifel – es war ein junges Mädchen!

16. KAPITEL

DAS PLATEAU
FORDERT SEINEN TRIBUT

Wenn die Geschichte der Expedition doch nur mit der glücklichen Rückkehr aller Mitglieder nach Hobart enden könnte. Es war in mancherlei Hinsicht eine traurige Heimkehr, und trotz des begeisterten Empfangs und unserer eigenen Begeisterung über die ungewohnten Anblicke und die Segnungen der Zivilisation nagte an unseren Herzen ein ständiger Schmerz, der keine rechte Freude aufkommen lassen wollte. Nicht nur weil sieben unserer Kameraden zurzeit dem strengen Winter in Adélie-Land ausgesetzt waren, sondern weil wir wussten, dass wir zwei andere niemals wieder sehen würden. Per Funk ging die Geschichte von ihrem Unglück und von Mawsons schrecklicher Reise über den Äther. Doch nur diejenigen, die damals vor Ort waren und die Bedingungen kennen, denen er trotzen musste, können wirklich zwischen den nackten Zeilen der Erzählung lesen und wissen die Stärke und den unbezwingbaren Willen voll zu würdigen, die ihn schließlich retteten.

Die Geschichte wurde zu einer der großen Legenden der Polarforschung. Seine eigene Darstellung ist bereits im offiziellen Expeditionsbericht veröffentlicht worden, aber für eine Nacherzählung braucht man keine Entschuldigung. In Zukunft wird immer auch Mawsons Name fallen, wenn von außergewöhnlichen und heldenhaften Taten die Rede ist.

Die schicksalhafte Reise begann am 10. November 1912. Beim Aufbruch war ich nicht dabei, denn die Mitglieder unserer Gruppe hatten sich bereits zwei Tage zuvor von Dr. Mawson verabschiedet und warfen sich zu diesem Zeitpunkt gerade ein paar Kilometer weiter südlich kräftig ins Zeug. Mit ihm gingen Cherub Ninnis und der gute alte X – keinen von beiden sollten wir je wieder sehen. Ihr Ziel lag sehr weit draußen, jenseits der Grenzen aller anderen Ostabteilungen, und um schnell vorwärts zu kommen, nahmen sie beide Hundegespanne mit, also je acht Hunde, zwei Schlitten und Proviant für neun Wochen.

Die Beschaffenheit des Landes im Osten habe ich bereits beschrieben: das zum Meer hin abfallende Plàteau wird von den beiden großen Gletschern gekreuzt, die nach Mertz und Ninnis benannt sind. Von ihrer Hinreise gibt es, abgesehen von den üblichen Geschichten über riskante Stürze in Gletscherspalten oder die Unannehmlichkeiten, die Schneeblindheit und Schneestürme mit sich bringen, wenig zu berichten. Ihr Weg verlief parallel zur Küste, über beide Gletscher hinweg, und dann so weit nach Osten, wie es die Zeit erlaubte. Mit den beiden kräftigen Hundegespannen kamen sie schnell voran, oftmals 30 bis 33 Kilometer pro Tag, und am 12. Dezember hatten sie einen Punkt erreicht, der mehr als 500 Kilometer östlich des Winterquartiers lag.

Ein kleiner Vorfall, von dem Mawson an diesem Tag berichtet, ist mir in Erinnerung geblieben. Schon seit einiger Zeit litt Ninnis an einem Nagelgeschwür am Finger, das ihn nachts nicht schlafen ließ. Schließlich öffnete Mawson es mit einer Lanzette, und am nächsten Morgen stellten Mertz und er erfreut fest, dass Ninnis viel besser geschlafen hatte als in der Nacht zuvor. Es fiel nicht schwer, sich vorzustellen, wie betroffen gerade Mertz von Ninnis' Schwierigkeiten gewesen sein musste. Die zwei hatten sich schon in London der Expedition angeschlossen, daher kannten sie sich länger und besser als alle anderen Expeditionsteilnehmer. Während der

Wintermonate hatten wir uns alle miteinander angefreundet, doch zwischen Mertz und Ninnis gab es ein besonders enges Band. Mertz in seiner warmherzigen, impulsiven Art hatte Ninnis praktisch adoptiert und brachte ihm eine fast väterliche Zuneigung entgegen. Der zurückhaltende Ninnis erwiderte diese Gefühle aus ganzem Herzen, und es war in der Tat schwierig, sich den einen ohne den anderen vorzustellen. Es hieß immer ›Mertz und Ninnis‹ oder ›Ninnis und Mertz‹, sie bildeten eine Einheit, einer ergänzte den anderen. Ich konnte mir gut vorstellen, wie betrübt Mertz über dieses schmerzhafte Nagelgeschwür gewesen war und wie er selbst litt aus Sorge um den kranken Freund.

Am 12. Dezember, 500 Kilometer entfernt vom Lager, war mit der Mannschaft noch alles in Ordnung. Die Oberfläche war gut bis auf ein paar mit verharschtem Schnee gefüllte Gletscherspalten, die eventuell gefährlich sein konnten. Die Hunde zogen eifrig, und Mertz, der auf Schiern vorauslief, wies den Weg. Nach ihm kam Mawson, mit einem Schlitten und einem Hundegespann, und etwas weiter hinten folgte Ninnis mit dem anderen Schlitten. Plötzlich schaute Mertz zurück und winkte mit dem Eispickel, das Signal für etwas Auffälliges. Mawson, der auf dem Schlitten saß, gewahrte die undeutlichen Ränder einer Gletscherspalte, die Tausenden anderen glich, die sie bereits überquert hatten. Sie schien ziemlich alt und war wahrscheinlich mit Schnee angefüllt, daher nahm er sie kaum zur Kenntnis, abgesehen davon, dass er auch Ninnis instinktiv das übliche warnende Zeichen gab. Ninnis sah das und lenkte seinen Schlitten so, dass er die Spalte im rechten Winkel überqueren konnte. Plötzlich veranlasste Mertz' aufgeregtes Winken Mawson zum Anhalten. Er sah sich um, aber außer dem ewig gleichen Eishorizont war im Westen nichts zu sehen. Und auch keine Spur von Ninnis, dem Schlitten oder den Hunden! Im ersten Moment unfähig zu begreifen, was passiert war, rannten beide zurück und fanden ein gähnendes Loch in der Schneedecke über der Gletscherspalte, die sie gerade überquert hatten.

Das Loch war etwa dreieinhalb Meter breit und gab den Blick in einen bodenlosen Abgrund frei, der in unergründliche Tiefen reichte. Auf der einen Seite führten Schlittenspuren bis zum Rand, doch auf der anderen Seite fehlten sie. In etwa 45 Meter Tiefe erkannte man einen schmalen Felsvorsprung, auf dem ein Proviantbeutel und zwei Hunde lagen, einer bewegte sich nicht mehr, der andere schien das Rückgrat gebrochen zu haben. Ein oder zwei Minuten winselte er leise, dann war auch er still. Abgesehen von dem Vorsprung war nichts als Blau zu sehen, das langsam in Schwarz überging, und aus den schrecklichen Tiefen drang kein einziger Laut.

Sie riefen wieder und wieder, stundenlang, aber sie bekamen keine Antwort. Die gesamte Länge ihres Kletterseils reichte nicht einmal bis zu dem Felsvorsprung; es gab nichts, was sie tun konnten. Mertz war außer sich vor Kummer und Mawson musste ihn von dem verrückten Vorhaben abbringen, einfach so weit es ging am Seil hinunterzuklettern. Sie verbrachten die ganze Nacht an dem Ort und riefen immer wieder in den Abgrund hinab. Beide wollten sie nicht gehen, denn Ninnis konnte ja wie durch ein Wunder noch am Leben sein.

Am Morgen standen zwei Gestalten mit gesenktem Kopf in traurigem Schweigen da. Noch vor ein paar Stunden waren sie zu dritt gewesen, alle in bester Stimmung und überzeugt vom Erfolg ihres Unternehmens. In einem einzigen tragischen Augenblick hatte sich unbarmherzig schnell ein überwältigendes Unglück ereignet – das Plateau hatte seinen Tribut verlangt. Dr. Mawson las am Rande der Spalte die Totenmesse, der Mertz mit bloßem Haupt lauschte, ohne sich um den eisigen Hauch des Windes zu kümmern. Nach den letzten Worten verharrten sie noch eine Weile schweigend, dann sagte Mertz mit brüchiger Stimme »Danke«, und sie wandten sich ab.

Als Nächstes machten sie eine Bestandsaufnahme. Mit Ninnis war das beste Hundegespann samt einem Großteil des Proviants verschwunden. Das Zelt, der Spaten und viele andere wertvolle Dinge, einschließlich Teller und Löffel, waren ebenfalls verloren. Es blieben sechs Hunde, Nahrung für anderthalb Wochen, der Kocher, der Primus und glücklicherweise reichlich Kerosin. Futter für die Hunde gab es nicht mehr. Das fehlende Zelt stellte ein größeres Problem dar, aber sie improvisierten, indem sie den verbliebenen Zeltboden nahmen und aus den Schiern von Mertz ein Gestänge bastelten. Dann machten sie sich schweren Herzens auf zu ihrem fernen Ziel. Dass sie es jemals erreichen würden, glaubten sie eigentlich selber nicht, aber sie mussten etwas tun, um den Schock der gerade erlebten Tragödie zu verarbeiten.

Ein paar Tage kamen sie schnell voran – 20, 30, 33 Kilometer –, dann machte die Anstrengung sich bemerkbar. Keiner der Hunde war in guter Verfassung, und zuerst wurden Scott und Johnson getötet. Es war eine herzzerreißende Aufgabe, denn die armen Tiere hatten gearbeitet, bis sie umfielen. Ihr Fleisch war zäh, faserig und wenig nahrhaft, selbst wenn man ihm ein bisschen von dem wertvollen Pemmikan zusetzte und es lange kochte. Mary war am 18. an der Reihe, und Haldane, den sie am 19. gerade noch aus einer Gletscherspalte gerettet hatten, brach am 21. zusammen und wurde getötet. Pawlowa hielt sich bis zum 23., und Ginger, einer unserer Lieblinge, überlebte bis zum 27.

Weiter erzählt die Geschichte von allmählich abnehmenden Tagesleistungen. Wenn man sich auf dem kalten Plateau mit dem Schlitten abmüht, braucht man reichlich Nahrung, um die Körperwärme beizuhalten, und bei reduzierter Kost verliert man seine Kraft viel schneller als in milderem Klima. Mit hungrigem Magen fällt es schwer zu schlafen, und Schlafmangel schwächt die bereits angegriffenen Kräfte noch mehr. An manchen Tagen schafften sie 15 bis 18 Kilometer; an anderen konnten sie schon nach knapp sieben Kilometern nicht mehr weiter. Es wurde immer schwieriger, das Notzelt aufzuschlagen, das innen kaum genug Platz für zwei Schlafsäcke bot, geschweige denn irgendwelchen Komfort.

Eine weitere Woche verstrich, und endlich war der Ninnisgletscher überquert. Am 30. Dezember brachten sie mit großer Anstrengung 25 Kilometer hinter sich, da fiel Mawson auf, dass Mertz ungewöhnlich still war. Bis zu diesem Tag hatte er eine Zuversicht erkennen lassen, die darauf schließen ließ, dass er die feste Absicht hatte durchzukommen; nun wurde er schwächer und lustloser. Auch am nächsten Tag schien er sich nicht wohl zu fühlen, doch stapfte er ein paar Kilometer weiter, bis er nicht mehr konnte. Er beklagte sich nicht, und erst als Mawson ihn fragte, gab er zu, dass er heftige Bauchschmerzen hatte.

Die nächsten fünf Tage waren so schrecklich, dass der letzte Hoffnungsschimmer schwand. Mertz verfiel zusehends, während es Mawson noch verhältnismäßig gut ging. In Mawsons Tagebuch findet sich am 6. folgender Eintrag:

»Eine lange und beschwerliche Nacht. Wenn ich doch nur weitergehen könnte; aber ich muss bei Xavier bleiben. Es scheint nicht besser zu werden mit ihm, und die Chancen für uns beide schwinden.«

Glücklicherweise geraten nur wenige Menschen in ihrem Leben in eine Situation, die ihre Loyalität und ihren kühlen Mut auf die letzte Probe stellt. Die meisten von uns sind tief in ihrem Innern nicht sicher, wie sie in einem solchen Fall reagieren würden. So wie wir Mawson kannten, hegte er niemals irgendwelche Zweifel daran, wie er in dieser Lage handeln musste. Allein hatte er vielleicht noch eine winzige Chance, die Basis zu erreichen, aber wenn er sich zusätzlich noch um einen schwachen und kranken Kameraden zu kümmern hatte, war es nur noch eine Frage der Zeit, wann es mit beiden zu Ende gehen würde. Wenn solche Gedanken ihn beschlichen, schob er sie sofort beiseite; stattdessen richtete er seine ganze Aufmerksamkeit auf seinen Freund und Gefährten. Das ergibt eine eigenartige Parallele zu einem Geschehen, das sich gleichzeitig einige Hundert Kilometer entfernt abspielte, wo Scott und seine Begleiter sich vom Pol zurückkämpften mit einem kranken Kameraden, den sie trotz seiner Proteste nicht verlassen wollten, ein Drama, das in Oates' heldenhafter Selbstaufopferung und dem Tode aller gipfelte.

Körperlich waren Mawson und Mertz sehr verschieden. Der stämmig gebaute Mertz war ein bärenstarker Kerl voller Tätigkeitsdrang. So wie eine hochtourige Maschine reichlich Brennstoff benötigt, brauchte er ausreichend gutes Essen, um bei Kräften zu bleiben. Mawson andererseits war groß und drahtig und aß selbst im Basislager nur wenig. Dieser Typ Mensch hält bei unzureichender und schwer verdaulicher Kost viel länger durch.

Eine Zusammenfassung dieser wenigen Tage enthüllt die ganze Tragödie. Am 2. hielt schlechtes Wetter sie auf. Am 3. legten sie fast sieben Kilometer zurück, dann war Mertz der Fuß erfroren, und sie mussten kampieren. Der 4. war ein guter Tag, aber Mertz war zu schwach, um zu gehen. Der 5. war wieder schlecht, und Mertz' Zustand verschlimmerte sich. Am 6. gab Mertz sich noch einmal große Mühe, und da es bergab ging, zog Mawson ihn auf dem Schlitten mehr als vier Kilometer weit, dann war Mertz so durchgefroren, dass sie anhalten mussten. Zu diesem Zeitpunkt schälte sich bei beiden die Haut vom Körper, und die Stellen darunter waren roh und wund.

Der 7. war der letzte Tag. Mertz war so schwach, dass er nicht mehr allein in seinen Schlafsack kriechen konnte. Um 10 Uhr hatte er eine Art Anfall, und als er wieder zu sich kam, schien er benommen und nahm seine Umgebung nicht mehr richtig wahr. Er konnte nicht essen und hatte im Laufe des Tages immer neue Anfälle. Mawson, der vom Aufpassen erschöpft war, nickte eine Weile in seinem Schlafsack ein, und als er wieder erwachte und den Arm ausstreckte, merkte er, dass sein Gefährte schon steif war.

So starb Xavier Mertz, dessen großes Herz und stete Heiterkeit ihn bei allen beliebt gemacht hatten – als X wird er uns stets in Erinnerung bleiben. Obwohl er von anderer Nationalität war, hatte er sich bestens in unser Hüttenleben eingefügt und unsere Neckereien trotz gelegentlicher Gegenwehr gut gelaunt über sich ergehen lassen. Stets bereit, seine Stimmungen denen der anderen anzupassen, war er genau der richtige Begleiter für so ein Abenteuer. Er schläft auf den östlichen Hängen des großen Gletschers, der seinen Namen trägt, kaum 170 Kilometer von der Commonwealth-Bucht entfernt.

Nun war Mawson allein – allein in einem Land, in dem Einsamkeit so schwer wiegt wie ein gigantisches Leichentuch. Selbst wenn drei Männer zusammen sind, gut ausgerüstet und mit reichlich Proviant, hat man ständig das Gefühl einer feindlichen Macht gegenüber zu stehen, die nur darauf wartet, zuzuschlagen. Doch unter diesen Bedingungen, allein und ohne seine Kameraden, mit sehr wenig Nahrung und ohne Hoffnung im Herzen, stellte er sich der größten aller Aufgaben. Es wäre so einfach gewesen aufzugeben; sich die klägliche Mühe zu ersparen, noch ein paar Kilometer zu gewin-

230

nen, bevor das Unvermeidliche geschah; sich in den Schlafsack zu legen, vielleicht noch ein oder zwei gute Mahlzeiten zu sich zu nehmen, um den ewigen Hunger zu stillen, und dann die schmerzlose Lethargie abzuwarten, die das Ende ankündigte. Auf diese Herausforderung so zu reagieren wie er es tat, zeigt zur Genüge, wie unbezwinglich sein Charakter war.

Obwohl er die Hoffnung aufgegeben hatte, glaubte er doch, mit äußerster Anstrengung vielleicht noch eine markante Stelle erreichen zu können, an der eine Suchmannschaft irgendwann in der Zukunft seinen Reisebericht mit den Einzelheiten über ihr Schicksal finden würde. Aber zunächst nahm er Mertz' Leiche und häufte Schneeblöcke darum herum. Er zerlegte den Schlitten in zwei Teile und machte aus zwei halben Kufen ein Kreuz, das er auf das Grab setzte; dann las er noch einmal die Totenmesse. Anschließend drehte er sich um und ging weiter auf seinem langen, harten Weg – allein.

Vor ihm lag die alptraumhafte Oberfläche des Mertz-Gletschers, überall lauerten Gefahren durch verborgene Gletscherspalten. Den halben Schlitten hinter sich herziehend kämpfte er sich Tag um Tag weiter, manchmal schaffte er ein paar Kilometer, manchmal musste er kampieren, wenn der Wind heulte und das Schneetreiben zu dicht wurde. Oftmals war er am Ende des Tages so schwach, dass er ausruhen musste, bevor er sich an die schwere Aufgabe machte, das Notzelt zu errichten. Die Haut seiner Fußsohlen löste sich vollständig ab, doch er band sie einfach mit Kleiderfetzen fest und wankte weiter.

Die langen Tage kamen und gingen, und dann, am 17. Januar, hatte er das schlimmste Erlebnis von allen. Plötzlich verlor er den Halt und stürzte in eine Gletscherspalte. Im Bruchteil einer Sekunde schoss ihm der Gedanke durch den Kopf, dass dies das Ende war. Doch mit einem Ruck, der ihn nach Luft schnappen ließ, wurde sein Fall gebremst; hin und her baumelnd hing er am Ende seines Kletterseils. Nicht weit über ihm war der halbe Schlitten zu sehen, der sich oben in der Gletscherspalte verkeilt hatte, rechts und links führten steile Wände in die Tiefe, die keinerlei Halt zum Hochklettern boten. Eine Weile blieb er so hängen und studierte seine Umgebung. Geschwächt wie er war von den früheren Erlebnissen, schien das Erreichen der Oberfläche hoffnungslos, aber er wollte es wenigstens versuchen. Zug um Zug hievte er sich nach oben; dann, als er endlich den Arm auf die Eiskante legte, brach sie ab, und er stürzte erneut ins Seil. Da kam die größte Versuchung von allen. Das Messer steckte in seinem Gürtel – ein Schnitt und sein Leiden hätte ein Ende. Er kämpfte mit dem Gedanken, doch er verwarf ihn und versuchte noch einmal, hochzuklettern. Zentimeter um Zentimeter zog er sich empor, aber es schien, als würde er die Oberfläche niemals erreichen. Mit einer letzten Kraftanstrengung griff er nach dem Schlitten, dann schob er sich mühsam, mit den Füßen voran, auf sicheren Grund. Eine Weile lag er erschöpft da, dann machte er sich, alle paar Minuten pausierend, daran, das Zelt aufzurichten, um endlich bis zum nächsten Tag in seinen Schlafsack kriechen zu können.

Dieses Ereignis brachte ihn auf die Idee, das Seil zu einer Strickleiter zu binden, denn er wusste, dass er für solche Kletterpartien bald keine Kraft mehr haben würde. Bei der weiteren Überquerung des Gletschers stürzte er noch mehrmals in solche Spalten, aber mit Hilfe der Strickleiter konnte er viel besser wieder herauskommen.

Zwölf weitere Tage vergingen – Tage, von denen man kaum glauben kann, dass er sie überlebte. Ein wenig faseriges Hundefleisch, ein bisschen Pemmikan, ein oder zwei Gramm Schokolade sind völlig unzureichend, um bei Kräften zu bleiben, selbst ganz ohne Plackerei in einem weniger strengen Klima. Eine Auflistung der Tagesleistungen lässt auf die Bedingungen schließen, unter denen er manchmal Übermenschliches leistete, was er wiederum mit zusätzlicher Erschöpfung bezahlte: vier Kilometer, fünf, zehn, sechs, neun, null, fünfzehn, null, und so weiter …

Dann kam der Tag, an dem er den Madigan-Nunatak zu seiner Rechten liegen ließ und ihn nur noch 38 Kilometer von der Hütte trennten – 38 Kilometer relativ leichten Geländes, die ein Mann in guter Verfassung an einem einzigen Tag bewältigen konnte, aber eine endlose Strecke für einen Mann, der am Ende seiner körperlichen Kräfte war. Er hatte weniger als zwei Pfund Nahrung übrig, genug für ein oder zwei Tage, wenn er sparsam damit umging, aber längst nicht ausreichend für die gesamte Strecke. Das war am 29. Januar, und seit Ninnis Tod waren nicht weniger als 48 Tage vergangen, von denen er die letzten 22 allein gewesen war. An dem Tag geschah ein Wunder.

Durch den leichten Treibschnee sah er vor sich undeutlich einen Schneehügel aufragen, auf dem etwas Schwarzes lag. Schneller gehen konnte er nicht, aber als er den Hügel erreichte, fand er einen Proviantbeutel. Der war erst an diesem Morgen für alle Fälle von einer Suchmannschaft zurückgelassen worden, die aus McLean, Hodgeman und Hurley bestand. Das Tragische an der Sache ist, dass die beiden Lager am vorhergehenden Abend nur drei Kilometer voneinander entfernt gewesen waren, bei gutem Wetter hätte man sich also durchaus sehen können, was aber des Schneetreibens wegen unmöglich war.

Um zu verdeutlichen, was für ein Glück er gehabt hatte, dass sein Weg ihn genau zu diesem Punkt führte, könnte man den Proviantbeutel mit einer Boje im Meer vergleichen, auf die man trifft, obwohl Nebel herrscht und man noch nicht einmal von ihrer Existenz weiß.

Mawson fand an diesem Tag nicht nur Nahrung, er schöpfte auch neue Hoffnung. Man muss sich in Erinnerung rufen, dass er während der gesamten schrecklichen Reise zu keinem Zeitpunkt je geglaubt hatte, es tatsächlich schaffen zu können. Ihn beherrschte nur der unbezwingbare Wille, solange weiterzugehen wie er konnte, und so weit wie möglich zu kommen, bevor er aufgab.

Selbst jetzt war sein Kampf noch nicht vorüber. Auf dem harten blauen Eis des Gletschers war es bei Sturm fast unmöglich, ohne Steigeisen vorwärts zu kommen, und diese Steigeisen hatte er schon vor Wochen zurückgelassen, um seine Last zu verringern. Mit reichlich Nahrung schaffte er 24 Kilometer vor dem Wind, der ihn die meiste Zeit vor sich hertrieb, sodass er sich hauptsächlich in Windrichtung bewegte, obwohl er dabei auch viele Stürze hinnehmen musste. Dann kampierte er und verwandte viel Zeit darauf, aus der Theodolitenkiste, die er immer noch bei sich hatte, grobe Steighilfen zu basteln.

Am 30. legte er 10 Kilometer zurück, bevor seine improvisierten Steigeisen kaputt gingen; dann wurde er von einem Schneesturm noch einen Tag im Zelt aufgehalten, sodass er Aladins Höhle erst am 1. Februar 1913 erreichte.

Jetzt trennten ihn von der Hütte nur noch neun Kilometer, die abwärts über hartes Eis führten, was bei gutem Wetter in weniger als zwei Stunden gut zu schaffen war. Aber das Wetter war abscheulich, der Wind wuchs zum Orkan an, und die Luft war voller Treibschnee. Gerade eben kämpfte das Schiff damit, das auf eine kurze Windstille wartete, um alle, die nach Australien zurückfuhren, an Bord nehmen zu können. Wir hatten keine Ahnung, dass Mawson nur ein paar Kilometer entfernt ebenso sehnsüchtig auf die gleiche Gelegenheit wartete, um die letzte Etappe seiner legendären Reise hinter sich zu bringen.

Die Flaute stellte sich ein und das Schiff war kaum verschwunden, sein Rauch kräuselte sich noch am nördlichen Horizont, da tauchte er in Sichtweite der Hütte auf. Er winkte, und aufgeregte Männer winkten zurück. Auf dem letzten Stück des Abhang schließlich eilte Bickerton ihm entgegen; atemlos vom Lauf bergan half er der taumelnden, abgezehrten Gestalt hinunter in den sicheren Schutz der Hütte.

ENDE

Meine eigene Beteiligung an der Expedition endete mit der Rückkehr der *Aurora* nach Hobart im März 1913.

Die Erlebnisse der in Adélie-Land Zurückgebliebenen würden einen weiteren Band füllen, aber sie sollen in dieser Erzählung nicht näher beschrieben werden. Auch die Abteilung auf der Insel Macquarie konnte von vielen verschiedenen Abenteuern berichten, von denen einige angenehm waren und andere genau das Gegenteil, und wieder ist es besser, sie nicht aus zweiter Hand zu erzählen. Alle Männer leisteten großartige Arbeit. Blake vermaß die gesamte Insel und beschäftigte sich daneben noch mit ihrem geologischen Aufbau, während Hamilton umfangreiche und wertvolle zoologische und botanische Sammlungen zusammenstellte. Ainsworth registrierte alle meteorologischen und sonstigen wissenschaftlichen Daten, und Sandall und Sawyer kümmerten sich die ganze Zeit um die drahtlose Kommunikation.

Als es nötig wurde, die Basis auf der Insel Macquarie beizubehalten, damit diejenigen, die zum zweiten Mal in Adélie-Land überwinterten, von dort Funksprüche bekommen konnten, durfte die Mannschaft wählen, ob sie bleiben oder nach Australien zurückkehren wollte. Alle blieben freiwillig noch ein weiteres Jahr, nur Sawyer, der krank wurde, kehrte im August 1913 auf der *Tutanekai* nach Neuseeland zurück.

Die anderen vier holte die *Aurora* am 25. November desselben Jahres ab, auf ihrem Weg in die Antarktis, wo sie am 12. Dezember das Kap Denison erreichte. Hunter, Hurley und Correll waren auch wieder mit dabei, sie wollten Dr. Mawson und seine sechs Gefährten persönlich abholen. Mit allen Männern sicher an Bord kam das Schiff auf der Rückfahrt am 28. Februar 1914 in Sichtweite des Kangaroo Island – das könnte man eigentlich als das Ende der Expedition bezeichnen.

Die gesammelten wissenschaftlichen Ergebnisse der drei Basen übertrafen alles, was bis dahin je von einer Expedition geleistet worden war. Zusätzlich zu der Arbeit der Landmannschaften in beiden Wintern hatte die Besatzung der *Aurora* in den Meeren, die sie durchfuhr, viele ozeanographische Arbeiten ausgeführt, insbesondere die Tiefe vermessen und mit dem Schleppnetz in der Tiefsee gefischt. Die so erhaltene große Menge an Material ist von Spezialisten in allen Teilen der Welt gesichtet worden, und die veröffentlichten Resultate allein füllen schon eine ganze wissenschaftliche Bibliothek.

Dr. Mawson wurde für seine große Leistung verdientermaßen geadelt, doch für alle, die bei ihm waren, wird er stets Doc oder D.I. bleiben. Bei den beiden Sommerexpeditionen, die er später unternahm, wurden mit Hilfe von Flugzeugen viele Lücken geschlossen, die es auf der Karte dieses Teils der Antarktis noch gab. Alles in allem sorgten seine und anderen Expeditionen dafür, dass das Land, das wenige Jahre zuvor noch das größte unerforschte Gebiet der Erde gewesen war, den Wissensdurstigen nun ein Geheimnis nach dem anderen preisgab.

So soll es auch sein. Und selbst wenn einmal eine Zeit kommen sollte, in der die moderne Wissenschaft diese Regionen leicht zugänglich macht und eine Reise dorthin gar nichts Besonders mehr ist, wird meine Erinnerung an harte, aber gute Zeiten im Verein mit den Besten nie getrübt werden können.

Überlebens-kampf in extremen Grenz-situationen

Packende authentische Geschichten über die Willensstärke und über die Kraft der Hoffnung.

James Scott
Joanne Robertson
Solange ich atme, hoffe ich
Verschollen im Himalaya
Eine Geschichte vom Überleben
01/13182

Richard Leo
Jenseits aller Grenzen
Ein Mann, eine Frau, ein Kind
in der Weite Alaskas
01/13075

Steven Callahan
James Nalepka
Gekentert
119 Tage im Pazifik verschollen
19/719

Joe Simpson
Spiel der Geister
Die Sucht nach dem Berg
01/13076

Joe Simpson
Sturz ins Leere
Überlebenskampf
in den Anden
01/13094

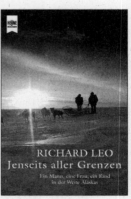

01/13075

HEYNE-TASCHENBÜCHER

David Morrell

Einer der meistgelesenen amerikanischen Thriller-Autoren.

»Aufregend, provozierend, spannend.« *Stephen King*

Der Nachruf
01/10614

Der Blick des Adlers
01/13058

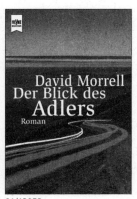

01/13058

HEYNE-TASCHENBÜCHER

John T. Lescroart

Der Senkrechtstarter aus den USA. Furiose und actiongeladene Gerichtsthriller!

John T. Lescroart »hat eine neue Dimension des Thrillers erfunden.«
NDR BÜCHERJOURNAL

Eine Auswahl:

Der Deal
01/9538

Die Rache
01/9682

Das Urteil
01/10077

Das Indiz
01/10298

Die Farben der Gerechtigkeit
01/10488

Der Vertraute
01/10685

01/9538

HEYNE-TASCHENBÜCHER